徳間文庫

完全版 さよならムーンサルトプレス

武藤敬司「引退」までの全記録

福留崇広

徳間書店

私にとって武藤敬司と同じ時代を生きたことが「ギフト」でした

目次

序章　引退発表

「本当はプロレスを続けていきたい。だけど……」

武藤敬司が引退を表明したのは、2022年6月12日、さいたまスーパーアリーナだった。

武藤はこの日、所属するプロレスリング・ノア、DDT、東京女子プロレス、ガンバレ☆プロレスを運営する「Cyber Fight（サイバーファイト）」が年に1度開催する4団体合同興行「サイバーファイトフェスティバル2022」のリング上で「来年の春までには引退します」と発表した。

この大会から4か月前の2月8日、武藤は飯田橋のホテルメトロポリタンエドモントで緊急会見を開き、左股関節唇《こかんせつしん》の損傷で長期欠場することを発表した。同時に丸藤正道と保持していたGHCタッグのベルト返上も明かした。

「歩くことがままならない。病院に行ったところ、『長期欠場した方がいいんじゃないか』と言われた」

股関節の違和感は、前年12月23日に59歳の誕生日を迎えた8日後の元日、日本武道館で丸藤と組んで田中将斗《まさと》、望月成晃《まさあき》の挑戦を受けたGHCタッグ戦で感じていたという。1月8日に横浜アリーナで行った新日本プロレスとの対抗戦の直前には悲鳴をあげるほど悪化していたことを明かした。

「8日（の横浜アリーナ）は関節の中に注射を打ってもらって何とかこなせた。だけど、痛み止めが切れた途端に本当に動かなくなった」

　横浜アリーナの対抗戦は、メインイベントで清宮海斗《かいと》と組んで新日本プロレスのオカダ・カズチカ、棚橋弘至《ひろし》と対戦するビッグマッチだった。新型コロナウイルス禍で観客動員に苦戦するプロレス界にあって、団体の枠を超えたドリームカードは久々の活況を呈した興行となった。メインイベントを務めた武藤は、股関節の痛みに耐えながらオカダとの初対決、棚橋との久々の再会マッチへ挑んでいた。

　それでも武藤は復帰する。5月21日、大田区総合体育館で1月16日の仙台サンプラザ大会以来、4か月ぶりの復帰戦を行った。試合は、丸藤、小島聡《さとし》と組んで潮崎豪《ごう》、清宮、田中との6人タッグマッチだった。試合はパートナーの小島が潮崎に敗れたが、明らかに武藤の動きは精彩を欠いていた。深刻な表情でバックステージに現れると、一気に切り出した。

「非常に悩んでいるな。正直さ、相手の技を受けるんじゃなくて自分の技を仕掛ける時に痛みが走ったりするからよ。やっぱり気持ちが……気持ちが落ちるよ。近々に報告することがあります。以上」

一切の質問を受け付けず控室へ消えた。大田区大会後にノアは、6・12さいたまスーパーアリーナのリング上で武藤自身が「報告」の中身を明かすことを発表した。一体、何を発表するのか。様々な憶測と想像がささやかれる中で迎えたさいたまスーパーアリーナだった。

第8試合が終了した会場にテーマソング「HOLD　OUT」が流れた。ノアのジャージに白と黒のキャップをかぶった武藤は長い花道を胸を張って入場した。リングインすると真ん中で「プロレスLOVEポーズ」を決め、ロープを背に2度、弾むように感触を味わった。拍手に包まれる中、マイクを握った。

「武藤です。さいたまスーパーアリーナ多数、ご来場ありがとうございます。かつてプロレスとはゴールのないマラソンと言った自分ですが、ゴールすることに決めました」

報告の正体を察知した客席からどよめきが起こる。ファンの戸惑いを切り裂くように決定的な2文字を口にした。

「来年の春までには引退します。あと数試合はするつもりです。最後までご支援よろしくお願いします」

ファンに「引退」を報告すると真正面へ一礼し、再び「HOLD　OUT」が鳴り響くなかリングを後にした。

「かつてプロレスとはゴールのないマラソンと言った自分ですが、ゴールすることに決めました」――2022年6月12日のさいたまスーパーアリーナで、武藤は「引退」を報告した。（© PRO WRESTLING NOAH）

武藤は直後にバックステージで記者の取材に応じた。引退を決断した理由は股関節の負傷だった。

「股関節が膝と同様に奇形してきて、このまま続けてもいずれは股関節自体を人工関節にしなきゃいけない。人工関節を股関節にした時点でもうプロレスはできない。どの道、遅かれ早かれということで」

来年春と明かした引退試合の日程は決まっていないことを強調した。一方でリングを去る決断に至るまでの葛藤も率直に明かした。

「本当はプロレスをやりたいよ。続けていきたい、本当は。だけど、ある意味、ドクターストップというか……本当に断腸の思いというか……まだやりたいこともいっぱいあると思うし……。だけど決断した以上は引退しますよ」

引退を決断した時期を問われるとこう明かした。

「この前の（復帰戦になった大田区総合体育館での）試合もある意味で……。自分の技をかけて痛みが走るのは苦しいですよ。この前の試合がすべてじゃないけど、徐々に生活するにあたって不自由はするし……会社と話をしながら決断した次第です」

さらに化身のグレート・ムタも「魔界の門が開かなくなる」と同時に姿を消すことを明かした。こうして2022年6月12日、さいたまスーパーアリーナが終わった。21歳で新日本プロレスに入門し、1984年10月5日のデビューから38年あまりにわたるプロレス人生へ終止符を打つことが現実になった。

引退の理由を「ドクターストップ」と武藤は明かした。診断したのは主治医で東京・足立区の苑田《そのだ》会人工関節センター病院で病院長を務める杉本和隆だった。

ムーンサルトプレスの衝撃は交通事故に匹敵

ここから武藤と杉本の出会いを遡《さかのぼ》る。

武藤は2017年12月27日、両膝に人工関節を設置するため、初めて杉本の診察を受けた。杉本は人工関節手術で世界トップレベルの年間約1200の症例数を持つ権威で、日本人の体格に合わせた人工関節の開発にも携わる整形外科医。これまでに大相撲の元横綱白鵬《はくほう》（現・宮城野親方）、NBAの選手など数々のアスリートの治療をサポートしてきた。

この日、武藤は杉本との出会いに最後の望みをかけていた。デビュー間もなく負傷してから4回も手術をしてきた両膝の痛みが限界を超えていた。複数の医師の診察を受け、人工関節の設置を勧められたが、手術をすればプロレスを続けることは「難しい」と宣告されていた。引退の覚悟も頭をよぎったが、55歳だった当時はリングに上がり続けたい気持ちが勝っていた。思い悩んでいた時、かつて杉本の手術で膝を回復した旧知の元キックボクサーで格闘技大会「K－1」で活躍した武田幸三を介し、杉本を紹介された。

杉本の術式は、従来の半分ほどの切開で人工関節を移植する「MIS（Minimally Invasive Surgery ＝最小侵襲手術）」と呼ばれる方法で、術後の回復が格段に早いことが特徴だった。杉本は、この方法を2003年にニューヨークで学び、日本で最も早く「MIS」で執刀した医師だった。

杉本は自身の手術をこう説いた。

「普通の人工関節の手術は、筋肉を切るのでスポーツ歩行ができなくなるんです。筋肉は切ってしまうとくっつかないんです。だけど、ボクは筋肉を切らない方法で手術をするので人工関節を入れてもスポーツ歩行は可能なんです」

人工関節でもスポーツができる杉本のメスは、現役続行を望む武藤の希望を叶えるものだった。そして、杉本は「あと、これはちょっと手前みそなんですけど」と前置きし、こう続けた。

「ボクは年間1200人ぐらいの人工関節の手術をしていますが、これ実は、世界一の手術件数なんです。世界一手術をやっているということは、世界中で他の医師に治療が難しいと診断された患者さんがボクのところにいらっしゃるんです。ですから、ボクが断ったら、もう他へ行くところがなくなってしまうんです」

武藤にとって杉本は、現役を続ける唯一の希望だった。一方の杉本は「プロレスをまったく知らなかった」と明かし、「武藤敬司」の名前はお笑いタレントの神奈月が「膝痛ぇ〜よ」と物まねをするイメージぐらいしか持っていなかった。

杉本は、人工関節手術を執刀する上で「患者さん一人一人の夢に耳を傾け、それに応える」との信念を持つ。なぜ、人工関節が必要なのか。手術をすることでどんな未来を切り開くのかを患者の立場を考えながら治療を行う。ベースは個々の患者の思いを聞くことで、そのため診察では対話に時間をかける。

「ボクは、いろんなスポーツ選手を診察してきたんですけど、その人となりであったり、スポーツの特質を勉強してから、お話をするようにしてきました。ただ、プロレスにはあまり興味がなかったので、正直、武田君から武藤さんのお話を聞いた時は『どうなのかな？』と思ったことは事実です」

プロレスに懐疑的だった杉本に武藤は、初めての診察で自らが生きてきた歴史とプロレスへの思いを打ち明け、現役を続けるために今、人工関節が必要な理由を訴えた。

熱く語る武藤に、杉本は冷静に「でも、武藤さんは55歳でしょ？」と尋ねた。普通のプロスポーツ選手ならとっくに引退している年齢で、リングに上がるために人工関節が必要との理由はある意味、ナンセンスだと思った。

するとと武藤は「いや、先生、プロレスに年齢は関係ないんですよ。70歳で現役のレスラーがいるって知りませんか？」と問いかけてきた。プロレスラーは体が動かなくても存在感に価値があることを説き、「ボクの歴史なので読んでください」と2004年に上梓《じょうし》した「武藤敬司自叙伝」（経済界刊）を手渡した。

杉本は「キラッキラッ目を輝かせて自分のことを話すんですよ。多分、彼は誰よりも自分が好きなんでしょうね」と笑ったが、その真剣な瞳に「武藤さんのお話をお聞きした時、『この人からプロレスを奪ったら死ねって言うことと同じだ』と思いました。その時、この人の治療方針はメスを入れることなんだと決めました」

武藤の熱意に動かされ手術を決めたが、両膝をレントゲンとＭＲＩ（磁気共鳴画像）で検査した時、言葉を失った。

「伸びないし曲がらない、完全にロックしている状態で、まるで一本の棒みたいになっていました。この膝でプロレスをやっていたというのは正直信じられませんでした」

診断結果は「変形膝関節症」だったが、両膝は、例えるなら寝たきりや長い間、体を動かさない人が衰えのために関節の動きが鈍くなる「拘縮《こうしゅく》」の手前まで来ていた。膝には半月板も軟骨もなかった。関節の骨は左膝にはわずかに残っていたが、右は完全になくなっていた。一般的に「皿」と言われる膝蓋骨《しつがいこつ》は、両膝とも辛うじて残っていたが、太ももの骨である「大腿骨《だいたいこつ》」に付着し変形していた。

さらに一般的には、足を伸ばした時の角度は、１８０度からわずかにずれる１７５度が正常値だが、武藤の右足は１５０度に折れ曲がっていた。杉本はこう振り返る。

「左は、そこまでではなかったんですが、正常値から25度もずれているなんて考えられません。リウマチの患者さんでこれだけ曲がっている方がいらっしゃることはありますが、55歳という年齢で、しかもスポーツ選手で、こんな足は診《み》たことがありません」

さらに杉本が驚いたのは、骨と骨をつなぐ「靭帯《じんたい》」だった。人は両膝に4本の靭帯があるが、右膝はすべて断裂し、左も2本が切れていた。武藤に「いつ断裂したのか？」と聞くと、痛みが慢性化して「記憶にない」と答えたという。武藤はいつのころからか靭帯がすべて断裂したまま生活し、リングへ上がっていたのだ。

「普通、靭帯がすべて切れた状態で歩くことはできません。武藤さんの場合は、放置したことで切れた靭帯が骨にくっついて固まってずれなくなっていました。無理やり骨にくっついて動かない状態で、そもそもそれは、あり得ない無茶な足なんです」

一般的にケガは、重症度によって6段階で評価される。「無茶な足」の右膝は最悪の「6」で左膝は「5」と判定された。杉本は「6というのは、例えるならビルの3階ぐらいから落ちた転落事故で負うようなケガのレベルです」と説明した。

武藤はリング上で自らの意志で「転落事故」レベルの衝撃を両膝へ与え続けていた。

それが「ムーンサルトプレス」だった。トップロープから倒れた相手を目がけてバック転しながらボディプレスをするムーンサルトプレスを、武藤はデビュー間もないころから飛び続けてきた。両膝はバック転した時に高さ3メートルほどに達し、そのままマットへ叩きつけられる。188センチ、110キロの全体重が加速度を付けて急降下する負荷を杉本は、交通事故で膝を痛める「ダッシュボード・インジャリー」に例えた。

「交通事故で追突されると、助手席の人がダッシュボードに膝をぶつけて靭帯を断裂したり、骨折する重傷を負うことがあるんです。それをダッシュボード・インジャリーと呼んでいるのですが、武藤さんのムーンサルトプレスのショックは、ほぼそれに近いですね。ですから、武藤さんの両膝は、ムーンサルトプレスを出すたびに交通外傷レベルのストレスを受けていたんです」

両膝を撮影した3次元CTの画像には、武藤の真実が浮き彫りになっていた。私は、武藤と杉本の許可を得て画像を見た。膝の「皿」は、その本来の姿が消え巨大な腫瘍のような瘤《こぶ》と化していた。凝視することが辛くなるほどグロテスクな形だった。画像を見ながら杉本は言った。

「これ全部、骨なんです。皿がなくなって、骨が棘《とげ》になってむき出しになってしまったんです。それが埋まって瘤みたいになったんです。これは確かに骨には見えませんね。本当に腫瘍みたいですね」

骨は腫瘍のように変形し、靭帯は断裂したまま放置、そして両足は棒と化した。日常生活では杖《つえ》が必要となり、長い距離を歩く時は車椅子の助けを借りた。それほどの状態になっても武藤はリング上で舞った。ムーンサルトプレスをファンに見せ続けた。

武藤は舞い続けた理由をこう明かした。

「どうしてプロレスラーをやっているかって言うと、多くのお客様がオレ一点を見ている、この視線の気持ち良さなんだよ。オレの一挙手一投足にお客様が感情移入している手応えを感じた時に一番、プロレスラーとしてのエクスタシーを感じるし、レスラー冥利に尽きる瞬間なんだよ。そこに自分の細かいエゴなんかは入って来ない。プロレスラーとしての大優先は、お客様を気持ち良く感動させたか、させないかってところだからね。だからさ、求められる以上は飛ばずにはいられなかったんだよ。これはオレの宿命だよ」

リングで味わう一瞬の快感が武藤にとって生きる証だった。だからこそ、両膝に人工関節を設置してでも現役を続けたかった。

そして、杉本は武藤の思いを叶えるため、2018年3月30日に手術を行った。ただ、術後のレスラー人生において杉本は、重大な宣告を行った。それが「ムーンサルトプレスの封印」だった。

人工関節は、チタンとコバルトクロム合金が素材。これは強度が高く交通事故レベルの衝撃、つまりムーンサルトプレスを放てば他の骨に甚大な影響を及ぼすからだ。

「もし術後にムーンサルトプレスをやれば、落下した時の衝撃で大腿骨とか人工関節が入っていない部分の骨が金属に負けて折れてしまいます。そうなると日常生活での歩行は危うくなります。ですから、ムーンサルトプレスは絶対にやってはダメです」

杉本の宣告を受け入れた武藤はムーンサルトプレスの封印を決断する。そして、手術を前にした3月14日、「WRESTLE－1」の後楽園ホール大会で浜亮太、SUSHI、宮本和志と組み、河野《こうの》真幸、大和ヒロシ、中之上靖文《なかのうえやすふみ》、KAIと対戦し「最後の」ムーンサルトプレスを舞った。

試合に向けた記者会見で人工関節手術を公表し、術後はムーンサルトプレスを封印することを明かした。会場には「最後のムーンサルトプレス」を目に焼き付けようと、主催者発表で超満員1521人の観衆が集まった。

武藤は、河野をバックブリーカーで倒し、尻餅をつきよろけながらもトップロープに上がり、左腕を伸ばし、万感を込めるようにバック転で舞った。カウント3が入った瞬間、会場は喝采に包まれた。

リングでマイクを持つと「しばらくプロレスを休みますが、必ずこのリングに戻ってきますので、新生・武藤敬司で帰って来るから、みなさん待っててください」と復活を誓った。

さよならムーンサルトプレス、さよなら武藤敬司の時代

最後のムーンサルトから人工関節の手術、リハビリを経て復帰の時が来た。まずは、2019年4月6日、新日本プロレスのニューヨーク、マディソン・スクエア・ガーデン大会での時間差バトルロイヤルでムタとして出現。さらに元号が「平成」から「令和」へ移って以後の6月26日、後楽園ホールで行われた長州力の2度目の引退試合で復帰した。

存在感を再び示すために復帰したリングだったが、2020年に入ると新型コロナウイルスの世界的流行で過酷な状況が待っていた。4月には主宰する「W－1」が活動停止に追い込まれた。それでも主戦場をノアへ移し、2021年2月12日に日本武道館で潮崎豪を破りGHCヘビー級王座を初奪取し、新日本のIWGP、全日本プロレスの三冠ヘビー級に続くメジャー団体のシングル王座を獲得する「グランドスラム」を達成した。

そしてノアへ新入団する。GHC王座は2度防衛、2021年6月6日の丸藤正道との

3度目の防衛戦で、杉本から告知されていた「ムーンサルトプレスの封印」を解いてしまった。試合には敗れたが、禁断の舞いは多大なインパクトを与えた。ノアではメインイベンターとして最前線に立った。しかし、股関節の負傷を理由に引退を決断した。

武藤の引退表明を受け、ノアは6月17日に六本木の東京ミッドタウン内で「武藤敬司ファイナルカウントダウンシリーズ」と題した引退ロードを発表した。第1弾は7月16日に日本武道館で清宮海斗と対戦。第2弾は9月25日、名古屋のドルフィンズアリーナ（愛知県体育館）で藤田和之と組んで船木誠勝《まさかつ》、中嶋勝彦と対戦し名古屋での最後の試合を行った。10月16日には当初、予定されていなかったが福岡国際センター大会に参戦。小島、ニンジャ・マックと組み丸藤、ジャック・モリス、ＨＡＹＡＴＡとの福岡ラストマッチを行った。そして第3弾は10月30日、有明アリーナで丸藤、稲村愛輝《よしき》と組んで新日本の棚橋、真壁刀義《とうぎ》、本間朋晃《ともあき》と対戦した。

また、ムタは２０２３年1月22日に横浜アリーナでラストマッチが決定した。最終試合へ向け、9月3日にはエディオンアリーナ大阪第一競技場で新日本のグレート-O-カーン、ＮＯＳＡＷＡ論外と組んで拳王、征矢《そや》学、タダスケと対戦し大阪ラストマッチを飾った。さらに9月21日にはＡＥＷ（All Elite Wrestling）のニューヨークのアーサー・アッシュ・スタジアムでのビッグショーにサプライズで出現し、かつての宿敵スティングと合体。

ムタとのタッグで横浜アリーナへ参戦することも決定した。

そして武藤の引退試合は、9月7日の東京ドームホテルでの会見で2023年2月21日に東京ドームで開催することを発表した。

会見には同期入門の蝶野正洋も登場し花を添えた。東京ドームでのプロレスラーの引退興行は、1999年1月31日に61歳で亡くなったジャイアント馬場が同年5月2日に「ジャイアント馬場『引退』記念興行」を行った例はあるが、現役選手が自らの名前を看板にした興行は1998年4月4日のアントニオ猪木以来となる。チケットはVIP席が50万円という破格の料金設定など注目が高まるファイナルへ向けて、武藤は「今できるすべてを出し切った試合をしたいと思っております」と決意を表明した。

スポーツ報知でプロレスを担当する私は、武藤が「最後のムーンサルト」と銘打った2018年3月14日の後楽園ホール大会を取材した。「最後」のムーンサルトを目の当たりにした時、アントニオ猪木が絶大なカリスマだった昭和プロレスから新たな価値観を与えた平成プロレスは「武藤敬司の時代」だったと確信した。

この後楽園での試合後、武藤はバックステージでこう言った。

「昔と比べたら跳躍力もないし、不格好かもしれないけど、気持ちのこもったムーンサルトだった。この技があったから、運動能力があるんじゃないかと思われて海外に行けたし、海外でもこの技でトップまで這い上がることができた。今までの武藤敬司はムーンサルトありきだった。これからは水戸黄門の格さんを失ったような気分かもしれないけど、今までの経験から新しいことを生み出して頑張ります」

そしてこう続けた。

「武藤敬司に悔いなし。さよならムーンサルトプレスだ」

この言葉に触発され、私は武藤敬司のプロレス人生を本人へ取材し「さよならムーンサルトプレス」と題し、報知のホームページで2018年4月9日から34回にわたり連載した。すると想像以上の反響とアクセス数を獲得し、2019年5月に武藤だけでなく周辺の関係者を取材。これを大幅に加筆し、イースト・プレス社から同じ題の『さよならムーンサルトプレス』を上梓した。多くの方々のおかげで重版を重ね、60歳の還暦を記念し武藤の個人事務所「MUTO　OFFICE」の鈴木隆弘マネージャーと相談し文庫化する計画を進めていた。ところが突然の引退決断。私自身、まったく予期しない重大事態に戸惑いと寂しさを覚えながら「引退」の真相を取材し、単行本を再構成し加筆した最終章を掲載し、徳間書店から文庫版を出版することになった。

2018年は両膝へ人工関節を入れてまでプロレスを続けることにこだわった武藤。しかし、4年後の2022年、股関節の負傷を理由に引退という重大な決断を下した。一体、そこに何があったのか……。武藤、そして杉本、さらに関係者を取材し、武藤が引退を決意した真相を辿った。その結果は最終章で綴《つづ》ろう。

まずは、武藤が新日本プロレスに入門した1984年4月に時計の針を戻すところから始めたい。

1章　入門、そしてデビューへ

22歳で「プロレスラーのほけつ」

武藤敬司が初めて新日本プロレスの道場を訪れたのは、1984年4月だった。

「東京都世田谷区野毛1丁目3番地22号」

山梨県富士吉田市から上京した21歳の青年は、入門テストを受けるため、東急大井町線の等々力駅に降り立つと、指定された道場の住所を頼りに見知らぬ町を歩いた。

「初めて道場に行ったのは4月だったのを覚えているよ。等々力の駅で降りて等々力不動の方へ坂を下って行ったら、でけぇビルがあったんだよ。オッ、あれが新日本プロレスだろうなって思って行ったら違う会社だったんだよ」

当時の新日本プロレスは、毎週金曜夜8時にテレビ朝日系列「ワールドプロレスリング」で生中継されていた。

「テレビでやるぐらいだから、道場も豪華だろうなって思ったんだけどね。辿り着いてみたら、ビルでも何でもなくて極めて庶民的な感じでガッカリしたよ」

武藤が肩を落とした道場は、1971年12月までアントニオ猪木の自宅だった。猪木は、この年の11月2日、新宿の京王プラザホテルで女優の倍賞美津子と「1億円披露宴」を挙げたばかりで、新婚生活を送っていた。甘い私生活は、すぐに激震に見舞われる。12月16

日に会社乗っ取りを理由に日本プロレスを追放されたのだ。

窮地の猪木は、新団体「新日本プロレス」を設立する。旗揚げに向けて真っ先に動いたのが、道場の建設だった。しかし、新たに土地を買う余裕もない。そこで猪木は、自宅の庭に道場を建てることを決断する。さらに敷地の中に若手選手が住む合宿所を用意した。自宅を捨てて作った道場は、いわば、新日本プロレスを創設した猪木の魂だった。

道場には山本小鉄《こてつ》が待っていた。山本は、1963年に日本プロレスに入門し、身長170センチ、体重100キロと小柄な体格でありながら、闘志溢れるファイトスタイルで人気を獲得。星野勘太郎とのタッグ「ヤマハブラザーズ」で、アメリカでも名を馳せた。猪木が日本プロレスを追放されると、行動を共にし、新日本プロレスの旗揚げに尽力。以後、リング上では中堅選手として活躍。道場では「鬼軍曹」の異名を持つほどの厳しさで若手選手を指導、また、フロントでは取締役として新日本の発展に貢献した。80年4月の引退後は、「ワールドプロレスリング」の解説者を務め、お茶の間にプロレスの魅力を広げるなど、言わば新日本プロレスの「顔」でもあった。当時、道場を仕切っていた山本は、入門テストの担当で、武藤は鬼軍曹の指示の下、テストを受験した。武藤の他にもう一人が受けたが、内容はいたって簡単で、ヒンズースクワットを中心にした体力測定と柔軟運動をやると、その場で二人共、合格を言い渡された。

「すぐに合格って言われて、これでプロレスラーになれるのかって思ったよ」

拍子抜けするほどあっさりと決まった入団だったが、そこまでの道のりには紆余曲折《うよきょくせつ》があった。

武藤は１９６２年12月23日、山梨県富士吉田市で造園業「藤光造園」を営む植木職人の父・明光、母・たき子との間の長男として生まれた。体重は４０００グラムと恵まれた体格を授かり、富士吉田市立下吉田第一小学校２年の時、ドラマ「柔道一直線」を見た影響から柔道を始めた。

「ただ柔道をやったのは、２年生の時のわずかだったんだよ。町の柔道教室みたいなところに通っていたんだけど、その後、野球チームに入って野球の方が面白くなってね。柔道教室には２、３回ぐらいしか通ってなかったと思う」

野球少年だった小学校の高学年のころ、プロレスはテレビで見ていた。昭和40年代後半から50年代中頃まで、テレビのプロレス中継は金曜夜８時に、テレビ朝日が新日本プロレスの「ワールドプロレスリング」。土曜夜８時は日本テレビがジャイアント馬場の全日本プロレスの「全日本プロレス中継」を放送していた。新日本の裏番組は、日本テレビで放送されていた、石原裕次郎主演の刑事ドラマ「太陽にほえろ！」。全日本は、ＴＢＳのザ・ドリフターズのバラエティ「８時だョ！全員集合」と視聴率争いを展開していた。

「プロレスは見てたけど、テレビ欄のタイトルを見て『太陽にほえろ！』の題名が良かったら、そっちを見たりしてたね。全日本も裏のドリフターズを見たりして毎週じゃなかったけどね。新日本と全日本のどっちに惹《ひ》かれたかっていうと、オレの中ではセンスとかカラーとか新日本の方が好きだったよ。猪木さんと馬場さんを比較すると、猪木さんの方がカッコ良かったからね」

猪木の燃える闘魂に魅せられた小学生時代、将来の夢はプロレスラーだった。

ここに、下吉田第一小学校卒業を前に、12歳の武藤が書いた「卒業生の近況カードA（卒業時の記録）」がある。「勉強でとくいなもの」を「体育」、「ふとくいなもの」を「国語」と記した中で「将来なりたいもの」の欄に「プロレスラー」としたためている。

さらに「私の今後の予想」という欄があり、10年後の22歳、20年後の32歳、30年後の42歳、40年後の52歳、そして50年後の62歳に何を自分はしているのか予想している。

ここに武藤少年は、22歳で「プロレスラーのほけつ」、32歳で「けっこん、プロレスラー世界一」、42歳で「プロレスをやめてうえきや」と記し、52歳で「うえきやめる」とし、最後の62歳を「死」と書いている。

実際、22歳の時はデビュー間もない前座レスラーで、確かに「プロレスラーのほけつ」だった。さらに1995年の32歳は「武藤敬司」として初めてＩＷＧＰヘビー級王座を奪取し、10月9日に東京ドームでUWFインターナショナルの髙田延彦《のぶひこ》との一騎打ちが実現。名実共に世界一といえるレスラーになっている。小学校卒業時に描いた20年後までの未来は、思い通りの道を進んできたと言える。一方で30年後からの実人生は異なっており、12歳の時に描いた未来予想図はどこか暗示的なものを感じさせる。

プロレスラーになりたかった小学生時代だったが、あくまでもそれは夢だった。

「だって、山梨の田舎に住んでいて周りにプロレスラーなんていないし、プロレスラーを知ってる人すらいないから、プロレスは、完全に別世界だったからね。そんなことができたらいいなぁっていう程度の思いだったよ」

下吉田中学校にあがると野球部に入ったが、新入生は球拾いばかり。さらに先輩後輩の上下関係に嫌気が差し、あっさりと退部した。そして、小2の時に少しだけかじった柔道部に入部し、山梨県大会の団体戦で優勝するなど実績を残した。進学した富士河口湖高校では、1年時の国体への出場権をかけた山梨県大会の86キロ級での優勝を手始めに、県内ではほとんど負けたことはなかった。ただ、全国大会では、優勝はおろか準々決勝にも進めず、柔道の競技レベルの高さを身にしみて感じた。

「いくら山梨では強くても、全国に行けば全然通用しなかった。最高でベスト16だよ。上には上がいるっていうことを思い知らされたよね」

山梨の高校柔道界で名を馳せていた武藤は、県の連盟が主催する、社会人の猛者が集まる強化合宿に何度か参加していた。そこには拓殖大学柔道部も練習に訪れていた。当時、拓大の監督は、戦前から戦後にかけ15年間不敗の記録を持ち「木村の前に木村なく、木村の後に木村なし」とうたわれた伝説の柔道家、木村政彦だった。武藤が愛読していた梶原一騎原作の漫画『空手バカ一代』には、「木村政彦」が「柔道の鬼」として登場していたため「漫画に出てくる人が本当に実在するのかって思ってね。眺めているだけで感動もんだったよ」と伝説の人物との遭遇に心が躍った。練習では木村と打ち込みの受けをやり「体がごっつくて力も強かった」と感じたという。

木村は伝説の柔道家である一方で、プロレスラーの先駆者でもあった。1954年2月19日に蔵前国技館で行われた日本初の本格的なプロレス試合で、力道山とタッグを組んでシャープ兄弟と戦った。その後、同じ年の12月22日に蔵前で力道山と戦ったが、顔面を蹴られKO負けを喫した。武藤と日本のプロレス史の礎《いしずえ》を築いた木村の遭遇は、不思議な因縁を感じさせるが、周囲からは「木村先生の前では、力道山の話は絶対にするな」と釘を刺されていた。プロレスの話題はタブーだったが、柔道に熱中していた高校生の武藤にとってあくまで「木村政彦」は、伝説の柔道家で、そんなことは気にもならなかった。それよりももっと木村を知りたかった。

「だから、木村先生の自伝とか歴史が書かれた本を読んだりしたよ。『普通の人の2倍練習する人はいるだろう。だから私は3倍練習した』とか何とか、そんな言葉を覚えているよ」

この合宿には、拓大柔道部だった西良典も参加していた。西は、長崎海星高校時代は九州大会でベスト8に入る実力を持ち、拓大に進学し木村に師事した。武藤と出会った当時、西は、格闘技だけで生活しようと空手道場に通うなど模索していた。ただ、格闘技だけで生活することは難しく、柔道整復師の国家資格を取得しようと、宮城県仙台市の「東北柔道専門学校」（現・仙台接骨医療専門学校）に通っていた。その後、昭和58年に大道塾の北斗旗空手道選手権の無差別級を制覇、1987年に長崎市に「空手《からて》格斗術《かくとうじゅつ》慧舟会《けいしゅうかい》」を設立し、1994年7月には日本人で初めてヒクソン・グレイシーと対戦するなど、日本における総合格闘家のパイオニアとなった。

現在、長崎市の「和術慧舟會」本部で総師を務める西は、高校時代の武藤について「上背もありましたし、柔道センスを感じました。運動神経が良くて、ちょっとアドバイスをするだけですぐに何でもできる男でした」。将来を期待した西は、武藤が3年生の時に進路を尋ねた。「その時、専門学校に入るって聞いたんです。それは、もったいないと思って、卒業したら拓大に入れ」とスカウトしたという。すると武藤は「柔道は嫌いですから、大学には行きません」と即答した。言葉はキツイがあまりに朗らかでストレートな返答に西は、「笑うしかありませんでした」と振り返る。

山梨県で無敵だった武藤は、卒業を控え、東海大、駒澤大、東洋大、専修大、拓殖大の5校から勧誘された。しかし、「当時は、柔道では将来、稼げないと聞いていたから」と明かすように西への宣言通り進学はせず、柔道整復師の資格を取得するため、西と同じ東北柔道専門学校に入学した。専門学校では、整復師の資格を取る授業と柔道部の練習に追われる毎日だった。ここで西は武藤の強さを実感した。

「専門学校には、天理大とか東海大とかの全国の名門でレギュラーだった大卒の生徒と、武藤のように高校を卒業して入った者が混ざっていたんです。乱取りをやっても私は、高卒の他の子は簡単に投げることができましたが、武藤だけ、そうはいかなかった。大外刈りとか内股とかが得意でやはり、センスが良かったですね」

高校時代に山梨で無敵だった実力は、さらに進化した。19歳の秋、和歌山県立体育館で行われた「全日本新人体重別選手権大会」の95キロ級で3位に入ったのだ。全日本強化指定選手にも選ばれ、五輪への道も見えてきたかに思ったが、当時を振り返る武藤は冷静だった。

「全国3位っていっても、19歳以下の新人戦での話だからね。それより年上の人で強い人は山ほどいたわけだからね。そもそも、そこでオレは優勝できなくて3位なわけだからね。それに強化指定選手に選ばれたっていってもA、B、Cってランクに分かれているんだよ。その中でオレはCランクだからね。強いっていう表現を使えるのは、本当にトップのまた、その上のトップの方たちだけで、そういう意味でオレなんか全然、強くなかったよ」

当時の日本柔道界は、のちの五輪金メダリストの山下泰裕と斉藤仁《ひとし》の全盛期で、日本柔道が世界の頂点を極めていた時代だった。

「本当、柔道って強い人はとてつもなくすげぇんだよ。だって、本当に組んだ瞬間に岩みたいに動かない人がいたからね。そんな人と対戦した時は組んだ瞬間に負けたって思ったからね。だから、山下さんとか斉藤さんなんて、オレから見れば果てしのない宇宙にいるような方たちですよ」

自分の実力では、世界はもちろん、日本でも一番になれないことが分かっていた武藤にとって、強さを追求することは専門学校を卒業する20歳で終わっていたのだ。

柔道整復師としての挫折と「プロレスラーの夢」

柔道家として限界を感じた専門学校時代に「プロレス」を身近に感じる出来事があった。それは、柔道部の練習後に西と遊んだプロレスごっこだった。二人がマネをした試合は、

1980年2月27日、蔵前国技館で実現した猪木と極真空手のウイリー・ウイリアムスの異種格闘技戦だった。西は、この遊びを鮮明に覚えている。

「後輩にリングのロープに見立てた柔道の帯を持たせて、その中で私が猪木で武藤がウイリーになって遊びましたよ。そしたら、あいつは、空手をやったこともないのに、いとも簡単にウイリーの蹴りをマネするんですよ。あれには驚きましたよ。あいつの運動神経の良さとプロレス的なセンスを感じました」

後年、プロレスラーとなった武藤がテレビでローリングソバットをやっている姿を見た時、専門学校時代とまったく変わっていないセンスを感じたという。武藤のプロレスセンスを最初に発見したのが総合格闘技の先駆者、西良典だったのだ。

西とのプロレスごっこは武藤にとって、ほど遠い存在だったプロレスを少しだけ身近に感じさせることになった。

「西先輩は、あのころキックボクシングをやっていたから、オレはボコボコにやられていただけだったよ。ただ、そんな遊びの中で子供のころは夢だけだった、プロレスラーというものが、少し脳裏に浮かび始めてきたんだよね。それで、西先輩に『プロレスラーになりたい』って相談したんだよ」

西も「武藤は、プロレスラーになりたいと言ってましたよ。新日本に入りたいって言っていたことを覚えてます」と明かした。

ただ、当時は新日本プロレスに入る伝手《つて》がなかったので、卒業後は、実家に帰り柔道整復師になることを決めていた。2年間の専門学校での生活で柔道整復師の国家資格試験に合格し卒業。実家からほど近い富士吉田市の接骨院「佐野接骨院」にインターンとして就職した。

しかし、就職して一年足らずで整復師として限界を感じることになる。接骨院では、多忙で留守が多かった院長に代わって患者を診察することが多かったという。

「学校を卒業したばかりで、まだ知識もそれほどない中で診察してたよ。今だから言えるけど、患者さんから『何でこれ痛いんですか』って聞かれて、答えないわけにはいかないから、適当に答えるような感じだったんだよ。ところが、ある時、よく通ってきてくれていた女の子を診察して、オレから見たら大したことないって思ったから『大丈夫ですよ、時間が経てば治ります』って電気をあてて治療したんだけど、院長先生が後でレントゲンを撮ったら『オイ武藤、骨折しているぞ』って言われてね。そんなこともあって、何か骨接《つ》ぎに自信をなくしちまってね。嫌だなって思って、勤めて1年ぐらいだったけど辞めようと思ったんだよ」

一つの誤診で整復師としての挫折を味わった時、心の中に湧き上がってきたのが子供のころから思いを募らせていた、「プロレスラー」だった。学校にいた時は縁遠かったプロレス界だったが、卒業後に接点が生まれていた。専門学校で1年先輩の長谷地《ながや》貢《ちみつぐ》が、新日本プロレスのレスラーが数多く通っていた世田谷区の「菅谷《すがや》整骨院」に勤めていた。院長の菅谷喜三郎は、新日本の選手と公私共に親しい仲だった。

「長谷地先輩から新日本の選手がうちの病院に治療に来てて、『院長先生はレスラーと親しいんだ』って聞いてね。今まではプロレスラーになりたいという思いは持っていたけど、完全に別世界だと思っていたからね。だけど、知っている先輩がプロレスラーと接点があるってことで一気にプロレスが身近に感じられたんだよ。ちょうど骨接ぎが嫌になって、向いてないかなと思っていた時だったから、長谷地先輩に電話して『レスラーになりたいんですけど、紹介して頂けないでしょうか』みたいな感じで相談をしたんだよ」

現在、埼玉県滑川町で「ながやち接骨院」を開業している長谷地によると、武藤から相談を受けたのは1984年4月だったという。

「電話で『1年間、接骨院に勤めたんですけど、自分には向いていないような気がして……。自分にはプロレスラーになりたいっていう夢があるんです。プロレスラーになりたいので菅谷先生を紹介して頂けませんか』というような話だったと思います」

長谷地は、すぐに武藤の希望を菅谷に伝えた。

「菅谷先生には『専門学校時代の後輩で武藤っていうのがおります。彼がプロレスラーになりたいと言っているのですが、体が大きくて柔道も強くてスター性もあります。必ず将来、新日本プロレスを背負って立つ選手になりますから、紹介して頂けませんか』と話をしました」

後輩を思う売り込みに菅谷は、その場で、新日本プロレスの看板レスラーで当時副社長だった坂口征二に電話をかけて、面接の約束を取り付けた。失意の誤診からプロレスラーへの道が開けた瞬間だった。

「自分の中で骨接ぎが嫌になった合間のようなタイミングで、ちょうどこの話が盛り上がってね。オレにとって大きな挑戦だったけど、実家が植木屋をやっているから、ダメだったら保険じゃないけど、実家を継げばいいやっていう思いも正直、あったよね」

菅谷の紹介を受け、南青山の新日本プロレスの事務所で面接を受けた。担当したのは、坂口と山本小鉄だった。

「鬼軍曹」山本小鉄の眼力

面接で何を聞かれて何を答えたのかは記憶にはない。ただ、今も鮮明に心に刻まれているのは、坂口の身長196センチ、体重125キロの肉体と、腕、足とすべてが骨太の、規格外の体格が持つド迫力オーラだった。

坂口は、柔道家として明治大学から旭化成に所属し活躍。オリンピック出場こそ叶わなかったが、1965年の全日本柔道選手権で優勝し柔道日本一の座に輝いた。その後、67年に鳴り物入りで日本プロレスに入団し人気を獲得。73年4月には猪木が設立した新日本プロレスへ移籍した。ビッグネームの坂口が加入したことで当時、テレビ中継がなかった新日本の試合をNET（現・テレビ朝日）が放送を決定するなど、新日本にとって救世主的な存在だった。武藤が初対面した当時は、まだ現役として一線で活躍していた。

「その時に初めてレスラーっていうのを間近で見たんだよ。それがいきなり坂口さんだから、ビックリしちゃってね。『ウワッ！　何だこの人』って思ったよ。だって、指一本でも今までそんな指なんか見たことねぇっていうぐらい、すげぇ太いんだよ。山本さんも、当時はまだ引退して数年後だったから、いかつくてさ、何なんだこの人たちはって内心、ビビったよな」

初めて目の当たりにしたプロレスラーに圧倒され期待と不安を抱えながら、入門テストに合格し、4月21日に新日本プロレスの合宿所に入った。指定された時間に道場に着くと、自分と同じ2人の新弟子がいた。一人は東京都三鷹《みたか》市出身で20歳の蝶野正洋。もう一人は岐阜県土岐市出身で中京商業（現・中京学院大学附属中京高校）を卒業したばかりの18歳、橋本真也だった。

「その時がみんな初対面だったけど、蝶野のことは噂で聞いてたんだよ。オレの親戚が東京の専門学校に行っていて、そこに蝶野の同級生がいて『今度、オレのいとこがプロレスラーになるんだ』っていう話をしてたら、『オレの友達もレスラーになる』っていう話で盛り上がったってことを、親戚から聞いていてね。それが蝶野だったんだよ。だから、最初に会った時は『噂のあいつか』って思ったよね。あいつは大きかったね、タッパもあったし、そこそこ体もできていたし、足も太かったよ。橋本に関しては入ってから分かったことなんだけど、柔専の時の後輩が、岐阜の中京商業でそいつの後輩が橋本だった。辿って行けば柔道関連は、つながっていくんだよね」

同期で入団した練習生は他に、野上彰（現・AKIRA）、青森県弘前《ひろさき》市出身で中学を卒業した15歳の船木優治（現・誠勝）、そして武藤と同じ日に入門テストを受け合格した新弟子の6人だった。

合宿所には先輩の髙田伸彦（現・髙田延彦）、新倉史祐《にいくらふみひろ》、小杉俊二、後藤達俊、畑浩和《はたひろかず》、山田恵一、佐野直喜（現・巧真《たくま》）ら若手が生活を共にしていた。

翌日から練習が始まった。副社長の坂口は、新弟子を前に挨拶をした。

「選手全員が集合する合同練習の初日に道場へ行ってね。それまでは、入ってもすぐに辞めて逃げ出すことが多かったから新弟子が少ない時代でね。そういう時に6人も一気に入ってきたからね。『今年はいいのが入ったな』とみんなで喜んだよ。道場で新弟子を前にして『練習は大変だと思うけど、とにかく頑張れよ』って叱咤激励《しったげきれい》しましたよ」

坂口が「大変だと思う」と予告していた練習は、やはり過酷だった。当時の新日本プロレスは、シリーズがない期間は、朝10時から昼過ぎの午後1時まで全選手が参加する合同練習を行っていた。休日は日曜日だけで、新弟子はスクワット、プッシュアップといった基礎トレーニングをそれぞれ1000、2000回など、ただひたすら繰り返すだけのメニューが中心だった。常人では到底辿り着けない、膨大な回数を反復する単調な特訓は、肉体的にはもちろんだが精神的にも追いつめられる。レスラーになる希望に燃えた新弟子は、まずここで挫折し道場から去って行く。

それは武藤も同じだった。入門してすぐに辞めることを決意したのだ。

「練習がヒンズースクワットばっかりでつまんないことをずっとやらされてさ。しんどくて嫌で嫌でたまらなくてね。それと当時はめちゃくちゃ非合理的な練習でさ。例えば、道場を飛び出して等々力不動まで行ってね。そこの階段を二人一組とかで競争して勝つまでずっと走らされてさ。帰り際に水飲み場で水を飲んだらすげぇ先輩に怒られてね。今じゃ考えられないよな、当時は水を飲むなっていう時代だから。そういうのも全部しんどくて、入って10日目ぐらいだったかなぁ、『もうダメだ、辞めよう、実家に帰って植木屋を継ごう』と思ってね。それである時、練習が終わった後に山本さんに、『オレもう辞めます。お世話になりました』って挨拶に行ったんだよ」

すると、山本は、予想外の対応をした。

「もうちょっと頑張れ。あと1週間でいいから頑張ってみろ」

武藤は、その言葉に光を見たという。

「他のヤツが辞める時は、山本さんは一切、引き留めなかった。オレはその姿を見てたからね。だけど、オレには『頑張ってみろ』って言ってくれてね。その時に思ったんだよね。『あれ？　もしかしたら、オレってプロレスラーとして才能あるのかな』って。それで『じゃあ、もうちょっと頑張ります』って返事をして、逃げ出さなかったんだよ」

道場から逃げ出そうとした武藤は、いわば新日本プロレスの落第生だった。しかし、団体創設時からコーチを務め、多くのプロレスラーを育てた山本は、恵まれた体格に甘いルックス、そして柔道で鍛えた実力を見逃さなかったのだ。

２０１０年8月28日に68歳で山本小鉄は急逝した。

「山本さんのあの一言がなかったら今のオレはなかった。だから、山本さんにはありがとうございました、しかないですよ」

今も忘れることのない鬼軍曹への感謝。そして、山本小鉄の眼力が正しかったことを武藤はスパーリングで証明する。

「ストロングスタイル」を支えるもの

新日本プロレスに入門した練習生は、誰もがスパーリングの洗礼を浴びた。

スパーリングはパンチ、キックといった打撃技を使わずに、互いに関節技を取り合う練習で、力道山の日本プロレス時代から続く伝統的なメニューだった。関節を極《き》め合うことから、通称「極めっこ」と呼ばれていた。

アントニオ猪木に憧れ1980年6月に入門し現在、新潟県佐渡市で妻の実家である酒店「伊藤酒店」を経営する伊藤俊二は、現役時代、旧姓の「小杉俊二」のリングネームで活躍した。腰の負傷で1988年4月に引退したが、今も忘れられないのが入門して最初のスパーリングだった。

「初めてリングに上がって無我夢中で先輩レスラーに突っ込んだら、あっという間に倒されて顔面を腹で押さえられました。鼻と口が完全に塞《ふさ》がれて息ができなくて、窒息しそうになりまして、本当に死ぬかと思いました」

腹を顔面で塞ぐ体勢は、通称「ラッパ」と呼ばれ、先輩レスラーが新人に浴びせる洗礼だった。テレビで見るプロレスでは分からない「裏技」を知った小杉は「とんでもねぇ世界に入った」と実感したという。

小杉の3年後の1983年6月に入団した山田恵一も初めてのスパーリングは強烈に覚えている。山田は、中学時代に雑誌で見た藤波辰巳《ふじなみたつみ》（現・辰爾）に憧れ、プロレスラーへの夢を抱いた。広島電機大学附属（現・広島国際学院）高校ではレスリングで国体出場まで実力を高めたが、身長が170センチと小さかったため、一度は新日本入りを断念した。自分と同じように小柄でも、元新日本プロレス所属で、当時メキシコで活躍していた、グラン浜田に弟子入りを志願しようと、単身メキシコへ渡った。そこで熱意に打たれた浜田から、山本を紹介され入門を許された。

山田が道場で初めてスパーリングを行った相手は高田だった。レスリング経験からタックルは取れた。しかし、倒した後が続かなかった。

「レスリングしかやっていなかったのでそこから先は何もできないんですね。関節技を知らないんで、いいように極められて、痛くてギャーギャーわめいて、首絞められて落ちるし、15分ぐらいやられまくりました」

山田も、小杉と同じように初めてのスパーリングで失神するまで追い込まれた。練習後、高田はこう告げたという。

「オレよりもっと強い人がいる。それが藤原さんだ。だから、これからは、藤原さんに教えてもらえ」

高田が「強い」と尊敬した藤原喜明は、スパーリングで群を抜く技術を持っていた。藤原は、岩手県北上市の黒沢尻工業高校を卒業後、サラリーマン生活などを経て、新日本が旗揚げした1972年の11月に23歳で入門した。入門からわずか10日後にデビューし、道場では積極的に猪木のスパーリング相手を務め、技術を磨いた。その練習熱心な姿勢が猪木に認められ、1976年6月26日、日本武道館でのプロボクシング世界ヘビー級王者モハメド・アリとの格闘技世界一決定戦の前には、スパーリングパートナーに抜てきされていた。藤原は、1975年に入門した初代タイガーマスクの佐山サトル、1977年入門の前田明《あきら》（現・日明）ら多くの若手選手に道場で胸を貸し、将来のメインイベンターを育成していた。

昭和の新日本プロレスは、創設者のアントニオ猪木が「プロレスこそ最強」「いつ何時誰の挑戦でも受ける」「キング・オブ・スポーツ」を掲げ、リング上でのシリアスな闘いを標榜《ひょうぼう》していた。これは、猪木自身が17歳で日本プロレスに入門してから一貫して変わらないプロレスへの姿勢で、「最強」を打ち出すことで当時のファンの中にあった強さへの憧れをかき立て、観客を惹きつけた。猪木は、ライバル団体であるジャイアント馬場の全日本プロレスを「ショーマンスタイル」と断じ、自らの新日本プロレスを「ストロングスタイル」と名付けた。「強さ」という計り知れない幻想を膨らませることで馬場の全日本と差別化を図り、興行人気につなげた。

そのために、所属するプロレスラーには、看板を背負う説得力を持つ実力が必要だった。その力をつける場所が道場であり、スパーリングだった。何よりも道場を重視していた猪木は、スパーリングで群を抜く力を持ち、道場で最も強い藤原に指導を任せた。

「猪木さんから教えられたことは『プロレスとは格闘技である』。ただ、それだけ。オレはそれを教えただけ」

こう明かした藤原は、一切、後輩にプロレス技の練習を課すことはなかった。これも猪木が日本プロレス時代から貫いてきた練習方法だった。徹底したスパーリングを重ねることで、プロレスは格闘技を内包しているという、猪木の思想を体で叩き込ませた。事実、小杉は、ラッパの洗礼を浴び「あんな辛い思いは二度としたくありませんから、強くなるしかないと思っていました」と感じ、必死で「強さ」を追求した。そしてスパーリングで認められないと、練習生は上には行けない厳しさが新日本プロレスにはあった。

一方、馬場の全日本は、練習内容が異なっていた。1974年4月にデビューした渕《ふち》正信は、こう明かした。

「基礎体力、スパーリングもやったよ。あとは受け身をとにかくやらされたよ。それと馬場さんの練習はすべてをやった後にプロレスの練習をやらせるんだよ。体はヘトヘトで疲れ果てた一番最後に、試合で使う技とかのプロレスをやるんだよね。試合でバテた時にどれだけきちんとした技を出せるかがレスラーの見せ場だと考えていたんだよね。そのおかげでスタミナはついたよね」

馬場は、あくまでも道場では、観客の前で見せる「プロレス」を指導し、選手を育てた。一方の猪木は、観客が見えない道場で強さを身につけることをすべてのベースにおいた。

そして、当時の新日本においては、藤原が新弟子にプロレスラーの強さを叩き込む、いわば道場の秩序だった。新弟子で藤原にかなう者など誰もいなかった。武藤が入門するまでは……。

スパーリングの洗礼

藤原が入門したばかりの武藤に、初めてスパーリングで胸を貸したのは、他のレスラーとのスパーを見るに見かねて飛び込んだ時だった。

「武藤と確か髙田だったと思うんだけど、スパーリングをやらせていたんだよ。武藤は運動神経良かったね、体も大きかったし、寝技もやるじゃねぇかって、新弟子なのになかなかやるなって最初は思っていたんだけど、そしたら、髙田がなかなか極められなかったから、『何やってんだ、お前』って言ってオレがやったんだよ」

武藤も藤原との初スパーを覚えている。

「その時にやっていたのは、髙田さんじゃないと思うんだけどなぁ。オレ、髙田さんとスパーリングやった記憶はないんだよね。ただ、藤原さんには、極められなかったと思うよ。やっぱり、汗で体がつるつるつるつる滑るからさ。よほど力の差がないと極めるのは難しいと思うよ」

極められなかったと明かした武藤に藤原は真っ向から反論した。

「オレが極められなかったって？　冗談はヨシコさんだよ。極めたよ。あの野郎、冗談じゃないよ。ちゃんと極めました。終わった後に、『おぉやるな、お前』って声かけたら、『柔道専門学校に行っていました』って話を聞いてね。そうか、そうかって話したのを覚えているよ。もう1回言うけどちゃんと極めたよ」

山田は、二人のスパーについてこう明かす。

「そのスパーは見てないんですけど、あとで武藤選手から藤原さんに腕を極められたって話を聞いたことは覚えています」

船木は、この時のスパーを見ていた。

「藤原さんがおっしゃっていた武藤さんとスパーしていたのは、髙田さんじゃなくて佐野さんです。僕はハッキリと覚えています。なぜかというと、佐野さんは、若手の中でもスパーリングが強かったですから、その人と完全に互角以上にやっていたのを見て、別格の強さを感じて、びっくりしたからです。藤原さんがその後、極めたかどうかは覚えていませんが、武藤さんは対等にスパーをやっていました」

入ったばかりの新弟子が道場で先輩レスラーはおろか、スパーリングで最強の藤原と互角に渡り合った現実は、猪木から小鉄、そして藤原へ継承されてきた新日本プロレス道場の秩序が崩れた瞬間だった。

武藤は猪木にもスパーリングで胸を借りた。猪木は、社長業で多忙を極《きわ》めていたが、1週間の半分は道場で汗を流していた。昼間の合同練習に参加できない時は、夜に一人道場へ来て若手選手を相手にスパーリングを行っていた。山田も猪木の胸を借りた。

「スパーリングしても猪木さんだけ感覚が違うんです。藤原さん、髙田さんとか他の方とは、普通に対人間なんです。だけど、猪木さんとやると普通の人間とやっている感覚じゃなくて、アントニオ猪木なんです。これは言葉で表現するのは難しいですね」

小杉も猪木に胸を借りた時の不思議な感覚を体験した。

「猪木さんにアキレス腱《けん》固めをかけたことがあったんですが、他の選手なら絶対にすぐにタップしているんです。だけど、猪木さんにはまったく通じなかった。極《き》まっているはずなのに全然極まらないんです。あんな人は猪木さんだけでした。猪木さんの体というか関節の柔らかさは、独特でした」

当時、40歳を過ぎていた新日本プロレスの総帥《そうすい》だったが、リング上の輝きと同時に道場での実力はまだ健在だった。ただ、武藤の感覚は違った。柔道時代の経験が根底にあった。

「猪木さんと初めて組んだ時？　正直言って、こんなもんかって思ったよ。だって、柔道の時は組んだ瞬間、こいつ人間じゃないって思うヤツがいたんだよ。それに比べると猪木さんは、普通だったなぁ」

ただ、スパーリングでは足関節を極められたという。

「柔道に足関節はなかったから、それには対応できなかった。あぁこういう入り方もあるんだなって、猪木さんに勉強させて頂きましたっていう感じだったよね」

道場という観客には見えない裏舞台を支配していた藤原と、リングという表舞台でカリスマだった猪木。新日本プロレスを代表する二人と、入門後わずか1か月あまりで武藤は対等に渡り合い、周囲にその「強さ」を浸透させた。同期入門の船木は「武藤さんは、入った時からできあがっていました。猪木さん、藤原さんと普通に本当にごく普通に取っ組み合いができてました。そんな練習生は他にはいません。だから、ボクは、この人、最初から強いんだなって思ってました」

それは道場で先輩が後輩をねじ伏せ、「強さ」を標榜していた新日本プロレスの歴史の中でも規格外の出来事だったが、武藤にとってスパーリングは柔道時代の延長線上にいただけだった。

「あの新日本道場の極めっこって柔道の寝技とそんなに変わらないなぁっていう印象だったよ。ただ、上半身裸で汗をかくから、腕取ってもつるつるつるつる滑るんだよ。だから最初のうちは極めづらいっていうのはあったよね」

小杉と山田のように先輩から極められまくり、そこからどう這い上がるか、誰もが葛藤していた道場の洗礼を武藤は浴びなかった。スパーリングは柔道の寝技の延長線であり、違いといえば「体が滑る」ぐらいの思いしかなかった。己の強さを発揮しようともアピールしようとも思わなかった。船木が評したように、ただ普通にそして自然に動いただけだった。

アントニオ猪木を怒らせた「ガードポジション」

一方で技術的にも当時の新日本にはないテクニックを導入していた。それが、「ガードポジション」だった。ガードポジションとは仰向けになった状態から相手の胴体を両足で挟んだ体勢のことで、下になった状態で相手の腕を取って極めるなど柔道では当たり前の技術だった。総合格闘技が発展した現在では浸透した名称だが、当時は名前すらなく「下になる」などと言っていた。

山田は武藤にガードポジションから極められたことがあった。

「武藤選手は、サブミッションのベースが柔道でした。だから、スパーリングも柔術の練習をスタートする時のように相手の胴に足を回してから始める。対するボクはアマチュアレスリングだから、よつん這いの状態でスタートしてました。当時は、そういう柔術みたいな戦い方に対しての免疫がボクはなかったから、上からかぶさると、武藤選手に下からキュッて三角絞めを極められるんです。それは強かったですよ」

山田が入ってきたばかりの練習生に極められたのは、武藤が初めてだった。そして、練習生に極められることは「それ以降もなかったです」と明かした。

船木も武藤の「ガードポジション」で極められた。「ボクは当時15歳で何も知らない素人同然でしたから、スパーリングで武藤さんに全然かなわなかったです。押さえ込みからの十字が得意でしたね。あと、ガードポジションをかなり使っていました。みんなが知らない技でしたから、強くて当たり前なんです」。ただ、武藤にとって「ガードポジション」からの三角絞めは、柔道では当たり前のテクニックで、専門学校時代の練習と同じことをやっただけだった。

「柔道の時からよくやっていたよ。だけど、オレは寝技は好きじゃなかった。道着で密着して寝転がってって汗臭くて嫌でね、練習も泥臭くてしんどいんですよ。オレは柔道に美を求めていたからね。それは一本を取る美しさだよね。柔道にはこういう言葉があって、立ち技3年、寝技1年ってね。これは習得するまでに立ち技は3年かかるけど、寝技は1年で覚えるっていう意味でさ。立ち技ってセンスが重要で簡単にできるもんじゃないんだよ。だけど、寝技は努力すればどんどん強くなるんだよ。ただ、オレは寝技が嫌いだっただけで、才能はあったんだよ。なぜなら、体が柔らかかったからね」

東北柔道専門学校で武藤の先輩だった西良典も「確かに武藤は大外刈りとか内股とか投げ技にはセンスがありましたが、寝技はそうでもなかったと思います。ただ、当時、武藤の先輩で寝技がめっぽう強い選手がいまして、その先輩がよく武藤を捕まえて寝技の練習をやってました。その積み重ねで武藤も寝技を覚えていったんじゃないでしょうか」と言う。

専門学校で身につけた「ガードポジション」だったが、道場で猪木から怒られたという。

「猪木さんから『そんな格好するんじゃねぇ』って怒られたよ。ただ、その時、オレは、『あぁ、この人、言っていること違うな』って思ったよ。だって、寝技は下になった方が有利だからね。これは柔道では当たり前なんですよ。上になると体勢が不安定だけど、下だと自分の体勢は安定するし、乗っかってきた相手の腕を取ったり、コントロールしやすいからね。だから、オレは猪木さんを無視して下から攻めていきましたよ」

猪木の教えを否定した武藤は、強さを追求する新日本プロレス道場にも違和感を持っていた。

「強さというものでプロレスと柔道を比べるなら、柔道の方が圧倒的に凄《すご》いよ。だって人口が違うじゃん。しかも新日本の道場ってわずか数十人の世界だよ。その中で強さを競うっていっても説得力ないよ。柔道では、オレがいた専門学校だって120人が練習してるんだよ。だけど、そこには日本で一番強いヤツはいない。みんな本当に強いヤツは大学に行ってオリンピックを目指すわけだからね。その先に柔道は世界で何万人っていう競技人口があって、その中で生き残った者がオリンピックで金メダルを取るわけなんだよ。そのトップクラスっていうのは、とてつもなく強いからね。強さを競うということは、ある意味、競技に走るっていうことだよね。その競技という視点で考えたら、柔道にプロレスがかなうわけないよな。比べること自体がナンセンスだよ」

「新日本道場」と「松下村塾」

練習生だった武藤に新日本プロレス道場は、どう映っていたのだろうか。

「あのスパーリングというか、極めっこって、猪木さんが自分の思想を下の者に伝えるためのものだよな。あの狭い世界で関節技を極めた、極めなかったとか、強い、強くないっていうのは猪木さんの思想であってさ。オレから言わせれば、何て言うかさ、幕末の山口県にあった小さな塾、そう松下村塾みたいなもんだよ」

松下村塾は幕末に長州藩で吉田松陰が主宰した私塾。松陰はわずか50平方メートルの小舎で志ある者に身分の差など関係なく学問を教えた。松陰の思想に影響を受けた高杉晋作《たかすぎしんさく》、久坂玄瑞《くさかげんずい》、伊藤博文、山縣有朋《やまがたありとも》ら多士済々の人材が倒幕、そして明治維新と新しい時代を切り開いた。松陰は「一君万民」という一人の君主に権威と権限を認め、その他の人民は身分差を認めない思想を唱えた。武藤は、この閉ざされた中で思想を教えた私塾と新日本道場をだぶらせた。松陰が志ある者へ学問を教えたように、猪木が絶対君主として存在し強くなりたいと燃える若者には、藤原が分け隔《へだ》てなく技術を教えていた。昭和の新日本は、確かに松下村塾と重なるところはあった。

さらに、吉田松陰の門下生が「倒幕」に走ったように、新日本の道場で強さを追求した佐山、前田、船木らは後に「UWF」で格闘技スタイルを築いた。UWFでの活動が、平成に入り総合格闘技を発展させ、プロレスの牙城を揺るがした。そういう意味でも、確かに「新日本道場」と「松下村塾」は重なるところがある。

ただ、専門学校時代に柔道で己の限界を悟った武藤は「強さ」にまったく興味がなかった。

「よくよく考えてみれば坂口さんとかマサさんとか長州さんとかは、絶対にそういう思想に走らなかったよ。それは競技というものの厳しさをめちゃくちゃ知っているからさ。絶対に競技としてプロレスを捉えることをあの人たちは一言も言わなかったし、そういうところに色目も向けなかったし求めなかった」

武藤が例えにあげた坂口、マサ斎藤、長州力の3人は、いずれもアマチュア競技で日本の頂点に立ったアスリートだった。坂口は、1965年に柔道日本一を決める全日本選手権で優勝した。マサ斎藤こと斎藤昌典《さいとうまさのり》は、1964年の東京オリンピックにレスリングの日本代表として出場した。専修大学レスリング部だった長州力は、1972年のミュンヘンオリンピックに出場した。

「柔道でもレスリングでもアマチュアの世界で日本一になるとか、オリンピックに出るっていうレベルまで行くことは、めちゃくちゃ厳しいからね。それに競技だから、相手との相性とか相手が左利きだとか色んなパターンがいるわけで、試合ごとにまったく状況も違うからね。一概に誰が強いとか言い切れない世界なんだよ。だから、アマチュアの厳しい世界を知っている人は、プロレスに強さなんか求めない。もっとハッキリ言えば、オレは、そういう世界を卒業してプロレスに入ったんだよ」

そして、こう断言した。

「だから、道場での強さがどうのこうのって、猪木さんとかアマチュア競技の厳しさを知らない人たちが作り上げた幻想というか思想なんだよ。柔道の時は、組んでも岩みたいに動かない人とかいたけど、新日本に入ってスパーやった時、誰とやっても、どちらかというとこんなもんか？　って思ったからね」

武藤がプロレスに求めていたものは明快だった。

「それはエンターテインメントだよ。その中で有名になりたいっていうのもあっただろうし、金を稼ぎたいっていうのもきっとあっただろうしね。その一部として男子たる者、強くなりたいっていうものはあったよ。あったけど、それはオレの中では重要なウエイトを占めてなかった。それよりも、もっと豊かな世界を求めたよね」

21歳で入門した時、猪木が掲げた「プロレスこそ最強」という看板を武藤は胸の内で否定した。そして、柔道時代に「強くない」と自覚している自分が道場でのスパーリングで先輩レスラーを極め、猪木と藤原と対等に関節を取り合った事実が、新日本プロレス道場の「最強幻想」を中から崩したのだ。

一方で、道場でガチンコのスパーリングをやる意味も理解していた。その例えに2018年、日大アメリカンフットボール部で起きた悪質タックル問題を挙げた。日大の選手が関西学院大学との定期戦で、プレーに関係のない選手をルールを無視した背後からの不意打ちタックルで倒しケガを負わせ、大騒動となったあの問題だ。

「今でこそ日大のタックルみたいなのが話題になったけど、当時のプロレス界はああいう不意打ちみたいなものに備えておかなきゃならない世界だったからね。リング上でいつ仕掛けてくるか分からない試合の中で、そういうような緊張感がある業界だった。特に新日本は、本当に仕掛けてくるからね。星野（勘太郎）さんとか、荒川（真＝ドン荒川）さんとかよくやってたよ。随分、殴り合いをやっていたよね」

武藤自身は、仕掛けられた記憶はないという。ただ、自分もいつ不意打ちを食らうかと危険を感じていた。だからこそリング上で何が起きても対応できるように、道場でガチンコを磨く必要があった。

道場で規格外の強さを発揮した武藤がデビューを迎える時が来た。

1984年10月5日、埼玉県越谷市体育館。相手は共に道場の門を叩いた蝶野だった。

記念すべき初陣は、一方で激震の中で迎えたリングだった。

デビュー戦の記憶

1984年10月5日、新日本プロレス「闘魂シリーズ」開幕戦で、武藤は蝶野とデビュー戦を行った。記念すべき初陣について、武藤はリングへ上がったところまでは覚えているが、ゴングが鳴った後に何をしたのか、どんな技を食らったのか記憶はない。

「その時の感情はどうだったのかなぁ。分からないよね。当時、荒川さんと木村健吾(現・健悟)さんに可愛がって頂いて、お二人がセコンドについてくれたことだけは覚えているよ。多分、やっぱり緊張したと思うし、ただ、無我夢中で動いていただけだったと思うよ」

試合は逆エビ固めで武藤が勝利した。時間は8分27秒だった。

一方、対戦した蝶野の記憶は強烈だった。

「武藤さんのデビュー戦の対戦相手がいないことが、開始30分前に分かり、突然のデビュー戦でした。リングに上がったら、恥ずかしくてずっと下を向いてましたよ。覚えているのは、あの青いマットの色だけですね。試合は道場のスパーリングの延長ですから、すぐに武藤さんにボストンクラブで極められて、多分、5分ぐらいですぐにギブアップしたんですよ。ところがレフェリーの柴田勝久《しばたかつひさ》さんが『まだまだ！　まだまだ！』って言って、ギブアップを取ってくれなかったんですよ。その後、2回ぐらいギブアップで、ようやく終わらせてくれてね。参ったしているのに、ギブアップ取らない、訳が分からないデビュー戦でした（笑）」

武藤と蝶野は、入門した4月21日からわずか5か月あまりでデビューした。これほど短期間での初陣は異例だった。さらに、二人と同じ日に入門した橋本は、1か月早い9月1日に東京・練馬区練馬南部球場特設リングでの後藤達俊戦でデビューしていた。武藤、蝶野、橋本の三人が短期間でデビューできたのは、三人が持つ才能もあったが、裏には、入門後、5か月あまりの間に新日本プロレスで起き続けた激震の余波もあった。

入門直後の激震

新日本が揺れ始めた発端は、1983年8月のクーデター事件だった。社長のアントニオ猪木が当時、ブラジルで「アントンハイセル」というサトウキビから砂糖を作る時に生じる搾りかすを牛の肥料にするリサイクル事業会社を運営していたが、経営は困難を極め、新日本プロレスの売り上げを「アントンハイセル」へ投資していた。この事実を当時の経理担当幹部が取締役の山本小鉄に告発し、猪木及び副社長の坂口征二は退任、専務取締役営業本部長の新間寿《しんまひさし》は謹慎することになった。同じ8月に、1981年4月23日のデビューから爆発的な人気を獲得していたタイガーマスクの佐山サトルも、会社への不満などから電撃的に引退した。のちに猪木と坂口は、社長、副社長に復帰するが、新間は退社に追い込まれた。

新日本を離れた新間は、1984年4月に新団体「UWF」を旗揚げする。新日本を離脱した前田明らが参戦し、4月11日、埼玉・大宮スケートセンターから17日の蔵前国技館まで「オープニングシリーズ」を開催した。

UWFは、旗揚げシリーズ直後に新間が退社したが、団体は前田をエースに据えて存続した。ただ、前田の他にラッシャー木村、剛竜馬といった知名度のある選手はいたが、他に観客を呼ぶことができる選手は、ほとんどいなかった。そこで生き残りをかけて、新日本から藤原喜明を引き抜いた。道場で若手選手のコーチだった藤原は、この年の2月3日に札幌《さっぽろ》中島体育センターで藤波辰巳との試合前の長州力を花道で襲撃し、「テロリスト」の異名でスポットライトを浴びる存在になっていた。

藤原は、都内の自宅を訪れたUWFの社長だった浦田昇から直接、移籍の要請を受けた。

「その時に聞いたのはたった一言だったよ。UWFにとって私は必要でしょうかって。そしたら浦田さんが、必要じゃなかったらこんなところに来ませんって。オレの家に来てこんなところっていうのもおかしなもんだけど、あぁ必要なんだと思ってね。あの時のオレは、新日本プロレスにとって必要じゃない人間で、誰にも信用されていないって思っていたからな。だけど、UWFは必要だと言ってくれたから、UWFへ行った、それだけのことだよ」

新日本に信用されていないと藤原が思い込んでいたのもクーデター事件によるものだった。それは猪木が社長を退任した直後の8月26日の「ブラディファイトシリーズ」開幕戦、大宮スケートセンターでの試合前だった。

「そのころ、オレは猪木さんのかばん持ちをやっていたんだよ。何か控室で他のヤツらの様子がおかしいんだよ。おかしいなって思っていたら、時間ぎりぎりになって猪木さんが来て、お疲れさんですって挨拶したら、猪木さんが、お前もかって言うんだよ。何のことだろうと思って後で聞いてみたら、クーデターの話だった。オレは猪木さんに近かったから、クーデター派の選手たちは、オレに話をすると猪木さんに情報が流れると思って、話をしなかったんだよ。だけど、猪木さんは、オレも裏切った人間だと思っていたんだね。その時、ふっと思ったわけね、オレは新日本プロレスに必要ないヤツなんだって。あの時の猪木さんの態度は、心にグサッと来たし、他の選手と猪木さんの両方から信じられていないっていうことだなってね。だから、オレは新日本にとって必要のない人間だと思ったんだよ」

テロリストとしてスポットライトを浴びても、この時のわだかまりはずっと棘《とげ》のように刺さっていた。そして、浦田から「あなたが必要です」と口説かれ、移籍を決断した。

1984年6月。道場のコーチだった藤原は、練習後に多摩川の土手に若手や練習生を集め、新日本を離脱してUWFへ移籍することを伝えた。

「一生懸命練習をやってきた仲間と離れるから、さよならを言いたかったけど、オレは直接、UWFに行くとは言わなかった。ホワァっと匂わす感じで伝えたよ。棒みたいなものを持って、こっちが新日本だろ、こっちがUWFだろって言ってね。わざと棒をUWFの方に倒して、あれっUWFの方がいいのかな、みたいな感じでUWFへ行くことを伝えたよ」

藤原が土手でUWFへ行くことを告げた時、選手の反応は様々だった。中でも藤原に心酔していた練習生の船木は泣きじゃくった。

「藤原さんがいなくなったら、明日からどうやって生きていけるのかって思ったんです。もう自分は強くなれないと思って目の前が真っ暗になって、自然と涙が込み上げてきたんです」

藤原は、UWFに、自らが見込んだ練習熱心な若手選手を連れて行こうと考え、髙田、山田、そして船木の3人を誘った。藤原に声をかけられた時を山田は覚えている。

「その時のことは、ハッキリ覚えてます。藤原さんに洗濯場に呼び出されて、『オレはUWF行くよ、お前どうする』って言われた。『髙田は行くと言っている、お前ももし行くんだったら今晩、7時か8時に髙田の部屋に来い』って言われたんです」

船木も土手から戻った時、藤原から山田と共に呼び出されてUWF移籍を誘われた。

「藤原さんに、来るなら髙田さんの部屋へ行けって言われて、ボクはUWFへ行くつもりでした。ただ、一人では不安だったので、山田さんと一緒なら行こうと思って、荷物をまとめて待っていました」

船木は、指定された時間に自室の向かいだった山田の部屋のドアが開けば、飛び出すつもりだった。しかし、ドアが開くことはなかった。山田は動かなかったのだ。

「UWFはできたばかりの団体で不安だったし、ボクの場合は、新日本に入った経緯が他の選手のように入門テストを受けて入ったんじゃなくて、山本小鉄さんにお世話になって入ったんで、小鉄さんを裏切ることはできないと思ってボクは行かなかった」

髙田が去り、山田が迷い、船木が泣きじゃくった藤原のUWF移籍だったが、入門から2か月を経たばかりの武藤は何も思わなかった。

「藤原さんは、直接、言わなかったっておっしゃっているけど、オレが覚えているのは、ハッキリと藤原さんは『明日からUWFへ行く』って言ったよ。その場で確かに船木は泣いてたもんな。号泣してたよ。あぁ船ちゃん泣いているなぁって、悲しいんだろうなぁって思ったけど、オレは、単に『あっ、藤原さん、UWFへ行っちゃうのか』って思っただけだったよな。一緒に行こうなんて思わなかったよ」

6月27日、藤原、そして髙田が新日本を退団しUWFへの入団を発表した。9月には新日本の旗揚げメンバーだった木戸修もUWFへ移籍した。UWFには、タイガーマスクの佐山サトルも合流した。佐山は「UWFは、プロレスから格闘技へ移行する実験でした」と振り返るように、競技のような厳格なルールを導入しキックと関節技を主体にした格闘技スタイルのプロレスを打ち出し、新たなうねりを起こした。

大量離脱

この年の秋、藤原らのUWFへの移籍に続き、さらなる激震が新日本を襲った。9月21日に革命戦士として絶大な人気を獲得していた長州力が退団を表明したのだ。長州には、アニマル浜口、谷津《やつ》嘉章《よしあき》、小林邦昭、寺西勇の維新軍団メンバーが行動を共にした。さらに、キラー・カーン、永源《えいげん》遙《はるか》、栗栖《くりす》正伸《まさのぶ》、保永《ほなが》昇男《のりお》、新倉史祐、仲野信市も離脱し、わずか1週間で11人もの選手が一気に抜ける大量離脱に発展した。最終的にはマサ斎藤と長州の付け人だった笹崎伸司も離れ、総勢13人が新日本から抜けた。

離脱した長州は「ジャパンプロレス」を設立し、翌1985年1月から、新日本プロレスの最大のライバル団体であるジャイアント馬場の全日本プロレスへ参戦した。長州らの大量離脱でスター選手が一気に抜けた新日本は団体存亡の危機に立たされた。武藤が入団してから、わずか5か月間でUWFが旗揚げし、長州らの大量離脱と、団体の屋台骨は激しく大きく揺らいだ。

「あのころは、本当に選手がどんどんいなくなっていったよな。だけど、その時のオレはそんな会社の状況なんて知らないし、会社が傾くとか全然、関係ないからさ。自分が良ければいいとしか思ってなかったし、今の生活がより楽になればいいとしか考えてなかったよ。やっぱり先輩後輩の縦の世界で封建的な社会だから、上の人がいなくなると雑用とかなくなるし、楽になって良かったって思っただけだったよ。当時は本当に何も知らないし分かってないから、上の人があれだけごそっと抜ければ、デビューしてすぐにメインイベントに出て、テレビに映るんじゃないかって思ったぐらいだったからね。それでさ、特に長州さんが辞めた時なんかは、そうだったけど、選手が離脱したら会社がすげぇ優しくなったよ」

確かに幹部は優しくなった。忘れられないのは長州が離脱会見を行った9月21日の夜だった。武藤と橋本は、先輩の荒川真に連れられて外出した。

「千葉の栄町のソープランドに連れて行ってもらってね。それで道場に帰ったら坂口さんとか先輩方がみんないて『おぉ、お前ら帰ってきたか！』って、坂口さんが抱きついてきたよ。こっちは何のことか分からなくて、どうしたんだろうって思ったら、長州さんたちが辞めたっていう話で、道場にオレと橋本がいなくなっていたから、引き抜かれたと思ったらしいんだよ。こっちは、そもそも長州さんたちに誘われてなかったし、何のことはない、楽しく遊んでいただけなんだけど。昨日まで掃除しろとか、飯作れなんて怒鳴ってばかりだった先輩が打って変わって優しくなったからビックリしちゃったよ」

坂口は、長州が会見した夜、武藤と橋本が道場からいなくなったことを聞いた時、二人が引き抜かれたと思った。

「武藤と橋本がいないって聞いて、道場へ慌てて駆け付けてね。長州たちに連れて行かれたかって心配したよ。そしたら、何てことはない荒川の野郎が橋本と武藤を連れて遊びに行っててよ。オレたちが心配している中、荒川が帰ってきて、二人を連れて遊びに行ってましたって言ってよ。このバカ野郎って、荒川を怒ったよな（笑）」

団体が危機に陥った大量離脱が続出した異常事態の背景を坂口は、誰もがトップに立ちたいプロレスラーが持つ欲望と考えていた。

「プロレス団体っちゅうのは、ハッキリ言って、人気レスラーは、そんなにいっぱいは必要ないんですよ。メインイベントを取れる上の選手が、ある程度いればいいんです。だけど、みんな同じリングでやっていると、オレも上でやりたいって思うものなんよ。だけど、現実はそうはいかない。そうなると不平不満がたまって、オレは頑張っているけどチャンスがないとか、よそへ行ったらチャンスがあるとか、ここに残っていてもチャンスがないとか、葛藤するんだよね。やればやるほど人間は欲が出るもんよ。抑えている人もいるけど、大抵の人間は不平不満を出してしまうんだよ。その中でよそから声をかけられると、そっちにチャンスがあると思って離脱していくんだよね。あのころは、そういうのが重なった時期だったよね」

アントンハイセルが大量離脱の発端と考えられているが、坂口の見解は、違った。

「猪木さんは将来、選手が辞めた時の受け皿をちゃんと作らないといけないという考えを持っていたんよ。引退後の第二の人生でレスラーが、ちゃんと余生を送れるシステムを作ってやらないといけないってよく話をしていたんよ。ブラジルにハイセルを作ったのは、引退した選手の再就職を受け入れようという考えもあったんよ。確かにハイセルをやっている時に、会社に先に支払っておいてくれっていうことはあったかも分からないよ、だけど、あの人は私腹を肥やそうとかそんな考えじゃなかったよ。馬場さんなんか自分の財産

として ハワイとか軽井沢に別荘を持っていたけど、猪木さんってあれだけ稼いでたのに、貯金もなくて財産もなくして、その代わり借金してね。野心家ちゅうか将来のことを考えないところがあったから、ハイセルみたいな事業にプロレスで得た自分の収入をみんな使ってたよ。決して私利私欲ではないよ。みんなのことを考えて、事業がうまく回れば、自分も潤うし選手、社員みんなもそうなるっていう考えだったよな」

猪木が坂口に明かした、レスラーのセカンドキャリアにしたいというアントンハイセルへの思いは、当時の社員やレスラーには理解されなかった。結果、新日本からスター選手は抜け、団体は、旗揚げから12年目で最大の逆風にさらされたが、武藤にはそれが追い風だった。

選手を失った新日本にとって、新たなスターの育成が急務となったのだ。長州らの大量離脱後、神奈川・箱根で9月26日から5日間の日程で緊急合宿が行われた。この時、坂口は、一筋の光を見たという。

「長州たちが離脱して選手が一気に少なくなったから、箱根で若手選手を特訓したんよ。そしたら、武藤も蝶野も橋本、船木ってみんないい新人でどんどん伸びていってね。1年上には山田とか佐野とか活きのいい選手もいてね。将来、こいつらに託せるんじゃないかってオレらは希望を持ったんよ。その時に猪木さんと、あと5年すれば、こいつらが出てくるはずだから、自分たちはあと5年は頑張りましょうって話をしたよ。それぐらい、彼らには期待していたんよ。だから、普通なら入ってデビューまで1年ぐらいかかるんだけど、選手がいないし早く新しい選手を作らないといけなかったから、その合宿が終わって武藤はすぐにデビューさせたんよ」

一方で合宿を行ったのは、これ以上の離脱者を防ぐ意味もあった。

「あのころは携帯電話なんかないからね、同じところに泊まっていれば、オレたちの目が行き届くから、長州たちは接触できないし、声もかけられないから、もうこれ以上、選手が引き抜かれないように逃げ出さないようにっていう意味合いもあった。あのころは、休みが終わって開幕戦があると、控室で、おい全員来ているかって声をかけていたんよ。本当にそういう息が抜けないキツイ時代だったよ」

大量離脱事件後、しばらくの間、若手選手や練習生が引き抜かれて逃げ出さないように、幹部選手が交代で野毛の合宿所に泊まり込んで監視していた。坂口によると、中でも星野勘太郎は、玄関で布団を敷いて寝るほど、夜通しで目を光らせていた。

「みんなに号令かけてね、星野さん、山本、藤波、木村が見張りじゃないけど、交代で合宿所に泊まり込んだよ。星野さんなんか、本当によくやってくれてね。他の幹部はソファで寝てたんだけど、あの人だけは、玄関に布団を敷いて寝ていたよ。時には、寝ないで夜通し道場にいて若い選手が逃げ出さないようにサンドバッグに向かってパンチを打っていたって聞いたよ。とにかく大変な時代だったよな」

いつ誰が再び引き抜かれるか幹部たちは緊迫していたが、選手がいなくなったことで武藤のデビューは一気に実現した。激震がもたらした幸運の巡り合わせだった。

持って生まれた目立とう精神

デビューから半年後、さらなるチャンスが武藤に訪れる。「ヤングライオン杯」の開催だった。長州力らの大量離脱で多くのスター選手を失った当時の新日本プロレスは、アントニオ猪木、藤波辰巳ら正規軍に、元国際プロレスの若松市政《いちまさ》が率いる「マシーン軍団」が対決する図式を展開した。1985年3月には全日本プロレスからブルーザー・ブロディを引き抜いてテコ入れを図ったが、興行、テレビ視聴率の落ち込みは明らかだった。

課題は新たなスター誕生で、その一環として若手選手の底上げと活性化を目的とした総当たりリーグ戦を行うことを決定した。それが「ヤングライオン杯」だった。出場選手は、小杉俊二、後藤達俊、山田恵一、佐野直喜、畑浩和、蝶野正洋、橋本真也、船木優治、そして武藤敬司の9人。3月1日に後楽園ホールで開幕する「ビッグファイトシリーズ第1弾」から次の「ビッグファイトシリーズ第2弾」の2シリーズにわたる大規模な大会で、

4月18日の決勝戦は、この年にこけら落としとなり、新日本にとって初めての興行となる両国国技館で行われた。

デビューから半年でやってきた飛躍のチャンスに武藤は、衝動的に思い立ち、開幕を前に道場近くの理髪店で髪の毛をスキンヘッドに剃《そ》り上げた。

「オレの中には、持って生まれた目立とう精神があるんだよ。これは、あのころは自覚してなかったけど、目立ちたいっていうのも、プロレスラーになった理由の中にはあると思う。でね、この目立とう精神ってレスラーにとって一番重要な要素なんですよ。この時も誰よりも目立ってやろうって思ってね、突発的に頭を剃ったんだよ。丸めることに関しては柔道の時からそういう頭で試合やっていたから、差し当たって全然、抵抗はなかったよ」

リーグ戦に出場する選手の中で誰よりも注目を集めようと考えたスキンヘッドだったが、大ベテランの星野が激怒した。

「星野さんは、どうやらオレのことを二枚目だと思ってくれていたみたいで、『お前みたいなヤツはそういうことをしない方がいい』って叱《しか》ってくれたよ」

武藤の1年先輩の山田は、頭を剃り上げた行動が理解できた。山田は身長が170センチ足らずで武藤、蝶野、橋本の180センチを超える3人とは体格面でのハンデがあった。

「ボクは、デビューする前からみんなに、お前は小さいって言われたけど、それをマイナスって思ったことはなかった。だって、考えてみてください。例えば、真っ黒な紙の上に一つだけ白い点があったらどうですか？　一番目立つのは、その点でしょ。オレは、その点だったもん。身長だって低いし、入り方だって入門テストを受けたわけじゃないし、まるっきりの異端児ですよ。だけど、だからこそ、ファンのみなさんから『山田、頑張れ』って言われたんです。みんなと同じ色だったら絶対にそんな応援されなかった。レスラーは誰もが自分だけの『点』を見つけようとするんですよ。だから、ボクはよく言うんです。プロレスラーは究極の個人事業主だってね。団体に所属はしていますよ。だけど、全部、自分一人ですべてを考えて『点』を見つけないといけないんです。その『点』になったヤツだけが生き残っていける世界なんです」

当時の新日本プロレスのレスラーは、コスチュームから試合での必殺技、ファンへのアピール、マスコミへの発言など、すべてをセルフプロデュースすることが求められた。誰も教えてはくれなかった。だからこそ「個人事業主」と山田は表現し、生き残るために他にはない絶対的な個性、つまり「点」になることが必要だった。武藤が頭を剃り上げたのはまさに「点」になろうと葛藤した象徴だった。

そして、才能は一気に開花する。デビューから半年。かつて前座レスラーが誰もやったことのない大技を繰り出した。ムーンサルトプレスの誕生だ。

2章　ムーンサルトプレスの誕生

月面水爆のひらめき

武藤にとってスキンヘッドは意識的なアピールだったが、リング上では無意識にレスラーの才能を見せつけた。スキンヘッドで登場した1985年3月1日、「ビッグファイトシリーズ第1弾」開幕戦の後楽園ホールで、後藤達俊とタッグを組んで、ブラック・キャット、金秀洪《キムスホン》組と対戦した。ゴングが鳴り試合が進むうちにアイデアが浮かんだ。

「デビューしてしばらく経ってから、試合しながら、あっ、もしかしたら、トップロープの上から、こんなことできるんじゃないかなっていうイメージは、どっかに持っていたんだよ。それで、あの時の試合中に、やってみようかってひらめいたんだよね」

イメージしていた技が「ムーンサルトプレス」だった。ブラック・キャットをバックブリーカーで倒すと、トップロープへ駆け上がった。リングを背にしてコーナーポストの上に立つと、そのまま体を旋回してボディプレスを浴びせた。

「本当に試合の中で突然、やったって感じだった。ぶっつけ本番だよ。道場で練習なんかしてないし、できるわけないよ。当時、あんなの練習してたら、先輩たちに怒られるよ。ただ、オレの中で、できるだろうっていう想像があったから、それをそのままやったっていう感じだった」

一瞬のひらめきでムーンサルトプレスは生まれた。ただ、初公開は今に通じるトップロープからバック転する縦回転式ではなく、空中で体を横に回転させる旋回式だった。

「オレ、そんなムーンサルトやった記憶ないよ。本当にそんなことやったの？　だいたい、初めてやったのは、どっかの地方とばっかり思っていたからね。後楽園でやったのも覚えてないぐらいだからさ」

バック転の縦回転ではなく旋回式のムーンサルトプレスになった理由は、タイガーマスクの影響だった。1981年4月23日、蔵前国技館でデビューした佐山サトルのタイガーマスク。日本中で一大ブームを巻き起こしたアイドルが初めてムーンサルトプレスを披露したのは、1982年5月26日、大阪府立体育会館で行われたWWFジュニアヘビー級選手権のブラック・タイガー戦だった。この時、タイガーマスクが見せた技が旋回式で落下するボディプレスだった。

船木誠勝は、武藤と合宿所のテレビでこの試合のビデオを見たという。

「タイガーマスクのムーンサルトプレスを見た武藤さんが『オレ、この技できるなぁ』って言ったんですよ。武藤さんの中で持っていたイメージって多分、その時のタイガーマスクのムーンサルトだったんじゃないですかね」

一方でプロレス史研究家でプロレスライターの流智美《ながれともみ》によると、当時バック転によるムーンサルトも存在していて、日本人で初めて披露したのは、新日本プロレスのジョージ高野だったという。

「1980年のテレビマッチで、高野がグラン浜田とのタッグでセカンドロープからバック転してボディプレスをやっています。ただ、フィニッシュで使った技ではなかったですし、技の名前もなかったと思います」

ただ、武藤には、高野の技を見た記憶はない。船木が証言するようにビデオで見たタイガーマスクのムーンサルトプレスしかイメージしていなかった。そのため初公開は旋回式になったのだろう。

武藤がイメージした旋回式のムーンサルトプレスを編み出した佐山は、この技は他の選手の参考ではなく自分自身で考えたという。

「ボクの中で普通のボディプレスより何か威力が倍増するみたいなイメージがあったんでしょうね。道場でマットを敷いて練習しました。その時にバック転でやるのも試しました。実際、旋回式よりバック転の方が簡単なんですよ。バック転ができる人なら誰でもできます」

だが、佐山は、旋回式を選んだ。

「旋回式にした理由は、簡単です。バック転だと膝を痛めるなと思ったんです。マットに落ちた時の衝撃がモロに膝に来るんですね。だけど、旋回式だと衝撃が分散されますから、ケガをしないようにと思って、あの形にしました」

ケガのリスクを避けるため佐山は、旋回式を選択していたのだ。

一方の武藤は、初公開こそ旋回式だったが、すぐにバック転へ変えた。1985年「ヤングライオン杯」公式戦の3月7日、茨城・水戸市民体育館での橋本戦、3月15日の鹿児島県立体育館での蝶野戦は、同日入門の二人をいずれもムーンサルトプレスからフォールで沈め、早くも代名詞となる必殺技として認められようとしていた。

船木も「ヤングライオン杯」公式戦の4月1日、山梨・石和小松パブリックホール大会でムーンサルトプレスで敗れた。

「その時はもうバック転でした。やられた感触は、トップロープからふわっと飛んで来てボンッて乗っかってくる感覚ですね。当時、凄かったのは、着地する寸前に両手をついて、ニードロップに変えたりしていました。ムーンサルト・ニードロップですね。それぐらい運動神経が良かったですね」

船木が明かす「ムーンサルト・ニードロップ」を「そんなことやった覚えないよ」と笑った武藤だったが、バック転を選んだ理由として佐山が指摘したように、繰り出すことが簡単だったためだという。

「旋回式でやった記憶はまったくないから、恐らくすぐにバック転になったと思うよ。技としては旋回式の方が難しいよ。空中で横に回る動きって、体をコントロールしづらいよ。その点、バック転は飛ぶだけだから簡単だよ」

ただ、バック転だと失敗すれば頭から落ちる危険が伴うように思う。

「それは、ないよ。ガキのころからバック転はやってきているからね。実際、今まで頭から落ちたことなんて、1回もない」

天性の運動神経を持っていた武藤は、小学校低学年の時にはバック転ができたという。

「2、3年のころだと思うけど、当時、テレビで仮面ライダーが放送されて、クラスで仮面ライダーごっこが流行って、バック転をみんなで練習したんだよ。田舎だから、田んぼに積んであるわらの上で練習したりしてね。田んぼでできるようになったら学校の砂場でやるようになった。最初は簡単じゃないよ。ジャンプ力が足りなくて膝から落ちたりとかしてさ。そういう遊びの中で自然にバック転ができるようになったんだよ。誰からも教えられてないからね。これは、全部独学だよ」

ヤングライオン時代、ムーンサルトプレスを毎試合のように出しまくった。

「オレたちってお客様の反応を、すげぇ気にするんだよ。初めてムーンサルトをやった時は、やっぱり盛り上がったんだよ。客席がウォーって沸いたんだよ。今までオレみたいに背が高くて、こんな技をやったレスラーっていなかったから、驚いたんじゃないかな。それで、オレの中で、これはいけるという風に手応えを感じて、また次もやるようになって、フィニッシュで使うようになっていったんだよ。お客さんが沸くから、その後押しを受けて、そっから、毎日のように出していったよな」

空中を回転する時に、武藤は鳥が翼を広げるように両手を水平に伸ばして舞っていた。

「それは、意識してなかったと思うよ。恐らく無意識の中でどうやったら見栄えがよくなるかを感じて飛んでいたんじゃないのかな。それは今も変わらないよ」

技を繰り出すコツはどこにあるのだろうか。

「そんなもんねぇよ。ただ、バック転をするだけだよ。バック転できる人なら誰でもできるんじゃないの」

図らずも佐山と同じ言葉で技を出す時のポイントを説明した。佐山と武藤。卓越した運動神経を持つ二人だからこそ言える無意識の必殺技、それがムーンサルトプレスだった。

ただ佐山は、ケガのリスクを恐れバック転を選ばなかった。しかし、武藤は観客の歓声と拍手に背中を押されるように、バック転を選択した。その結果、4度手術し、55歳で人工関節手術をするほどまで両膝が傷ついた。

「若いころは、相手にムーブされて立って着地したりして、色んな応用をしながら、本当に若気の至りというか、1試合で2回も3回も出していたもんな。失敗もよくしてたよ。落ちていくもんだから引力には逆らえなくて、足首をぶつけたり、だから膝が壊れて今、こんな足になっちまったからさ。だけど、これでアメリカでも生きてきたしね。これは、しょうがないいんだよ。ケガのことなんか、リングに上がったら忘れちまうんだよ。きっとオレの性分なんだよな」

もしかしたら、旋回式を選択していれば、そこまで両膝は傷つかなかったかもしれない。ただ、タイガーマスクを超える派手で華麗なバック転のムーンサルトプレスだったからこそ、武藤の栄光はあった。すべてはプロレスラーとしての宿命だった。

「ムーンサルトプレス」は誰が命名したのか？

ファンに衝撃を与えたムーンサルトプレスだが、当時、技の名称は混沌《こんとん》としていた。旋回式とバック転の2種類があったように当初は大きく二つに分かれていた。タイガーマスクがブラック・タイガーへ初めて旋回式を披露した時、テレビ朝日の実況アナウンサーだった古舘伊知郎《ふるたちいちろう》は体を回転させながら落ちていく様から「ラウンディング・ボディプレス」と表現した。そして、プロレスマスコミで最大の権威である夕刊紙「東京スポーツ」も同じ名前で報じた。

プロレス報道において、新しい技の命名は、主に二つのパターンがあり、選手自身が技の名前を明かす場合と技を公開した時にマスコミが考案するケースに大きく分かれる。選手自身が明かした場合は、テレビ、新聞、雑誌などすべての媒体がそれにならって報じるが、マスコミが命名する場合は、試合を中継するテレビ局と、「東スポ」の活字が絶大で、新しい技の名前はこの2社が命名したものを他のメディアが踏襲することが通例だった。

しかしこの時、通例に従わなかった雑誌があった。1968年3月に創刊したプロレス専門誌「月刊ゴング」だった。同誌は、タイガーマスクの新必殺技を古舘アナが絶叫した「ラウンディング・ボディプレス」と表現せず「ムーンサルトプレス」と名付けた。

命名したのは同誌の記者だった小林《こばやし》和朋《かずとも》だった。小林は学生時代に、新日本プロレスのファンクラブ「炎のファイター」が発行する会報誌の編集長を務め、1981年にゴングでアルバイトを始めた。同誌は、会場で記者が試合を取材、原稿を執筆し、カメラマンとして写真も撮り、会社ではレイアウトも行っていた。小林は、タイガーマスクが初公開したブラック・タイガー戦を担当し、この試合をリポートした1982年の「別冊ゴング」7月号で「2冠の夢を乗せて天高く舞った黄金の虎　神業ムーンソルト爆発」とタイトルをつけ、「ムーンソルトプレス」と命名した。

「あの技を見た時にパッと浮かんだイメージが、塚原のムーンサルトだったんです」

小林が明かした「塚原のムーンサルト」とは、1972年のミュンヘンオリンピックの男子鉄棒で金メダルを獲得した塚原光男が披露した「月面宙返り」で、月を意味する英語の「Moon」とドイツ語の宙返り「Salto」を合体させた和製英語「ムーンサルト」と名付けられた。小林の中でタイガーマスクと塚原のウルトラCが重なって、この名が生まれたのだ。ただ、この時小林は、誌面で「ムーンソルト」と表記していた。

「本当はムーンサルトとしなければならなかったんでしょうけど、あれは、当時、タイガーマスクの技でサマーソルトキックがあったので、多分、そのイメージからサルトではなくソルトと表記してしまったんだと思います。のちにムーンサルトに修正して、そこからはムーンサルトプレスで報じました」

これ以後、「ゴング」ではタイガーマスクのこの新技を、小林が命名した「ムーンサルトプレス」と報じ続けた（現在、英語圏では、「Moonsault Press」の表記で定着している）。

ただ、テレ朝と東スポは「ラウンディング・ボディプレス」と表記していた。そのため、タイガーマスクの初公開から2年10か月の時を経て、武藤が同じ技を披露した時、タイガーマスク報道の流れでゴングは「ムーンサルトプレス」と報じ、テレビ朝日と東スポは「ラウンディング・ボディプレス」と表現し、同じ技の名前がメディアによって違う状況が発生してしまった。

一方で英語をベースに名付けられるプロレス技は、記事あるいはタイトルにする場合、表記が長くなるので例えば「ジャーマンスープレックス」を「原爆固め」と変換するように、和名で表現することがプロレス報道の常だった。小林は、「ムーンサルトプレス」の和名を「月面水爆」とした。

「月面は、月面宙返りがそのままで水爆は、原爆固めがあったので、それ以上のインパクトはないだろうかと考えた時に、水爆が浮かんだので、月面水爆と名付けました」

この「月面水爆」の和名は「ラウンディング・ボディプレス」と報じていた東スポも使っている。武藤の最初の凱旋《がいせん》帰国で、初戦となった、1986年10月13日の後楽園ホールでの藤波辰巳（現・辰爾）戦を報じた同紙は「魅せた！　月面水爆」との見出しを掲げている。一方で記事中は「ラウンディング・ボディプレス」と書かれており、和名については小林が命名した「月面水爆」を採用するダブルスタンダードで報じていた。いわば、プロレスマスコミ同士の意地の張り合いともいえるような、同じ技なのに媒体によって違う名前を使う攻防は長く続いたが、最終的には今に通じる「ムーンサルトプレス」に統一された。トップロープから鮮やかに舞う武藤の必殺技を「ラウンディング・ボディプレス」と「ムーンサルトプレス」で比べた場合、どちらが技のイメージに近くファンに強いインパクトを与えるか、答えは明らかだった。

小林は「最終的にはファンが支持したということだと思います。活字で読んだ時、テレビで聞いた時の響き、何よりあの技に相応《ふさわ》しいのは、やはりムーンサルトだとファンの間で自然と浸透していったんです」と振り返る。プロレスマスコミが二分して報じた「ムーンサルトプレス」。それは新日本プロレスの伝統を崩した技でもあった。

「前座レスラーは技を出すな」

昭和の新日本プロレスの前座試合には暗黙のルールがあった。

坂口征二はその掟《おきて》を技の制限だったと明かす。

「昔は、メインイベントで猪木さんがバックドロップやコブラツイストを使ったりするから第一試合は派手な技は出しちゃいかんとかあったよね。それは、日本プロレスの時からずっとそうで前座は前座の試合をやれって言われてきたから、その教えが新日本にも伝わっていったってことだと思うよ。オレなんかは、若い選手に直接、この技は使うなとか言ったことはなかったけど、そんなこと黙っていても分かるだろっていう雰囲気だったんやろ。だから前座の試合は、アマレスに毛が生えたようなガチガチの試合だったよ」

猪木の前座試合への考えを、小杉俊二は直接聞いたことがある。それは、デビュー当時、地方での試合を終えた夜だった。宿泊した旅館で猪木は若手選手を集め、試合の心構えを説いた。

「お前らには、今のお前らにしかできない試合があるんだ。技なんか関係ない。にらみ合っただけでお客を沸かすことができる。そういう試合をやるのが今のお前らの仕事なんだ。それがプロレスなんだ」

猪木は、観客が最初に目にする第1試合に徹底した緊張感を求めた。たるんだ試合には容赦ない制裁を加えた。小杉も猪木の厳しさを味わったことがある。

「新倉（史祐）さんとの試合だったんですが、何をやってもうまくいかなくて、もうどうでもいいやって試合放棄のようになったことがあったんです。控室に戻ると、先輩から社長が呼んでいるぞって言われて猪木さんのところへ行くと、目をつり上げて竹刀をのど元に突きつけられて、『お前は何で飯を食っているんだ』って言われたんです。自分が、もうどうでもいいやっていう思いで試合をやっていたことを猪木さんは見抜いていたんです。その言葉は、心にグサッと来ました」

派手な技は使うな。にらみ合いだけで観客を惹きつけろ。それが猪木が旗揚げから教えてきた新日本プロレスの前座試合での掟だった。ただ、武藤には違和感があった。

「オレらが前座の時ってまだ猪木さんも元気だったから、試合が6時半に始まるとしたら

6時ぐらいまでリング上で猪木さんを筆頭にスパーリングとか練習をやっていた。それを会場に入った観客がフェンスを囲んで見ていて、試合開始の直前まで汗かいて、それが終わって第1試合が始まるんだよ。言ってみればその練習が第0試合みたいな感じで、観客のリングへの感情移入は、そこから始まっているんだよ」

道場でのスパーリングを観客に披露することで、ガチンコの極《き》めっこがプロレスのベースにあることを猪木は、ファンに訴えていた。

「その上で第1試合があって、タッグマッチがあって、休憩を挟んで外国人が登場してセミ、メインっていう流れがある。すべてはメインに出る猪木さんを引き立たせるための流れなんだよ。前座レスラーは技を出すなっていう教えって、猪木さんが、お前らオレのために演出をよろしくなって、オレが目立つために技は出すなよっていう教えだよ」

しかし、大量離脱が伝統を崩した。中でも道場で若手選手を指導していた藤原喜明、前田日明らが抜け、暗黙のルールは、緩くなっていた。武藤にとってそれは心地いい空間だった。

「技を使うなとかって、すぐ上の先輩が注意して伝わってきたもんなんだよ。だけど、大量離脱でそういう目上の先輩がみんないなくなっていたし、もっと上の先輩は、オレら前座の試合なんて眼中にないし、文句も言わないから、そんなこと言われたことはなかったよ。試合は比較的自由にやっていい雰囲気だった。それでオレは伸び伸びとやらせてもらっていたよね」

武藤が目標にしたのが、1年先輩の山田恵一と佐野直喜だった。

「この二人は身近な先輩の中で本当にプロレスがうまかったんだよ。1個上なのに、派手な技を使って普通に観客を沸かしていたから、いい意味で勉強になったよ。普通だったら先輩に怒られるんじゃないかっていう派手な技を普通にやっていたからね。多分、そういう影響がムーンサルトプレスをやることにつながっているんだよ」

中でも山田は、試合のコスチュームに、新日本プロレスの前座レスラー伝統の黒のショートタイツではなく、青や赤のロングタイツを着用し、試合ではトップロープからダイビングヘッドバットやトペ・レベルサなどの空中技を使うなど、個性が際立っていた。

「大量離脱があって、技の制限は緩くなったというか解禁されたというか、上の人の中である程度、若手には、自由にやらせてやろうやみたいな雰囲気があったんじゃないですかね。ボクは、上の人から、お前なんでこの技を使ったんだ、みたいなことを言われたことはありませんでした。トペ・レベルサやダインビングヘッドもやっていましたけど、ボクの中では使ってもいいんだなって思って使ってましたから。そういうのを見て武藤選手が刺激を受けたかもしれませんね」

自由に技を出せた背景には、大量離脱で選手がいなくなったこともあるが、一方で山田にはレスラーとしての自負もあった。

「ボクは、道場でも巡業中でもきっちりレスリングの練習をしていました。藤原さんがいなくなっても同じようにやってました。だから上の人にも、こいつはしっかり練習しているんだから、いいんじゃないかって思って頂けたのかもしれないですね。そうじゃなかったら、プロレスなめんなよとか怒られていたかも分かりません」

誰よりも練習の虫だった山田だったから、前座の掟を破っても文句は出なかった。1年先輩が築いた下地があったからこそ、武藤の中でムーンサルトプレスのひらめきへとつながり、メインイベンターを食うド派手な技をやってもダメ出しをする先輩レスラーは誰もいなかった。ただ、船木誠勝は「それだけじゃありませんよ」と別の見方を示した。

「道場で強いから誰も怒れないですよね」

新人は、道場で先輩から「ラッパの洗礼」を浴び、力で押さえつけられてプロレスを叩き込まれていった。道場で見せつける力が先輩後輩の上下関係を維持していた。ところが、入団してすぐに猪木、藤原と互角にスパーリングで渡り合い、道場での実力が別格だった武藤は、力関係が逆転し、注意する者など誰もいなかったのだ。デビュー後の武藤の心情を船木は推察する。

「最初から武藤さんはスパーリングで上の人にひけを取らなかったんで、強さを追求することはそこでもう終わっていると思います。だから、あとはリングでどうやって輝けばいいかを考えれば良かったんじゃないですか」

リングでの輝きを山田は、こう表現する。

「プロレスラーにはいくら練習しても身につかないものがあるんですよ。それは、華です。だって考えてみてください。みんな同じ時期に入門して同じ練習して同じちゃんこ食べて、だいたい同じぐらいの時期にデビューしても、人気に差が出てくるんですよ。それはなぜか？　人にアピールできる華があるかないかなんです。これだけは、教えても身につかないんです」

山田はデビューしてすぐ武藤の「華」に気がつき、プロレスラーとしての天賦の才能を感じた。

「プロレスラーになって努力すれば、ある程度のところまで行けるかもしれないですよ。ただ、天賦の素質を持っているヤツが練習したらもう誰も勝てない。それが武藤敬司です」

山田が明かしたプロレスラーとしての天賦を船木は「勘」と表現した。

「武藤さんは、デビューしてすぐにプロレスラーとしての勘を持ってました。自分は、プロレスには競技に近い戦いの感覚しかないんで、自分の方向に持っていく試合しかできないんです。だから、いまだに、この勘が分からないですね。だけど、武藤さんはデビューした直後から普通に相手に合わせてやってました。ボクが武藤さんと初めて対戦した時は、武藤さんの手のひらの上で転がされているような感じで、同じ時期に入ったのに、凄いベテランとやっているようなイメージでした。実際、武藤さんは小僧をあしらっているみたいな感覚だったと思いますよ」

武藤は、道場のスパーリングで「強さ」を発揮し、さらにプロレスの試合で「華」を披露した。小杉俊二は、この二つを合わせ持つレスラーは、アントニオ猪木の他にいなかったと明かした。

「道場での練習は、先輩に必死に食らいついて努力すれば、毎日、ほんの少しずつですけど、強くなっていく実感があるんです。だけど、試合は違いました。オレなんか、どうやったらお客さんを沸かすことができるのか、最後まで分からなかったし悩み続けました。新日本プロレスに入ってまず、道場がとんでもねぇ世界だと思いましたけど、試合はそれ以上にとんでもねぇ世界でした。猪木さんは、その両方でずば抜けた方でした。ただ、当たり前ですが私は、猪木さんのデビューしたころを知りません。だけど、武藤は、最初から両方ができてました。デビューしたころに武藤の試合を見て、こいつには勝てないって思いました。体はデカイし運動神経があって動きも良い。それで相手やお客さんとの絶妙な間合いも持っていました。オレは最後までそれをつかむのが難しかった。あんなレスラーは、他にいなかったと思います」

新日本プロレスのレスラーは、誰もが道場で苦悩し、デビューするとさらに試合で葛藤を繰り返すのが当たり前だった。しかし、武藤は、入門直後に道場で力を見せつけ、デビューするとリングで華を見せつけた。船木も小杉の証言と同じように、そんなレスラーは未だかつて存在しなかったという。

「武藤さんは、本当に生まれながらのプロレスラーというか天才なんです。だから、本当に普通に会社も最初から特別扱いしていましたし、エリートコースを歩んでいるんで、他のレスラーがあまり武藤さんについてしゃべっちゃいけないと思いますよ。だって、あんな凄《すご》い人の気持ちなんて誰も分からないじゃないですか。新弟子の時に自分から辞めるって言ったのに辞めさせられないわけですから、そんな人いませんよ。それでデビューしたら、最初からスターとして扱われて、海外遠征も早いし帰国してからも上で使われていましたから、そういう意味では、猪木さんより全然上だと思いますよ。普通の人と、歩んできた道が全然違いますから、武藤さんの気持ちなんて誰も分からないですよ」

同期入門の言葉を聞いた武藤は「それは、ちょっと美しく言い過ぎだよ」と苦笑いした。

では、誰もが評価するプロレスラーとしての天賦をどう捉えているのだろうか。

「それを言葉で表現するのは、難しいなぁ。何て言ったらいいのか……そんなもん、性格でしょ、性格じゃないの」

そう漏らすと「ただ……」と言葉を続けた。

「オレがやってきた柔道にしても野球にしても競技というかスポーツというものは、誰でもできるものなんですよ。レベルの差はあれど、努力すれば少しずつ強くなるし、うまくなるものなんだよね。例えば、野球なら高校生の甲子園に誰もが感動するよね。だけど、プロレスは、そうじゃないよ。努力しても、頑張ってもどうすることもできない世界があるからね。東京ドームの6万人を感動させて、納得させるのは、なかなか大変なんだよ。誰もができるものではないんだよ。だからこそ、オレはプロレスが面白いし、競技よりも奥の深いものだと考えているよ」

そして、プロレスに順応するための苦労があったことを明かした。

「細かいことは言いづらいけど、最初は柔道の動きを消すのが難しかったよ。特に攻める時のね。なかなか抜けなくて難しかったな。克服するには、やっぱり試合を重ねるしかないんですよ。観客の前で試合をやって反応を感じて、考えてってその繰り返しだったよね」

初のテレビマッチ

ヤングライオン杯から5か月後、武藤はテレビマッチへの抜てきという破格の出世を果たす。テレビマッチは毎週3試合が予定されており、ここに出場することは、トップ選手にしか許されない。大量離脱で、一日も早く新たなスターをお茶の間にアピールしたい、団体の台所事情もあったが、デビューから一年も満たない選手がスポットライトを浴びるのは極めて異例だった。

試合は、1985年9月6日、愛知県碧南《へきなん》市臨海体育館。ドン荒川とのタッグで上田馬《うえだうま》之助《のすけ》、トニー・セントクレアーと対戦した。金曜午後8時に黒のショートタイツ姿の武藤がブラウン管に映し出された。ムーンサルトプレスを全国放送で初めて披露した記念碑的な一戦は、7分50秒で反則勝ちで終わった。

「あの試合が終わった時、試合があまりにも早く終わったから猪木さんが荒川さんを怒ってね。生中継で時間があまったから、メインの猪木さんは、延々と場外乱闘とかやってたんだよ。それで荒川さんにオレが怒られてさ。こっちはテレビマッチは初めてでそんなの分からないじゃん。無我夢中でやっているわけだからね。だけど、いい勉強になったよ」

初めてのテレビマッチで、生中継での時間配分の重要性を身をもって教えられた。武藤は、昭和の新日本プロレス黄金期を支えた「金曜夜8時」の生中継時代を知る最後の世代で、その経験は平成に入ってから生かされた。1999年8月15日の「G1クライマックス」決勝戦はテレビ朝日が夕方に生中継で放送した。久々のライブとなった大舞台で、中西学の相手を務めたのが武藤だった。

「中西相手に生中継できっちり試合をまとめられるのは、オレしかいないからね」

試合は中西のアルゼンチンバックブリーカーで敗れたが、卓越したセンスと昭和時代に金曜8時を経験したキャリアが、平成の生中継で生きたのだ。

荒川から怒られたほろ苦さが残るテレビデビューだったが、金曜夜8時に登場した「武藤敬司」という看板は、前座レスラーを飛び越えて、選手がいなくなった新日本に出現した新星であった。そして、さらなるビッグチャンスが舞い降りてくる。アメリカ武者修業の決定だ。

日本プロレスの時代から、若手選手にとって海外修業は将来の出世への第一歩だ。数年間の海外経験を経て、凱旋《がいせん》帰国した時、もちろん例外はあるが、新たなスターとしての扱いが約束される。坂口は、この決定を「オレの独断だった」と明かす。

「みんなに反対されたよ。当時は、2年、3年やって、そこから海外遠征っていうのが既定路線だったんだよ。ただ、あのころは選手もいないし、新しいスターを作らないといけなかったから、それでは間に合わないと思ったんよ。武藤はまだデビューしてから1年だったから、みんなに『副社長、武藤じゃなくて他にいるんじゃないですか』とか、言われたけど、試合や日頃の練習、生活態度を見て、オレの中で武藤には、こいつはモノになる、トップになる、将来、ある程度背負っていく存在になるってピンと来るものがあったんよ。会社の将来をかけるためにも、みんなの反対を押し切ってね、武藤をアメリカに出したんよ」

坂口の後押しを受けた海外武者修業の決定を武藤は「ムーンサルトのおかげ」と思っていた。

「恐らくオレが真っ先にアメリカへ行けたのは、やっぱり、ムーンサルトプレスのおかげだと思ってる。その時点で幹部の人たちは、こいつもしかしたら運動能力高いって、あの技によって、そういう視線で見てもらった部分はあったと思う。あの技によって海外に行けた可能性はあると思うんだよ」

向かった先は、フロリダ州タンパだった。海外へ行くことも初めてだった武藤にとって、夢の新大陸は、プロレスラーとしての生き方を決定づけた場所だった。

3章　スペース・ローンウルフvs「UWF」

アメリカでムーンサルトプレスを初披露

1985年11月4日、武藤は初のアメリカ武者修業へ旅立った。降り立ったのはフロリダ州タンパだった。当時、新日本プロレスは、フロリダにある「チャンピオンシップ・レスリング・フロム・フロリダ（CWF）」というプロモーション会社と提携していた。CWFは坂口征二が信頼する元日系人レスラーのデューク・ケオムカと、昭和30年代からアメリカマットで活躍したヒロ・マツダが運営していた。坂口はこの団体に、将来のスター候補を預けることに決めたのだ。

渡米は、外国人レスラーの発掘も兼ねた坂口も一緒だった。初めての海外でいきなりビジネスクラスの好待遇という心地よさで、武藤は夢の大陸に降り立った。

「坂口さんがいたから、ビジネスクラスに乗れたんだよなあ。アメリカに行けるなんて新日本に入る前までは考えられないことだったから、海外に行けることだけでうれしくてね。山梨から東京に出た時、すげぇビルばっかり並んでて、東京ってすげぇところだなって思ったからね。だったら、アメリカって東京よりもっと凄《すご》いんだろうと思ったら、フロリダは山梨と変わらなかったよ」

期待とは違った牧歌的なムードのタンパ。肝心の試合も、当初はなかなか組んでもらえなかったが、デビュー戦は思いも寄らない形で実現した。

「住んでたところのルームメイトが新日本に留学してたロッキー・イヤウケアで、ロッキーは試合があるんだけど、オレはなかなか仕事がもらえなくて、やることがないからロッキーの試合にいつも勉強も兼ねてついて行っていたんだよ。ある時、試合で欠員が出てプロモーターから『お前、できるか？』って言われて、急きょロッキーのリングシューズを借りて、初めて試合をやってね。そしたら、『お前、凄いな』って言われて。そこからデビューにつながった」

飛び入りでのアメリカマットデビューで、プロモーターの評価を受け、すぐに本格的な試合が組まれた。事実上のデビュー戦はNWA世界ジュニアヘビー級タイトルマッチで、王者のデニス・ブラウンに挑戦した。渡米してから3か月あまりの2月14日、アメリカで初めてムーンサルトプレスを炸裂《さくれつ》させた。

「いきなりタイトルマッチでね。そこで初めてアメリカでムーンサルトをやったら凄い歓声だった。試合はオーバーザトップロープで負けたけど、そこからどんどんオファーが入ったよ」

アメリカでのし上がる第一歩はやはり、月面水爆だった。一気に注目された武藤はマツダのアドバイスで、新たなリングネームで戦うことになる。

「マツダさんから、ブラック・ニンジャっていう選手がいるから、お前はホワイト・ニンジャでやろうって言われて。そこから、リングネームはホワイト・ニンジャってなってね。急きょ、東洋のグッズを売っている忍者ショップに行って、コスチュームを買ったんだけど、それが全然、ホワイトじゃなかったから、ザ・ニンジャっていう名前で上がることになった」

「ザ・ニンジャ」となった武藤は、フロリダで一気にスターダムに駆け上がった。地区によっては「ホワイト・ニンジャ」、あるいは「ザ・ニンジャ」と名前を変えていたが、トップヒールにのし上がり、レックス・ルガー、バリー&ケンドールの「ウインダム兄弟」らと抗争を展開した。同じ相手との戦いの中で学んだことがあった。

「住んでいたのがタンパで、そこを拠点に日曜日はオーランドかジャクソン、水曜日はマイアミとかの大都市、その他の曜日は地方と、決まったスケジュールで試合を重ねていた。必ず1週間に1回とか2週間に1回とか同じ町で試合をする。そこで毎回、同じ相手とやらなくちゃいけないから、その中でどうやって試合を進化させていくかっていう発想が生まれてくるんだよ。一つの試合という、点をいかに線にしていくかが勉強になった」

それは、必殺のムーンサルトプレスも同じだった。

「アメリカでもヘビー級であれだけの技を出す選手はいなかったから、お客さんは沸くわけだよね。だけど、同じ町で同じ相手に同じタイミングで出すと、飽きられるわけだから、どこで出すかも考えていった。それと、アメリカは日本と違って、試合会場によって毎日毎日リングの大きさも高さも違うんだよ。見ている方は分からないと思うけど、試合ごとにリングが違うって、レスラーにとっては難しいもんなんだよ。試合前にリングに上がって練習なんかしないから、すべてぶっつけ本番だよ。ムーンサルトプレスも毎日違うリングでやっていたから、結構大変だったよ。しかも、ビッグショー以外は、会場に着くまで対戦相手が分からないなんて当たり前だからね。ただ体がデカイだけで何もできないヤツとかいたからね。そんなのと試合するのも本当、大変でさ。あらゆることが全部、ぶっつけ本番だったから、そりゃ自《おの》ずと鍛えられたよな」

アメリカマットで「プロレス」を学ぶ一方、新日本で築いたベースを生かせることにも気づいた。

「あの当時のアメリカの試合って凄く大味だった。パワーでぶつかる単調な試合が多かったし、大ざっぱなタイプのレスラーばっかりだった。だから、その中で新日本で猪木さんがやっていたインディアンデスロックとか出すと、逆に沸くんだよ。アメリカ人には、あいう関節技みたいなのが異様に見えたみたい。日本では普通の動きをアメリカでやることで、他のレスラーと違う何かをアピールできたんだよ」

日本のスタイルをアピールし、アメリカンプロレスを吸収しながら進化を遂げた日々で、1日3試合という過酷なスケジュールをこなす時もあった。そのほとんどすべてでムーンサルトプレスを繰り出し、観客を熱狂させ、プロモーターから評価を受けた。アメリカでの成功を確実に手にし始めてきたが、両膝には知らず知らずのうちにダメージが蓄積していた。

「無茶な試合やってたからね。1試合で3回もムーンサルトプレスを出したりさ。それだけ必死だったということなんですよ。ただ、今考えれば、そりゃケガするよって思うよね」

アメリカでスターになろうと必死でアピールした23歳の武藤は、フロリダで一人の日本人レスラーに出会った。それが桜田一男だった。

フロリダで公私共に「タッグ」を組んだ桜田

北海道網走市出身の桜田は、中学を卒業し大相撲の立浪部屋に入門したが、7年あまりで廃業、1971年に日本プロレスへ入門し、その後、全日本プロレスへ移籍した。1976年10月から渡米して、そのまま全米各地を転戦していた。日本マットでは、全日本で覆面レスラーの「ドリーム・マシーン」、新日本で1985年10月のシリーズ「バーニングスピリット・イン・オータム」に素顔の「ランボー・サクラダ」として参戦している。

フロリダで武藤と出会った時は、ペイントレスラーの「ケンドー・ナガサキ」のリングネームで、フロリダ地区などでヒールとして活躍していた。桜田は武藤とタッグを組んでフロリダマットで暴れ回り、私生活では同じマンションで暮らし、公私共に面倒を見た。

「部屋はベッドルーム2つにリビングがあった。食事はオレが作ってね。あいつは洗い物担当だった。相撲時代の経験があるから、あいつに『何食いたい』って聞いて、望んだものは何でも作りましたよ。ちゃんこも作るし、飯も炊いた。カリフォルニア米は美味しかったけど、生の魚はダメだよね。一度、マグロを刺身にしたら、二人であたって参ったことがあるよ。昼に食ったら、午後から二人共腹が痛くて痛くてね。その状態で、夜はタッグで試合でね。45分ぐらいかかってさ、今でもあの試合は覚えている。あとになって『あれは疲れたな』って二人で笑ったよ」

　桜田は、武藤にプロレスも教えた。

「フロリダで武藤と一緒に仕事をするようになって、色々アドバイスはしたけど、とにかく覚えるのが早かったよ。1回言ったら、2回は言わなかったね。最初に教えたことは、技の出し方、お客の感情をどうキープするかとか、リング上でお客にどう見られているかとかを教えたね。オレたちは、お客の視線を意識して試合をやるから、相手と闘っているんだけど、お客と闘っているようなものなんだよね。最初のころは試合が終わって、分からないことがあると聞いてきて、『相手がこうきたらこうやるんだよ』とか試合の運び方を教えたけど、1か月ぐらいしたらもう大丈夫だった。普通はあまりできないんですよ。だけどあいつは、すぐにできた。センスが抜群だったよね。これって持って生まれたものでね。プロレスで一番難しいことって、対戦相手の気持ちを知ることなんですよ。相手が今、何を望んでいるのか、お客は何を待っているのかって、これが分からないとできないんですよ。いいレスラーとそうじゃないヤツの違いって、そこなんですよ。だけど、これって最終的には教えられないいんだよね。だってセンスだから。それを武藤はピタッと覚えて、すぐにできた。あれは凄いよ」

ムーンサルトプレスは、アメリカでもやはり衝撃を与えていた。

「オレは日本で見て知っていたけど、あの技を見た外国人はみんなビックリしたよ。プロモーターも喜んでいたよね。あれだけの素質を持った日本人って他にあまりいないよね」

フロリダでの肉体改造

抜群だったプロレスの感性に加え、練習熱心だった姿が今も桜田の記憶に残っている。

「当時、あいつはやせてたから、『体を大きくしたい』って言って、毎日のようにジムに行きましたよ。率先してウエイトトレーニングをやってたよ。練習が好きで『ジム行きましょう』ってよく言われて連れて行った。どこへ行っても2時間は筋トレをやっていたよ。あいつは素直だから、『体大きくするんだったらプロテインがいい』って飲ましたら、ちゃんと飲んでたよ。マジメだったからオレも可愛がったし、教えがいがあったよね」

肉体改造に励むアメリカでの日々だったが、筋力トレーニングは、入門した当時から熱心に取り組んでいた。武藤の理想は、ファンのころから見ていたハルク・ホーガンだった。

「オレはもともと、ホーガンとかマッチョが好きだったからね。ああいう彫刻みたいな体に憧れて、入門した時から道場でよく筋トレをやっていたよ。だから、上の人からやらされるヒンズースクワットが嫌で嫌でしょうがなくてさ、あんなマラソンの選手みたいに持久筋を鍛えるだけじゃ筋肉はデカくならないんだからさ。逆に膝を痛めるしね。こっちは大きい筋肉が欲しいのに、1000回とか2000回もしょうもないことをやらされたよな。オレが大好きなのは、見せかけの筋肉だからね。見る側に伝わらない筋肉は嫌いだったから、見せかけの筋肉を作るために必死で練習しましたよ」

フロリダで刺激になったのは、筋肉美を誇るレックス・ルガーの存在だ。

「向こうに行ったらレックス・ルガーがいて、すげぇ体してたからね。見栄え良く大きな体にしたかったから、ああいうのと一緒に練習して勉強になったよ。桜田さんからも教えてもらったけど、ちょっと昔の人の指導方法だったよね。オレらの時は大型の選手が多かったけど、そろそろ近代的な見栄えが良いレスラーが目立つようになってきた時期だったよね」

武藤流の筋トレは、日ごとに筋肉の部位に分けて集中的に作っていく。

「総合すると体の全部をやっているけど、一日のトレーニング自体は、合理的に分けてやってる。今日は、胸と腹筋だけとか、明日は背筋とかね。これは今も同じ方法ですよ。オレの中ではこれが一番、合理的に筋肉を作るトレーニングだと思っているよ」

アメリカマットでつかんだ感覚

肉体改造を図ったフロリダで、「ザ・ニンジャ」と「ケンドー・ナガサキ」としてヒールタッグを組んだ武藤と桜田は、ベビーフェイスのスティーブ・カーンとスタン・レーンの「ザ・ファビュラス・ワンズ」と闘った。センスはあったがデビューから1年あまりと経験不足だった武藤にとって、ヒールの経験は、「グレート・ムタ」となるその後のキャリアを考えた上で大きかったと桜田は指摘する。

「ベビーフェイスはお客が味方をするから、攻める時は一気にガーッと行けるけど、ヒールはそこを小刻みにやらないといけないんですよ。そこは自分の感覚と頭で考えないといけないんですよ。上のヤツでは全然考えないひどいのもいますよ。例えばミル・マスカラスなんかどうしようもないよね。オレは何回もあいつとやったけど、自分のことしか考えてないから、みんなに嫌われていたよね。オレたちは自分のことも考えて相手のことも考えている。そうしないとできない。大変ですよ、毎日相手も会場も違うからね。そこは頭で考えないといけないし、もっと言えば考えるより先に体が動かないといけないんですよ。考えてから動くんじゃ遅いんですよ。あらゆる展開の中で、自分の経験を駆使して体が先に動かないといけない。でも、これを覚えたら世界中どこに行っても通用するし、凄い助かりますよ。武藤もその感覚をあの時、フロリダでつかんだんじゃないのかな」

桜田は、本書（単行本版）が刊行された7か月後の2020年1月12日に71歳で亡くなった。今、活字として甦った生前の言葉をかみしめると、武藤への愛情とプロレス論の奥深さを感じざるを得ない。

ヒールとして人気が上がっていくにつれ、武藤はアメリカのシステムに驚きを覚えた。

「桜田さんは、言うまでもなくオレより全然、先輩なんだけど、にもかかわらず、メインにオレが出たらオレの方が給料が上になったんだよ。これはビックリしたよ。だって日本では考えられなかったからね」

日本ではトップ選手を頂上に、いわば年功序列で待遇が変わる固定給制だった。当時の新日本プロレスは、1試合のファイトマネーが決まっており、シリーズ終了ごとに支払われるシステムだった。仮に若手選手に人気が出て観客動員に貢献しても、そのプラスαが反映されることはなかった。しかし、アメリカは違った。各会場の観客動員でファイトマネーが変わり、キャリアにかかわらず興行の主役であるメインイベンターに最も高額の報酬が与えられた。日本は、あらかじめ決められている「格」がすべての世界だった。しかし、アメリカは、観客を呼ぶ「実力」があれば、誰もが成功するチャンスに恵まれた。

デビュー2年目で「格」に縛られた日本マットを離れ、アメリカマットの「自由」な空間を体験したことが、「武藤敬司」のプロレスラーとしてのスタイル、思想を決定づけた。

「これは、オレの中で凄いフレッシュだった。そっからオレのプロレスの思想というか原型が生まれたよな。それがなくて日本だけの封建的なところにいたらつまらんかったよな。アメリカの合理的なシステムがうらやましくなってね。いいところに出たらギャラが上がる。パーセンテージでやっているから、メインがいくらとかすげぇ合理的で、先輩後輩もない。この開放感がたまらなかったよ」

中でも刺激を受けたレスラーが、当時のNWA世界ヘビー級王者リック・フレアーだった。1972年12月にデビューしたフレアーは、1981年9月17日にダスティ・ローデスを破りNWA世界王座を獲得した。当時、NWAは、全米で数多くのプロモーターが加盟する最大の組織で、王者は、最も観客を呼ぶカリスマでもあった。フレアーは、180センチあまりの身長に体重も100キロをようやく超える程度と、レスラーとしては小柄だったが、誰が相手でもどこの地区へ行っても必ず観客を熱狂させる術《すべ》を持っていた。

「CWFはNWAの傘下で、当時はウインダム兄弟とレックス・ルガーがトップだった。そこに中央からチャンピオンのフレアーが来る。そうなると観客動員がバァッて上がる。そしてオレたちの給料も上がる。だから、誰もがみんなフレアー様々ってなるんだよね」

観客を呼び、仲間のレスラーを豊かにするブロンドヘアーが、武藤にはまぶしく映った。そして、自分もフレアーの試合を間近で見て考え続けた。

「オレとフレアーを比べて何が違うんだろう、どこが彼より劣っているんだろうって考えたよ。フレアーは、体がデカイわけではない。決して運動神経がいいわけでもない。でも、あれだけ観客を惹きつけるからね。その中で思ったのは、オレと違うのは、試合運びだった。例えて言うならフレアーは、ほうきとでもプロレスができる深さがあった。誰が相手でも、アベレージを残せるプロレスができた。そこを目指してオレのスタイルを追求していったよな」

1986年5月、武藤はケンドール・ウインダムを破り、NWAフロリダヘビー級王座を奪取した。アメリカマットでデビューしてからわずか3か月でフロリダ地区のトップに立った。一方で海外修業は、坂口からあらかじめ半年間と言われており、約束の期間が終わろうとしていた。

アメリカ修業延長と「ホシ」

武藤は、アメリカから離れたくなかった。坂口に滞在の延長を願い出た。

「帰国命令が出たんだけど、アメリカが本当に肌に合っていたから、もうちょっと修業したいって、坂口さんにお願いの手紙を書いてね。そこまでして延ばしてもらったんだよ」

坂口は手紙のことは覚えていなかった。

「手紙を出したって？　どうだったかなぁ、電話じゃ失礼だと思って手紙を出したのかな。ただ、武藤が帰りたくないっていうのは分かってたよ。半年で戻そうと思っていたけど、首根っこ捕まえて連れて帰れるわけじゃないから、『頑張ってますからもう少しいさせてください』って言われれば、こっちも『分かった。じゃあ、もう少し頑張ってこい』ってなってくるよね。それで、予定を延ばしたんだよね」

レスラーとして修業を積むためにアメリカ生活の延長を願い出たが、実はもう一つ理由があった。

「ぶっちゃけ、『ホシ』もいたから、それも、まだアメリカにいたかった理由でもあったよ」

「ホシ」とは大相撲やプロレス界に伝わる「恋人」を表す隠語で、付き合っていた彼女と離れたくなかったという極めてプライベートな理由も、日本へ帰りたくなかった背景にあった。マンションで同居していた桜田は、武藤の恋人をよく覚えている。

「試合会場で知り合った高校3年生だったよ。可愛い娘だったよね。あいつは女にもてたよ。会場に行くと、色んな女が『武藤と付き合いたい』ってオレのところに来るんですよ。それで、オレが武藤に『あの女どうだ？　やっちゃえ』って言うんだけど、あいつは『いいです』って断ってね。だから、アメリカで女は、その娘一人だけだったと思うよ」

ファンにもてた武藤だけに、桜田によるとある時トラブルも起きたという。

「もう一人、武藤のことが好きだった21歳ぐらいの女がいたんだけど、武藤はそいつがあんまり好きじゃなかった。それで、オレらの部屋にその女が来たんだけど、武藤が相手にしないから怒って、マンションの庭のプールにその女がなぜか分からないけど飛び込んだことがあってね。大変だったよ、あの時は」

笑いながら懐かしそうに目を細めた桜田の話を武藤に尋ねると「桜田さん、そんなことまで覚えているの」と目を丸くした。女子高生の恋人とは確かに試合会場で知り合ったという。「だってそこしか接点ないじゃん」と明かし、仕事上でも彼女が必要だった理由を告白した。

「最初にアメリカに行った時に運転免許の国際ライセンスを持っていかなかったんだよ。行く前は、アメリカは東京みたいな大都会で、車なんて必要だとは思わなかったからね。だけど、フロリダに行ったら田舎でさ。車がなきゃとても生活できなくて、それで、やっぱり、すぐに見つけなきゃならねぇのは、アッシーだよな。生きるためには、絶対にアッシーがいないと大変だったよ。そういう意味では、彼女というか、まぁまぁアッシーに恵まれたっていうことだよね」

帰国命令

公私共に充実のアメリカ生活をおくっていた１９８６年秋。新日本プロレスから帰国命令が届いた。前回は、武藤の意志を汲み取ったが、今回は強制的な指令だった。帰国が決定した裏側には、ライバルの全日本プロレスでの元横綱輪島のデビューがあった。日大出身で学生初の横綱に昇進した輪島は、花籠親方となった引退後に年寄名跡を担保に借金をする不祥事を起こし、１９８５年12月に大相撲を廃業、１９８６年4月に全日本への入団を発表した。

長州力が参戦した全日本は当時、勢いでは完全に新日本を上回っていた。日本テレビは、それまで関東地区で土曜夕方5時半に放送していた「全日本プロレス中継」を、6年半ぶりにゴールデンタイムとなる土曜午後7時に昇格させ、さらに話題性抜群の輪島のデビューで一気に新日本を引き離そうとしていた。

輪島のデビュー戦は11月1日、故郷の石川県七尾市体育館だった。元横綱のプロレスデビューは、プロレスの枠を超え、世間で大きな話題となった。防戦一方の新日本が打ち出した対抗手段が武藤の凱旋帰国だったと、坂口は明かす。

「あのころは確かにキツイ時代だったから、ウチの会社としては、ノドから手が出るほど新しいスターが欲しい時期だったんよ。プロレス界は同じような話題ばかりが続いたらダメなんよ。常にフレッシュな話題を入れ込まないといけない。その時は、アマチュアから大物が入団するとか話題もなかったしね。武藤の名前は、輪島のように世間一般は知らないけど、プロレスファンにとっては海外修業へ行っていた武藤が帰って来るっていうのは話題になると考えたからね。そういう意味では、輪島に対抗して売り出そうと思ったんよ」

元横綱のデビューというビッグニュースに対抗する武器として、新日本は武藤の凱旋帰国を決めた。キャッチフレーズは「スペース・ローンウルフ」。宇宙の一匹狼《おおかみ》となった武藤は、11か月ぶりに新日本プロレスのリングに帰ってきた。

「スペース・ローンウルフ」の凱旋

１９８６年10月9日、両国国技館で行われた、猪木のレスラー生活25周年を記念する特別大会「ＩＮＯＫＩ闘魂ＬＩＶＥパート１」のメインイベントは、猪木とプロボクシング元ＷＢＡ、ＷＢＣ統一世界ヘビー級王者レオン・スピンクスの異種格闘技戦だった。セミファイナルも異種格闘技戦で、前田日明とキックボクサーのドン・中矢・ニールセンが対戦した。凡戦に終わった猪木とは対照的に前田は、白熱の攻防でニールセンを逆片エビ固めで倒し、「新格闘王」として脚光を浴びた。

時代の波が猪木から前田へ大きく変わった国技館で、武藤は凱旋した。試合は組まれなかったが、新たなコスチュームで変貌した姿を披露しファンの期待感をあおった。武藤を意味する「６１０」という数字が左胸に書かれた銀のジャンパーに、ブルーのロングタイツ、そして、フルフェイスのヘルメットをかぶって、花道を歩いた。

「ヘルメットは、猪木さんに『もしかしたらヘルメットのスポンサーがつくかもしれないから、これかぶっていけよ』って言われて、かぶったんだよ。青のロングタイツも猪木さんのアイデアだったよ。たださぁ、ヘルメットは自分の息で前が曇って、入場する時に前が見えづらくて大変でね。しかも、思惑通りにスポンサーもつかなかったから、すぐにかぶるのはやめたと思うよ」

凱旋試合は、「闘魂シリーズ」開幕戦となった10月13日、後楽園ホール。相手は、猪木に次ぐ看板レスラーの藤波辰巳だった。当時は、前座レスラーに入場テーマソングはなく、テレビマッチに出場するレスラーだけが自身の入場テーマソングを持つことができた。武藤に指定された曲は、「ファイナル・カウント・ダウン」だった。新たなテーマ曲に乗って、トップロープをつかんで鉄棒の大車輪のようにリングインした。ヤングライオン時代の匂いを完全に消し新しい風を吹き込んだ派手な登場に、会場は期待で充満した。

凱旋マッチは月曜夜の試合だった。というのも、テレビ朝日がこの大会の生中継から「ワールドプロレスリング」の放送時間を、金曜夜8時から月曜夜8時に変更していたのだ。金曜夜8時のプロレス中継は、日本プロレス時代から続いてきたテレビにおける伝統のプロレス枠だった。そこからの撤退は、新日本プロレス人気の厳しい状況を表していた。このままジリ貧が続けばゴールデンタイムを失う危機もささやかれていた。だからこそリニューアルした月曜夜8時で高い視聴率を稼がなければならなかった。そのためには、リング上に新たなスターが必要だった。武藤の凱旋には、放送時間の変更に伴うフレッシュさを呼び起こしたい事情もあった。

輪島への対抗、テレビ視聴率など、大きな期待がかけられた藤波との初対決では、アメリカ修業で跳躍力が増したムーンサルトプレスを披露したが、逆さ押さえ込みで敗れた。翌週の生中継も藤波との再戦が組まれたが返り討ちに遭った。低迷する新日本に新たに出現したスペース・ローンウルフを売り出すには、いきなり藤波に勝つことが最大のインパクトになるはずだったが、武藤の前に立ちはだかった壁は厚かった。

「燃える闘魂」の制裁

そして、さらなる試練がシリーズの最終戦となる同年11月3日の後楽園ホールで待っていた。対戦相手はアントニオ猪木だった。当初は、この大会のメインは藤波と木村健吾（現・健悟）のシングルマッチだったが、藤波の負傷でカード変更となった。急きょ、武藤が木村と組み、ケビン・フォン・エリックと組んだ猪木との初対決が実現した。

新日本の総帥に次代のエース候補がどんな展開を見せるか期待された試合は、場外戦で額を割った武藤が大流血の中、ケビンから首固めでフォールを奪った。しかし、クライマックスは試合後に待っていた。猪木が大流血する武藤の額へパンチの乱打を浴びせたのだ。途中で何度も木村が割って入ったが、猪木は照準を武藤に絞り執拗《しつよう》に殴り続けた。武藤も必死に食い下がりサソリ固めなどで抵抗したが、あくまでも主役は猪木だった。生中継でクローズアップされたのは、スター街道をひた走る新星を制裁する燃える闘魂の厳しさだ

1986年11月3日後楽園ホール。猪木は執拗なパンチを浴びせ、武藤は流血した。

った。

「あれは、あれで面白かったよ。まぁ普通じゃなかったけど、オレは普通じゃない試合が好きだから。あれだけ殴り続けたのは猪木さんからの『調子に乗るなよ』っていうメッセージだったんじゃないかな。それは、逆にオレに対する期待の表れだったと思う。あの辺まではいい子だったからね」

猪木は、かつて1981年6月24日に蔵前国技館で、レスリングでモントリオール五輪に出場するなど、輝かしい実績を引っ提げ、プロレスへ転向した谷津嘉章の日本デビュー戦でタッグを組み、アブドーラ・ザ・ブッチャーとスタン・ハンセン組と対戦した。しかし、谷津が外国人二人に徹底的にやられまくる試合を展開するなど、猪木は、スターへの階段を約束された新星を一気に追い落とすことを厭《いと》わなかった。当時の新日本のファンもまた、用意されたレールに乗ってスターになる売り出し方に嫌悪感を示していた。猪木がジャイアント馬場の後塵《こうじん》を拝し、のし上がってきた歴史に共感していたため、長州力のような長い下積みを経てメインイベンターに這い上がるレスラーしか認めない空気があったのだ。それは武藤を見つめる視線も同じで、事実上、下積み生活を経ずに、アメリカで活躍したデビュー3年目の若手を、簡単にはスターにさせないという猪木流をファンは支持した。

「あの図式の中で血を流しながら殴られ続けているオレの姿って、猪木さんが投げたボールをまだデビューしたばかりの若手がしっかりキャッチしている感じだったと思うよ。だけど、キャッチしてくれると思うから猪木さんが投げてると思うんだよ。他のヤツなら何も理解できなかったかもしれないよ」

猪木はどんなボールを投げていたのか。

「それはまず、上から目線のところだよな。師匠たる者はこういうものだって自分を作り上げて、じゃぁ弟子たる者はこういう風に受けるべきというね」

師匠に殴られ続けることで武藤は猪木を引き立てていたのか。

「う～ん、そこは、あうんの呼吸だよ。だから猪木さんは、あの試合はハッピーだったと思うよ。完全に自分の世界だからね。すべてはオレにとっては一つの経験ですよ」

当時、猪木は43歳、武藤は23歳だった。

「恐らく、オレとやる時、猪木さんは若干老いてたからな。多分、若い時の猪木さんって、相手がしょっぱくて試合もしょっぱくても、終わったら、『ダァー』って拳を上げて、『はい、ハッピーエンド』って持っていけるぐらいの力を持ってたよ。オレも今では『プロレスＬＯＶＥ』ってそういう手法を取るから理解できるんだけど、試合がしょっぱかったら、相手のせいと思っていただろうし、とにかくオレだけ見ていればいいっていう感覚でやっていたんじゃないの。あの試合もそうでね。リングの上が混乱したよね。でね、猪木さんは、リングがぐちゃぐちゃになって、お客が『えっ！　どうなってるの!?』ってざわつくのが好きでね。もう収拾がつかないんじゃないかっていう混乱の中で、最後は『ダァー』って拳を上げてオレが収めましたよって、そこにエクスタシー感じてたんだと思うよ。実際、あの試合の結末はそうなったからね。だから、あの試合も猪木さんの気持ちを考えると『オレだけ見てろ』っていう世界だったよね」

猪木が創設した新日本プロレスは、「プロレスこそ最強」「いつ何時《なんどき》誰の挑戦でも受ける」と掲げた「猪木イズム」がファンに絶大な支持を受けた。

「猪木イズムって、オレが思うに考えることだよね。守りってのは考えないじゃん。例えば、それは馬場さんのイメージだよね。でも猪木さんは常に攻めたよね。攻めるってことは次は何をしようか？　って常に考えることなんだよね。猪木さんは、次から次へと色んなことをすげぇ考えてたよね。モハメド・アリと試合をしたかと思えば、新宿の伊勢丹前でタイガー・ジェット・シンに襲われるとか、どっちの方向でもとにかく突拍子もないことをめちゃ考えてたよ。今でこそリングから離れたところで相手を襲うっていうのは、あるのかもしれないけど、猪木さんは、その先駆けでパイオニアだからね」

そして、プロレスラー猪木をこう評した。

「猪木さんってオレは根っからのプロレスラーだと思うよ。しかも根っからのアメリカンスタイルだよね。自己流にアレンジしているけどね。だけど異種格闘技戦だけはアメリカンスタイルじゃないか……？　あっ、分かんねぇな……やっぱ、異種格闘技戦もアメリカンスタイルだよな。だけど、異種格闘技戦ってすげぇんだよ。だってどこの馬の骨だか分からないヤツとプロレスしなきゃならないんだよ。それで沸かすことができるって猪木さんしかいないよな。あんな芸当は、他のヤツらじゃ絶対にできないよ。だから、常に攻める姿勢を見せてくれたっていう意味でやっぱりオレの師匠ですよ」

一方で、猪木が流血した武藤を殴り続けた背景には「ＵＷＦ」があったと見る。

「あのときＵＷＦがいたからね。猪木さんは、ＵＷＦのスタイルにはないプロレスを表現したかったんだろうね。血を流して殴り合う絵は、競技になろうとしていたＵＷＦとは正反対だからね。普通に試合を終わらせるより、ああいう形の方がＵＷＦにはない何か別の形が生まれると思ったんじゃない」

図らずも口にしたＵＷＦは、武藤にとっても煩《わずら》わしい思想だった。

ＵＷＦ一色だった凱旋後の新日マット

１９８３年８月のクーデター事件を発端に翌年４月に旗揚げしたＵＷＦは、佐山サトルが提唱した格闘技色が強いプロレスを打ち出したが1年半で経営に行き詰まり、佐山は退団に追い込まれた。残った前田日明、藤原喜明、髙田延彦、木戸修、山崎一夫ら8選手は、1985年12月に新日本プロレスと業務提携し、翌年1月の「ニューイヤーダッシュ'86」から新日本に本格参戦を果たした。

前田にとって1年9か月ぶりに復帰した新日本のリングだったが、自らの個性を守るためにも格闘技色を追求した「UWFスタイル」を崩すわけにはいかなかった。相手の技を受け付けないUWFと、新日本勢の試合はかみ合わず、選手同士で軋轢《あつれき》を生んでいた。一方でファンは、ニールセン戦での壮絶な試合をきっかけに、衰えが目立ってきた猪木に代わるプロレスの「強さ」を証明する象徴として前田に傾倒した。

UWFが新日本に参戦した時、武藤はフロリダで武者修業中で凱旋帰国は、そのままUWFとの戦いの始まりでもあった。しかし、スターの椅子が用意された武藤よりも、強さを追求する前田を、ファンは圧倒的に支持した。

「スペース・ローンウルフで海外から帰ってきたけど、ファンは冷たかったよ。だって、世の中はUWFブームで、言ってみれば野党のUWFの方が与党の新日本よりお客さんを惹きつけていたからね。ロープに飛ばそうと思っても飛ばないとか、あのスタイルは当時、ブームだったからしょうがないけど、オレはあんまり好きなスタイルじゃないよ。やっぱ

1987年3月20日後楽園ホール。武藤は越中とタッグを組み、前田・高田と激突。

り、アメリカのプロレスの方が面白いと思っていたからね。だけど、UWFっていうあんなに間の違うプロレスの中でもオレは意地でもムーンサルトをやっていたよ。今思えば、やりづらい間の違うプロレスなのによくやっていたと思うよ」

新日本とUWFの激突は、それぞれが持つプロレス観のぶつかり合いでもあった。前田、髙田がロープワークを拒否し、キックを主体とするスタイルを主張すればするほど、武藤は意地でも月面水爆にこだわった。アメリカで培った自らのプロレス観の象徴が、ムーンサルトプレスだった。その思いを「UWF」に真っ向からぶつけた。

「今は合理化されて言うなれば、フィギュアスケートのペアのようにうまく滑っているようなプロレスをやるけど、当時はペアの仲が悪いっていったらありゃしないよ。実際に仲が悪くてコミュニケーションが取れないぐらいの中でのぶつかり合いだった。ただ、やっている方はリング上で一瞬の隙も見せられないから大変だったけど、見ている方は面白かったと思うよ」

今でこそ、冷静に振り返ることができるUWFとの戦いだが、当時、武藤の中で鬱積した思想の違いが爆発する時が来た。

伝説の「旅館破壊事件」

1987年1月23日、熊本・水俣《みなまた》市体育館での試合後の夜、市内の旅館で新日本とUWFの選手の親睦の飲み会が開かれた。音頭を取ったのは坂口だった。

「UWFが帰ってきて、1年ぐらい一緒にやっていたけど、旅館も別、移動も、控室も、もちろん別。会場で顔を合わせるだけで試合もずっとギクシャクしていたんよ。それで、お客がガァーッと増えれば、うちの選手も我慢したと思うよ。だけど、前田たちが帰ってきても観客は全然増えなかったしね。それで試合だけガチガチして、彼らは『オレたちはプロレスに対応しません』みたいな固い壁があって、自分たちのカラーを守るためにそうやらないといけないのは分かるんだけど、星野（勘太郎）さんなんか怒ってよ、オレも頭に来たこともあった。そういう選手間のムードが険悪だったから、水俣でオレが『一回、みんなで酒でも飲んで飯を一緒に食って心開こうや』って音頭を取ってね。一席設けたんよ。昔の日本プロレスの時代は、よく巡業で旅館に泊まることが多かったから、試合終わって大広間で30、40人が一緒にご飯食べて、飲んだりしてたんよ。リング下りたらバカ騒ぎして和気あいあいってそういうのがあったからね。あの時も酒飲んで互いが心を開くきっかけになればと思ったんだけど、あんなことになってよ」

坂口が苦笑いしながら振り返った親睦の飲み会は「あんなこと」という大騒動となった。酔っ払った両団体の選手が殴り合いのケンカに発展。さらに旅館の壁、便所などを破壊したのだ。

騒動の引き金を引いたのは、武藤だった。

「正確には酔っ払って覚えてないんだけど、オレが前田さんに、『あんたらのプロレス面白くねぇんだよ』って言って口火を切ったと思う。そしたら、前田さんが『じゃんけんで勝った方が一発殴ろう』って言ってきて、それに乗ったら、オレは全部負けて殴られるわけ。酔っ払っていたから分からなかったんだけど、前田さんは、全部後出しして殴っていたらしいんだよ。それを髙田さんが見ていて、前田さんに『ズルい』ってなって、髙田さんが前田さんを羽交い締めにして『武藤、殴り直せ』って言って、思いっきり殴ったよ。その後、どういうわけかオレと前田さんと髙田さんが素っ裸になって、髙田さんと一升瓶抱えて、旅館の前の道路にあぐらかいて語り合っていた印象はあるよ（笑）。道路の真ん中だったけど、通った車がオレらの姿を見て、逆に逃げて行ったからね（笑）」

坂口の証言は、少し異なる。

「まず最初に武藤が食事の席に少し遅れてきたんよ。そしたら、前田が『後輩のクセに遅れてきて、何してるんだ』とか言ったんよ。オレは武藤の横に座っていたから『まぁ、座れよ。飲めよ』って言って、酒が入ったら、今度は武藤が前田に『UWFが来てもお客が入らないじゃないですか』って言ったんよ。みんな思っていて誰も言わなかったのを、武藤が酒の力を借りて言ったんだよね。そこから始まったんよ。武藤の言葉に前田が『ナニこの野郎』ってなってね。オレは『まぁまぁ、やめろやめろ』って止めたけど、構わず二人はド突き合いしていた。そしたら、他の選手も暴れてよ、後藤（達俊）なんか便所のドアを蹴って壊したとか。便所でゲロが詰まって水が下に漏れたとかあった。猪木さんもいたけど、止めずに見てたよ。それで最後にオレと猪木さんと荒川（真）と武藤で『飲み直しだ』って言って飲んだんだよ」

UWFにいた藤原の記憶は、また少し違う。

「あれはプロレスラーのコミュニケーションでケンカじゃないんだよ。まず、始めに前田が武藤に言ったんだよ、『おい、オレを殴ってみろ』って。そしたら武藤が『先輩を殴れませんよ』って言いながら、後ろに下がってから走っていって、バカーンって殴ったんだよ。そしたら、下にビール瓶だとか転がっているからステーンって前田がぶっ倒れて、むっくり起きあがって『へっへっへ……やるじゃねぇか』って言ってバカーンって武藤を殴り返したんだよ。その後もお互いに何発か殴っていたよ」

当時、新日本の若手選手だった船木誠勝の証言も微妙に違った。

「まず、武藤さんが『あんたのやっているのは、プロレスじゃないんだよ』って言いました。そうしたら、前田さんが『お前、海外から帰ってきたからって、いい気になるんじゃねえぞ』と怒って、ボコボコに殴った。ボクはそれを見たから、誰かに止めてもらおうと思って藤原さんを呼んだんです。藤原さんが『しょうがねぇな』って言って、前田さんをボコボコに殴ったんです。その時、髙田さんが武藤さんを『こっちに来い』って言って、前田さんから引き離すために裏に連れて行った。武藤さんがいなくなった後に坂口さんが怒って、寝転がって『来い』って前田さんに言いました。前田さんは、何もできずに上から坂口さんを見ているだけでしたね。その時、猪木さんと藤波さんは別の部屋に移っていました。最後に坂口さんが前田さんと武藤さんを呼んでお互いに一発ずつ殴らせて和解したんです。途中で前田さんは泣いていましたよ。その後、前田さん、髙田さん、武藤さんは外に出て話をしていましたけど、武藤さんとなぜか、ボクが坂口さんに大浴場に連れて行かれて、湯船に投げられました。みなさんは酔っ払っていたので、記憶が曖昧だと思いますけど、ボクは今でもハッキリと覚えています」

全員が泥酔していたため、証言に違いはあるが、武藤と前田の殴り合いから大騒動に発展したことは共通しており、発端はやはり二人だったことは間違いないようだ。確実に言えることは、プロレスラーが大暴れし、旅館のいたる所が破壊されたことだった。坂口は、翌朝出発した時の旅館の従業員の表情が、今でも忘れられないという。

「オレたちが来た時は『いらっしゃいませ、いらっしゃいませ』って旅館の人も歓待してくれたけど、明くる日、バスで帰る時はみんな寂しそうに見送っていたよ（笑）。支配人から抗議は来なかったけど壊したところを修理する請求書は会社に届いたよね」

武藤は請求書を坂口に見せられたという。

「確か、900万じゃなかったかなぁ。巡業中のバスの中で坂口さんに請求書を見せられてね。坂口さん、それを見て『思ったより安いな』って言ってたもんね（笑い）」

前田に殴られた武藤の顔面は、翌朝、真っ青に腫れ上がっていた。前日の水俣大会で武藤は、猪木、上田馬之助と組んで、コンガ・ザ・バーバリアン、ブラック・バート、キューバン・アサシンと対戦していた。翌24日に会場の福岡・飯塚市体育館に着くと、前夜の修羅場を知らない対戦相手の外国人レスラーから「オレ、そんなに殴ったのか」と驚かれたという。武藤は坂口に「試合をやらせてください」と頼んだが、坂口は「お前、リングに上がったってそんな顔じゃ誰だか分からないじゃないか」と、飯塚大会と続く25日の北九州市若松体育館の2試合を欠場させた。それほど、顔面は様変わりしていたのだ。

今となっては笑い話でもあり伝説とも言える「旅館破壊事件」だが、当時、武藤がUWFにどれほど鬱積した思いを抱えていたかを象徴する出来事だったといえる。

「ＵＷＦ」という思想

今、武藤はＵＷＦを「思想」と表現する。

「入門してすぐにＵＷＦができた時、傍《はた》から見ていてあの思想は嫌だなって思っていたし、理解できなかったよね」

柔道という競技の中で強さを追求することを卒業し、エンターテイナーになるためにプロレスラーになった武藤にとって、佐山サトルが掲げた「格闘技へ移行するための段階」というＵＷＦの目論みは、自身と異なる「思想」だった。

「きっと総合格闘技かプロレスかどっちかしかないんだよ。現代では、それが分かれちまったから分かるんだけど、当時は、そのＵＷＦの思想は難しいし、世の中にはきっと伝わりづらかったと思うよ。ただ、オレは今でも思うけど、やっぱり、ある意味、総合格闘技はアマレス、柔道みたいな一つの新しいスポーツができたようなもんで他の競技化されたスポーツと同じだから、そうなると何かつまらないって思うよな。プロレスはどこまで行ってもプロレスで独自だからね」

昭和の新日本プロレスは、伝統的に道場でガチンコの「極めっこ」だけを練習していたため、試合と道場の狭間で悩み葛藤していた選手もいた。

「葛藤は誰しもがあるわけだよ。道場の極めっこは強いけど、試合本番になったら弱いっていう場合も生まれるから、そんなことになったら普通は、葛藤が生まれるよな。もしかしたら、そういう葛藤があるヤツがUWFを作ったと思うけど、あのころは中途半端だったよ」

新日本とUWFの闘いは、前田たちがそれぞれ抱える葛藤と新日本の選手が持つプロレスへの考えのぶつかり合いだった。

「その思想のぶつかり合いって面白いんだよ。何で面白いかって、答えが分からないのにみんなで答え探しをしているわけだから、その最中はきっと面白いんだよ。今、振り返ると、あの時オレはUWFが鬱陶《うっとう》しくてたまらなかったけど、きっとオレも面白かったんだよ。だって、オレもその最中は答え探しをしていたわけだからね。ただ、当時のプロレスは肉体的にもプロレスの技術的にも大変だったよ」

UWFの思想は時を経て、髙田延彦がヒクソン・グレイシーと対戦し、1997年10月11日に東京ドームでスタートした総合格闘技イベント「PRIDE」に変化を遂げたと、武藤は考えている。

「UWFの思想は、そのまま進化してPRIDEまで行ったよね。やっぱり、時が経てば格闘技かプロレスかどっちかしかないんだよな。当時はそこまで進化していなかったからね」

武藤は、格闘技の道は考えていなかった。

「オレは繰り返し言うけど、柔道の世界がベースになっているんだよ。そこには、オレより強いヤツが本当にいっぱいいたから、強さを求める世界へ行こうなんて思わない。強さを計るのって難しいんですよ。桜庭和志みたいに、アマチュアレスリングではそこまで強くないけどPRIDEには向いてた、みたいなケースもあるわけでね。まったく違う色を、強いとか何とかって、一つの色に染めようなんて無理なんだよ」

ここまでは、武藤が思うUWFだった。では、反対に前田日明に「武藤敬司」はどう映っていたのだろうか。

前田日明、武藤敬司を語る

「武藤は全然分かっていないんですよ」

語気を強めた前田は、猪木が新日本プロレスを創設した時の思いを説いた。

「あの時、猪木さんは、プロレスを守ろうとして新日本を旗揚げしたんですよ。力道山先生が亡くなった後に、生前、試合をした木村政彦さんが『プロレスは作りだ。八百長だ』と発言するようになって、新日本を作ったころのプロレスの地位は、どん底に落ちていたんですよ。そんな時代に猪木さんは『プロレスはそうじゃないんだ。本当に実力がある人間がやっているんだ』と主張して実践したんですよ。そもそも、新日本と全日本の成り立ちの違いって分かりますか？　猪木さん、山本小鉄さん、星野勘太郎さんに共通しているのは、若手時代にアメリカ武者修業に行かされた場所がテネシーだったことなんです。テネシーは、太平洋戦争での戦死者が一番多い場所で、アメリカの中でも反日感情が一番強い地区だったんです。そんな場所だから、猪木さんたちと対戦する相手は『シュートをやってもいい』って言われていて、そんなヤツらと戦ってきたんですよ。一方の馬場さんは、ニューヨークでスターになりましたけど、そんな経験はしていないんです。そういう過酷な修羅場をくぐってきた人たちが作ったのが新日本プロレスなんです。だから、キング・オブ・スポーツと掲げたし、モハメド・アリともやったんです。そういう意味で、新日本プロレスって世界のプロレス界の歴史の中でも特異な進化を遂げた団体だったんです」

大阪市大正区出身の前田は、高校時代まで空手を学び、公園で稽古をしていたところを佐山にスカウトされ1977年に入門した。

「自分が新日本に入ったころ、猪木さんは、今のアメリカンプロレスからいずれは、現在で言う総合格闘技をやりたいっておっしゃっていて、道場全体で格闘技を追求していたんです。ボクシングの木村ジムからボクサーを呼んで、ボクシングのスパーリングもやっていました。当時は地に堕ちたプロレス界のイメージを復活させるために必死になって身を張っていましたし、当時の選手がどんな思いで道場で練習を重ねてきたのかとか、武藤はそういう歴史を全然分かってないんですよ」

前田は武藤が入門した1984年4月の1か月前にUWF設立のため新日本を離れているので、道場で武藤と接点はない。二人が交わったのは武藤の凱旋帰国後のリング上だった。

「当時の武藤の印象って、坂口さんが推していたから、チヤホヤされて、特待生コースに乗っていた印象ですね。猪木さん、山本さんに触れる前に坂口さんにベッタリでお坊ちゃんみたいに育てられてましたよね」

武藤は、強さの追求は柔道で終わったと考え、坂口、マサ斎藤、長州力などアマチュアでオリンピック代表や日本一を極《きわ》めた選手も同じ考えだと主張した。

「武藤はアマチュアで実績を残した選手は、道場で強さを求めないと言っているけど、まったくお門違いなんです。それは、吉田さん（光雄＝長州力の本名）ってミュンヘンオリンピックに出ているんですけど、同じミュンヘンに出たジャンボ鶴田さんより強かったんですよ。アマレスでそこまで極めた人が新日本に入って初めてスパーリングをやったのが小沢さん（正志＝後のキラー・カーン）でね。吉田さん、小沢さんに極《き》められたんですよ。

小沢さんの方が全然強かったんですよ。だから、強さという意味でアマの方が上にあるみたいな考えはまったく間違っているんですよ」

武藤が思想と評したUWFを前田は「自分は猪木さんから教えられたことをやっただけ」と明かした。

「猪木さんには、プロレスにはあらゆるエッセンスが入っていて、リング上で何が起きても対応しないとダメだと言われました。だから、その教えをそのまま実践しただけです」

新日本との抗争で、前田は「猪木なら何をしても許されるのか」など徹底的に猪木を批判し緊張感を高めた。

「あれはプロのレスラーとしてリングを盛り上げないといけなかったから、言っただけなんです。それでね、オレらUWF勢なんて、所詮、プロレスが下手な前座レスラーの集まりだったんですよ。そんな前座の連中がやる試合を新日本は受け入れてくれなかったから、『何で、できないんやろう？』っていう思いはありましたよね」

お互いの感情が爆発した旅館破壊事件も、前田は武藤の記憶を全面否定した。

「自分がきっかけを作ったとか言ってるらしいが、そんな力も発言力も新人の武藤には無い。ホラもいい加減にしろと言いたい。あれは、山本小鉄さんが猪木さんに働きかけてやった宴会で、武藤は関係ない。それで、武藤が酔っ払って絡んできたから、本当にチヤホヤされて、特待生扱いだったから、何か遊んでやろうと思っただけですよ」

その後、前田は1987年11月19日、後楽園ホールの6人タッグマッチで長州の顔面を蹴ったことに端を発し、新日本を解雇され、1988年5月12日に新生UWFを旗揚げ、爆発的なブームを起こす。しかし、1991年1月にUWFは解散し、同年5月に「リングス」を設立、1999年2月21日、レスリングのグレコローマン130キロ級で五輪を3連覇したアレクサンダー・カレリンとの試合で現役を引退した。

新日本、UWFと続き自らの理想を追求した「リングス」を「総合格闘技をやるまでの実験でした」と明かした。髙田がヒクソンに挑んだように、UWFの思想を突き詰めるとやはり「格闘技」に辿り着いた。

「THE OUTSIDER」というアマチュアの格闘技大会も主宰した前田に、改めて武藤への評価を聞いた。

「武藤は、良くも悪くも頭が良すぎる。それで入った時に教える人がいなかったんですよ。それは、新日本全体にもいえることで、道場で教える人って藤原さんとか、木戸さんとかみんなUWFへ行ってしまったんですよ。それは後々、考えると新日本にとって最大の誤算であり、損失だったと思います」

武藤は前田の言葉を聞いて今、こう思う。

「当時は前田さんは前田さんで必死だったと思う。自分たちの思想を貫かないと生きていけないっていう思いだったと思う。それはオレも同じで、必死でムーンサルトをやったよ」

想定外のオファー

葛藤のUWFとの戦いの最中、思わぬところからオファーが届いた。それは、銀幕の世界、映画の主演だった。

1986年、映画プロデューサーの伊地智啓《いじちけい》は、監督の相米慎二《そうまいしんじ》と次回作『光る女』の主演俳優を探していた。

伊地智は相米が32歳の時に、監督デビュー作となった80年の薬師丸ひろ子主演『翔《と》んだカップル』から相米作品をプロデュースし、81年12月公開の薬師丸主演の『セーラー服と機関銃』が大ヒット。82年の邦画部門の配給収入で1位に輝いた。その後も83年の『ションベン・ライダー』、85年の斉藤由貴主演の『雪の断章　情熱』を手がけた。相米は、監督6作目となる85年の『台風クラブ』で第1回東京国際映画祭のグランプリを受賞し、日本映画界の明日を担う新進気鋭の監督として飛躍していた。

毎年のように意欲作を送り出していた相米が次回作に決めたのが、伊地智プロデュースによる『光る女』だった。同作は、泉鏡花文学賞を受賞した作家小檜山博《こひやまはく》の同名の小説が原作で、北海道の山奥に住む大男「松波仙作」が婚約者を探すために上京し、歌えなくなった天才オペラ歌手と恋に落ちるストーリーだ。ヒロインの歌姫「小山芳乃」を秋吉満ちる（現・Ｍｏｎｄａｙ満ちる）、婚約者「桜栗子」を安田成美が演じた。

主演俳優を決めるためにオーディションを繰り返したが、相米と伊地智の前にイメージする男は現れなかった。

「とにかくまず、デッカイ男が大前提でしたから、既存の俳優という枠の中には、並外れたデカイ男はいませんでした。相米と『お相撲さんの中から探さないといけないかな』と話もして、探しましたけど、今度は二枚目がいなかった。デッカくて二枚目っていう条件に合う男は、なかなか転がってなかったですね。そうなると今度は、『手近なところでプロレスはどうかな』とコネを辿った上で、写真を取り寄せて目についたのが武藤だったんです。相米も『武藤がいい』と言ってました」

武藤が持つ天性の「華」は、映画を制作するプロフェッショナルの心をもつかんだのだ。主演の「松波仙作」役を武藤に絞った伊地智だったが、3か月ほど撮影で拘束するため、試合を長期にわたって欠場しなければならず、所属する新日本プロレスが承諾するかが不安だった。ところが、副社長の坂口に打診するとすぐにＯＫが出た。坂口は「武藤敬司」

の名前を世間一般に広めるチャンスと捉えていた。

「当時は武藤の名前はプロレスファンしか知らなかったからね。オレらは人気商売だから、普段のリング以外の何かプラスαが必要なんよ。映画出演でしかも主演だったから、これはプロレスを見ない世間一般に名前を売る絶好の機会だと思ってね。向こうから是非って要望されたから、ギャラもオレが交渉してまとめたんよ」

まったく想定外の映画界からの評価を武藤も前向きに捉えた。

「自分の名前を売る一つのチャンスだと思ったし、うれしかったですよ」

凱旋帰国しUWFと戦っている最中に決まった映画初主演。役柄に合わせ、髪の毛を伸ばしヒゲを蓄え始めた。クランクインは3月下旬、北海道の山中でのロケから始まった。

撮影直前、大暴動のリング

撮影を控えた1987年3月20日。後楽園ホールで越中詩郎とタッグを組み、IWGPタッグ王座決定戦で前田、高田組とぶつかった。越中が高田をフォールし、王座を奪取した。フロリダですでにタイトルを獲得していたが、新日本マットで奪った初のベルトだった。

「ベルトってオレにとっては後から付いてくるもんだからさ、そんな感動とかはなかったよ」

初防衛戦は、6日後の26日、大阪城ホールで行われた「INOKI闘魂LIVEパート2」で行われた。前田、髙田組とのリターンマッチで、今度は越中が髙田に敗れた。

この大会のメインイベントは、猪木とマサ斎藤の約4年ぶりのシングルマッチだったが、アイスホッケーのマスクをかぶり、ステッキを持った海賊男が乱入して斎藤に手錠をかけ、大混乱に陥り、反則で猪木が勝つという不透明決着となった。試合後、観客の不満が爆発して大暴動となり、警察が出動する事態にまで発展した。

この時、混乱を起こした海賊男と最初に絡んだのは、武藤だった。武藤は、大阪城からさかのぼること1か月半前の2月10日、フロリダのタンパでジェリー・グレイとのシングルマッチで対戦する試合前に、大阪城と同じ姿の謎の男に襲撃され、試合は不成立になった。この模様は「ワールドプロレスリング」でも放送され、海賊男と表現された。

「海賊は、どんなコンセプトで生まれたんだろうなぁ。あれは、多分ね、かなり見切り発車だったと思うよ。海賊の中身も色んな人がやっているしね。もしかしたら、テレビ朝日側からUWFとの試合が『ちょっと地味じゃないの』って言われていたかもしれないし、もうちょっと派手なことが欲しいということだったのかもしれないよね。だって、最初にフロリダで出現した時に、テレビを構えてやっているからね。テレビも狙っていたってことだよ。あとは、もしかしたら会社なのか猪木さんなのか、どちらの考えなのかは分からないけど、オレのことを考えて、オレを回すためには何か題材が必要だという考えの中で生まれたのかもしれないけどね。だけど多分、途中からオレのことはどっか行って、『これはいいな。いけるな』って猪木さんが取っていっちゃったんだよ。そういう意味でも出たとこ勝負の見切り発車だったんだと思うよ」

海賊男が巻き起こした大暴動のリングを背に武藤は、本格的に映画の撮影に入る。

相米監督の「過酷」な撮影現場

伊地智によると、まず、相米が武藤に命じたのは、プロレスラーの色を消すことだった。そのため、助監督の森安建雄が住む吉祥寺の自宅に同居させ、24時間を共に過ごした。

「相米はまず、役者としての振る舞い方を武藤に染み込ませようとしたんです。そのため助監督と私生活を共にさせ、役者独特の日常的な感覚を教えたんです。例えば、外を歩く時は、こう歩くとか、酒場ではこんな風に飲むとか、徹底的に『役者とは』というものを授業したんです。そんな生活を1か月して、そこから台本を渡しました」

最初の1か月だけではなく、撮影の3か月すべて、武藤は森安の自宅で過ごした。助監督との生活を「面白かったよ」と振り返ったが、相米と伊地智が狙ったような「役者」を染み込ませることは難しかった。

「森安さんは、独身でお母さんと吉祥寺の一軒家で暮らしていたよ。ただ、そこに住み込むにあたって、やっぱり、オレの中では役者というよりレスラーとしての頭が強いから、車庫に道場からダンベルとかベンチプレスを持っていって練習は欠かさなかったよね。途中から共演のＭｏｎｄａｙ満ちるさんも同居するようになってね。台本をもらってからは、一緒に読んで練習したりしてね。吉祥寺駅の近くに生簀《いけす》がある居酒屋があってね、ほぼ毎日そこで飲んで、撮影が終わったら監督の悪口言ったりして、面白かったよ。だけど、毎晩、外食だったから、恐らく経費は相当使ったと思うよ」

撮影に入ると、相米の演出に戸惑いを覚えた。

「台本はあるんだけど、まず、何もないところから演技をさせられるんだよ。何の演出も指示もないんだよ。どう立ち居振る舞うか、空間をどう作るかって全部、自分で考えないといけないんだよ。だけどそんなもの、監督が思う空間と違うわけだよ。だからダメ出し、ダメ出しの繰り返しでね。こっちは初めての映画で演技なんてしたことないから、監督が何を言っているのか全然分からない。延々とリハーサルが続くから、セリフはそこで全部覚えちゃったね。ワンシーンを撮るのに、そういうことをずっとやっていて、その上、撮らない日もあるからね、大変だったよ。撮影が始まったら、相米さんって長回しなんだよ。

カットを割らない。ワンシーンが凄い長くてね。あの後も、お芝居とか何個かやっているけど、今振り返ったってあの現場は異常だったよ。だけど、それも含めてきっと相米さんの中であらかじめ描いていた段取りなんだよ。この映画に携わって相米さんも『段取りをするな』ってことをよく言っていたけど、それも含めてすべて段取りだよね。映画って全部段取りだと思ったよね」

伊地智は、役者自身に考えさせる相米の演出をこう説明する。

「相米は、セリフを読んだ役者が、心からどう演じるかにこだわったんです。つまり、演じる武藤ではなく素の武藤が出てくるまでじっくり待つんです。その役者自身が送ってきた過去の記憶を思い出させて、それを一つのセリフにつなげていくんですね。役柄ではなく武藤個人の歴史が、セリフとクロスする瞬間をあぶり出すんです。ありきたりの要求を役者にはしません。だから時間がかかるし、武藤ならずとも誰でも戸惑います。特に武藤は役者じゃないわけですから、本人も言っているように、何を言っているのか分からなかったと思うし苦労したと思いますよ。だけど、彼は肝が据わっていましたよ。それと、シャイでね。何か言うと頬を赤らめるようなところがあって、そういうところに監督は好感を持ってました」

撮影は過酷だった。

主人公の「松波仙作」は北海道の山の中から上京した設定で、衣装は、裸の上半身に毛皮のベスト、下はボロボロのズボン。撮影期間中は、常にその姿で過ごすよう指示された。さらに、「撮影中は髪の毛は洗うな」と命じられた。

「髪の毛の脂は、メイクで表現できないからって言われてね。だけど、かゆくなるから指示を破って、洗ったんだけど、髪の毛がきれいになっちゃって、すぐにバレたよ（笑）」

新宿街頭でのロケでは、相米から「お前の師匠がいる」と言われた。見ると、路上に座っているホームレスで「お前もその隣に座ってこい」と指示された。

「それって撮るわけじゃないんだよ。同化してこいって言われてね。その間、みんな昼飯を食いに行ってさ、オレだけ路上にずっと座ってね。あれは傷ついたよ」

セリフの指導も独特だった。

「忘れられないのが『オレの嫁になってくれねぇか』っていうセリフが何度もNGだった。いまだに何が違うのか分からないけど、そのセリフが気に入らなかったみたいで、普通に町を歩いている人に声をかけろって言われて。町を歩きまわって、知らない女性に片っ端から『オレの嫁になってくれねぇか』って声をかけてね。カメラは回ってないし、スタッフも周りにいなくて、オレはあの毛皮のベストを着ているんだよ。そりゃぁ、みんな逃げるよな」

北海道の山中での、2週間に及ぶロケでは、雪山を登るシーンだけを撮影したが、完成した作品ですべてカットされていた。

プロレスラーであるにもかかわらず、役者として徹底的にしごかれる日々に、ついに武藤は行き詰まった。

撮影をボイコット

ある日、撮影が終わるとそのまま坂口の自宅を訪ねた。その時、武藤は酔っ払っていたと坂口は思い出す。

「映画の役のままの格好をしてうちに来たよ。酒飲んで酔っ払って『何でこんなことやらなくちゃいけないんですか』って愚痴をこぼしてたよね。本人は、プロレスをやりたくてこの世界に入って、凱旋帰国して売り出されて、いい形で進んでいたっちゅう感触があったと思うんよ。だけど、映画の撮影に入ったから、本業のリングに3か月ぐらいブランクが出て、取り残されるんじゃないのかって落ち込んだんだよね。その時オレは、人気があるからこういうオファーも来るんだって言って慰めましたよ」

撮影中でも、いつも武藤の頭の中にあったのは、プロレスだった。

「リングから離れた焦りはあったよね。だから、ずっとプロレスラーだっていうのは忘れなかったし、汗かかないと不安になって、どんなに遅く帰ってもトレーニングだけは欠かさなかった」

長く苦しい約3か月にわたる最後の撮影は、北海道の山中だった。

「最後のシーンは非常に開放感があっていいイメージになるよ、みたいなことを言われて北海道で撮ったんだ。だけど、なぜか分からないけど、オレの中で現場の雰囲気が暗くて気に入らなくて、これが最後でいいものなのかって思いが込み上げてきてね。無性に、この映画壊してやろうと、一瞬思ってさ。撮影をボイコットするって言って、走って逃げて行ったんだよ。助監督とかみんな追いかけてきたんだけど、そのころは膝も元気だから誰も追いつけないぐらいの速さで、ホテルまで逃げて行ったんだよ。ホテルでスタッフが一生懸命説得してきて、現場に戻ったら、何てことはない。スタッフはみんな、オレが完璧に100パーセント戻ってくると思って、準備を進めていたよ（笑）」

映画の撮影を終えた時、感じたのはプロレスで味わう快感だった。

「映画やって、やっぱりプロレスの方が面白いなって思った。だって役者は監督の駒であって、言いなりだからね。映画って監督と役者の戦いなんだよ。撮影現場に観客なんていないもん。だけどレスラーは、マッチメイクはあるけど、リング上の表現は自分がディレクターで、カメラワークも全部決められるし、自分を中心にすべてを見せていく主演俳優だからね」

　そして、映画とプロレスの違いを明かした。

「何が決定的に違うかといえば、プロレスはライブ、生なんだよ。映画ってあれだけハードな撮影をやって、感動するのはクランクアップして作品になって公開された時なんだよ。でも、こっちは、もうその時には冷めているからね。だけど、プロレスは観客を前にしてライブで感じる感動がある。これってたまらないものがあってね。だからこそ今もリングに上がっているっていうのがあるからね」

「プロレスラー」である劣等感

　武藤が主演した『光る女』は、1987年10月24日から東宝系で全国公開となり、公開前には「第2回東京国際映画祭」に出品された。映画祭の審査委員長は、『ローマの休日』などで知られる俳優のグレゴリー・ペックだった。武藤も授賞式に出席した。

「司会が岡田眞澄さんで、オレが座ったすぐ傍《そば》にボンドガールがいて、『すげぇなぁ』って思ってね。主演男優賞を発表しますってなってさ、『えっ！　オレ選ばれたらどうしよう！　スピーチは英語でしゃべった方がいいのかな』って、一瞬だけ思ったよ（笑）」

　結果は、グランプリを獲得した中国映画『古井戸』の主演チャン・イーモウが受賞。華やかな舞台の中でデビュー4年目だった当時、武藤はまだ、プロレスラーとしての自分、あるいはプロレスというジャンルへの自信を持てなかったという。それはセレモニーが終わった後のパーティーでのことだった。

「ディスコパーティーに出席した時に、通訳を通してどっかの国の誰かに『日本のクロコダイル・ダンディーみたいだね』って言われて、『何かスポーツやっていたの』って聞かれたんだけど、プロレスラーとは言わなかったよ。柔道をやってましたって言った。その時はやっぱりプロレスラーって言うのは恥ずかしかった」

プロレスラーであることを隠した言動は、プロレスLOVEを表現する今では考えられないことだが、当時はプロレスラーとしての自信が持てず、プロレスというジャンルへの複雑な感情を武藤の中でも抱えていたのだろう。

名優「すまけい」との出会い

3か月の映画撮影は「その後のプロレスラーとしての貴重な肥やしにはなったと思う」と明かす。中でも貴重だったのは、俳優すまけいとの出会いだった。北海道国後《くなしり》島出身のすまは、1960年代に舞台で活躍し、1986年には山田洋次監督の『キネマの天地』でブルーリボン助演男優賞を受賞するなど、名脇役として存在感を発揮していた。『光る女』ですまは、秋吉満ちるが演じたヒロイン「小山芳乃」の勤めるクラブのオーナー役「尻内」を演じ、武藤とも何度も絡むシーンがあった。

「すまけいさんの演技が凄いんだ。何が凄いかって、監督が同じシーンで『すまさん、こういう風にしてください』ってその都度変えて言うことがあったんだけど、すべてのパターンで、その通り何種類もの人間ができるんだな。やっぱり、これがうまい役者だなって思ったし、同じセリフで何通りも演じることができる姿を目の当たりにした時、役者って技術だなって思った。これは、のちにグレート・ムタになった時に生きているんだよ」

武藤敬司、そして、グレート・ムタとキャラクターを変え、同じ相手でもまったく違う世界を表現したテクニックは、この時のすまけいから刺激を受けていた。

『光る女』、その後

撮影が終わり、相米とは疎遠になったが、助監督の森安とは交流を続けていた。

「森安さんとは、たまに飯食いに行ったりしていたよ。森安さんが自分でアパート借りて、俳優に演技指導やっていたから、オレもセリフ回しを覚えたかったし、たまにレッスンを受けに行ってたよ」

様々な葛藤と経験を積んだ『光る女』だったが、興行的には不入りで封切りからわずかで打ち切りとなった。

「2週間ぐらいで打ち切りになってさ。あんなに苦労したのに、『はぁぁ〜何なんだよ』って本当に虚《むな》しかったよ」

相米は2001年9月9日に53歳の若さで、森安は2006年10月1日に59歳で亡くなった。伊地智は、相米にとっての『光る女』と「武藤敬司」をどんな思いで見つめているのだろうか。

「興行的には散々でした。だけど、相米作品の中で『光る女』は、異色で独特の、どこのジャンルにも属していない映画だったと思っています。武藤は、監督への憎しみや辛さがあったと思う。だけど、彼は自分の世界を豊かにしようと、最後まで男っぽさを忘れなかった。役者としては正直、讃《たた》えられることはなかったけれども、3か月間、役者という世界に身を置いたことは、その後、プロレスラーとして存在感を発揮し独特の城を築いたことを考えると、意味のあることだったと思います」

伊地智は、2020年4月2日に84歳で亡くなった。生前、私の取材に「俳優・武藤敬司」について貴重な証言を遺していただいたことへ心からの感謝を捧げます。

リング上でUWF、リングを離れ『光る女』と遭遇した稀有《けう》な時は、後の「武藤敬司」を築く青春時代でもあった。

映画撮影で空白となった3か月が過ぎ、季節は夏に変わっていた。「ビッグ・サマーファイトシリーズ」開幕戦の1987年6月29日、後楽園ホールで武藤はリングに帰ってきた。2シリーズの欠場中に、新日本プロレスは激変していた。

全日本プロレスから長州力がUターン復帰していたのだ。それは、武藤にとって苦闘の始まりでもあった。

4章　ムタ誕生と幻の「ＳＷＳ」移籍

「ナウリーダー」「ニューリーダー」抗争

1987年6月、『光る女』の撮影を終えた武藤が戻った新日本プロレスのリングは、劇的に変化していた。3年前に新日本を離脱し、ジャパンプロレスを設立、全日本プロレスに参戦していた長州力らが、復帰していたのだ。

「映画が終わって戻って来たら、やっぱり雰囲気は変わってたよ。長州さんたちがデカイ顔していたわけだからね。ただ、オレなんかまだ若手だし、キャリアも積んでないし、プロレス界で残しているものもそんなにないから、別に何も思ってなかったよ。長州さんたちが戻って来たところでオレが被《こうむ》るダメージってそんなになかったからね。あんまり接点もなかったし。そういう意味では、オレなんかよりUWFの方がきっと意識していただろうな」

長州の復帰で新しい戦いの構図が生まれた。「IWGPチャンピオンシリーズ」最終戦の6月12日、両国国技館のメインイベントで猪木がマサ斎藤を破ると、長州はリングに駆け上がり、マイクを持ち藤波辰巳、前田日明に共闘を呼びかけ、猪木らとの世代闘争をぶち上げた。新日本、長州軍、UWFと、選手が飽和状態だったリング上に、猪木、マサ、坂口征二、藤原喜明ら「ナウリーダー」と、藤波、前田、そして長州の「ニューリーダー」が激突する世代闘争がスタートした。

当初、長州の復帰に「影響はなかった」と明かした武藤だったが、世代抗争の狭間で存在が完全に宙に浮いた。その象徴が8月19、20日に両国国技館2連戦となった「サマーナイト・フィーバー・イン国技館」だった。プロレス界初の両国2連戦の初日は、ナウリーダーvsニューリーダーの5対5イリミネーションマッチ。2日目は、猪木、「X」組vs藤波、長州のタッグマッチがメインだった。2日間共に超満員札止めだったが、武藤にとっては苦しみの2連戦だった。世代闘争にもかかわらず、なぜか24歳の武藤が、猪木らのナウリーダーに組み込まれたからだ。

初日のイリミネーションマッチでは、猪木、坂口、藤原、星野勘太郎とタッグを組み、藤波、長州、前田、木村健吾、スーパー・ストロング・マシンと対戦した。ナウリーダー組で最後まで残ったのは武藤だけで、ニューリーダー組の長州、藤波と1対2の状況となり、最後は藤波の原爆固めに敗れ去った。

最悪だったのは2日目だ。猪木のパートナーは「X」と発表され、猪木が一人でリングに上がった。ファンが騒然とする中、猪木は、最初は坂口と藤原を呼び寄せ、どちらかがパートナーになるものと思った瞬間、武藤がリングインしたのだ。世代闘争にもかかわらず猪木が武藤を指名したことは、完全にテーマからかけ離れており、場内からは耳をつんざくほどの「帰れコール」の罵声が武藤に浴びせられた。

「2日目の猪木さんのパートナーは、本当はマサさんのはずだったんだよ。ところが、アメリカにいたマサさんがパスポートなくして日本に帰ってこれなくなって、急きょ、『お前行け』って言われてね。それでリングに上がったら客席から帰れコールだよ。そんな中で試合するのは精神的に辛かったよ。まぁ、そういう経験もしているから、その後の『武藤敬司』が構築されていくんだけど。そのころは欲も大それた夢もなかったから、ただ、ただ、辛かったよ。あの帰れコールは傷ついたね」

デビューから順風満帆にスター街道を走ってきた武藤にとって、初めて味わうファンからの猛烈な批判の嵐だったが、決められたマッチメイクは絶対で、上からの指示は拒否できなかった。

「あのころは、意志なんてなかったし、当時は業界全体が封建的だったから、『嫌です』なんて言えるわけないよ。オレなんかあの時24歳だから、長州さんたちニューリーダーよりもっとニューリーダーだったんだよ。だけど、オレだけ年寄りに入らされてさ。まぁ、オレは何にでも順応していたから組み込まれたんだと思うけど、ある意味、本当に便利屋だったんだと思う」

傷ついた「帰れコール」の裏側で、かなわぬ恋もあった。国技館のリングサイドに、映画出演で知り合ったスタッフの女性を招待していた。

「キティ・フィルムっていうプロダクションがあって、そこのスタッフに可愛い子がいてさ、リングサイドに招待したんだよ。まだ、その時は初対面というか、オレのことを知ってもらおうと思って招待したのに、それでオレが出たら、あの帰れコールだよ。オレもかっこいいところ見せられなかったなっていう、自分の中で負い目を感じちゃってたからさ、食事にも誘わなかったし、そっからプッシュしなかったよ。そっちの方でもオレにとって帰れコールの代償は大きかったよ。すべては、マサさんがパスポート忘れたのがいけないんだよ（笑）」

武藤のシンデレラストーリーは、「帰れコール」で完全に挫折した。傷を負ったのは心だけではなかった。デビューから3年間、日本とアメリカでムーンサルトプレスを毎試合のように舞い続けた代償で右膝に痛みを覚え始めていた。

「国技館2連戦が終わった後の秋ぐらいから右膝が引っかかるようになった。暮れになると完全に膝の調子が悪くなってね。診察を受けたら、半月板が傷ついているということで、12月に右膝の半月板除去の手術をやった。あれが初めての手術だった。だけど、今は半月板って取らないらしいね。当時はスポーツ整形みたいなのがなくて、医学も発達してなかったんだよ。半月板を除去しただけで、手術が終わった後のリハビリ施設なんかもなかったからね」

大暴動、そしてカリスマ猪木の失墜

武藤が手術をした12月、新日本プロレスでまたも大暴動が発生した。事件が起きたのは、12月27日に両国国技館で行われた「イヤー・エンド・イン国技館」で、当初は猪木と長州の3年半ぶりの一騎打ちがメインイベントの予定だった。ところがこの大会前にタレントのビートたけしがニッポン放送の「オールナイトニッポン」で、プロレス軍団の結成を表明、「たけしプロレス軍団（ＴＰＧ）」と名付け猪木への挑戦をぶち上げていた。予告通りたけしは、ガダルカナル・タカ、ダンカンらたけし軍団と共にリングに登場し、刺客となる「ビッグバン・ベイダー」との対戦を迫った。猪木はこれを受諾し、長州との一騎打ちを期待していた観客は大ブーイングを起こした。長州はマサと組んで、藤波、木村組と対戦したが、試合中に「やめろ」コールの怒号が渦巻き、リングには物が投げ入れられた。猪木は、長州、ベイダーとシングル2連戦を行って事態の沈静化を図ったが、観客の不満は収まらず試合後は大暴動に発展。観客が館内の備品などを破壊し、国技館を管理運営する日本相撲協会から会場の使用禁止を通告された。

大暴動の国技館を武藤は膝のケガで欠場していた。

「たけし軍団が来た時、休んでいたけど会場にいて暴動を見てたよ。どう思ったかって？『面白ぇな』って、『オレの帰れコールの比じゃないな』なんて思ってたよ。だって、お客さん全員が本当に怒ってんだよ。これこそ、生モノだよ。だからプロレスは面白いんだよ」

もしも、今の時代に、超大物タレントのたけしがプロレスに参戦すれば、大きな話題となり受け入れられたかもしれない。ただ、当時のファンは、タレントがリングに上がるなどのバラエティ化を拒絶していた。その象徴が、この年の4月にテレビ朝日による「ワールドプロレスリング」の「ギブUPまで待てない!!　ワールドプロレスリング」への変更で、従来の試合会場からの中継だけではなく、スタジオに山田邦子をMCに迎えてバラエティ色を打ち出した放送にファンは拒否反応を示し、結果、半年で再び元の「ワールドプロレスリング」へと戻った。武藤は、当時、たけしのプロレス参戦をどう捉えていたのだろうか。

「微妙なところだよ。山田邦子さんの番組だって、あのころのプロレスファンからしてみたらいささか毛嫌いされていたから、ビートたけしさんでもどうかなって思ったよね。時代がまだ、そういう時代じゃなかったよ。もっと違う時に出せば良かったのにって今は思うよ」

当時、新日本の大暴動は連続していた。ただ、ファンの怒りは独自の視点で捉えていた。

「物を投げるファンってのは、絶対にまた来るファンだからね。つまり、そこまでやるぐらい熱いファンっていうことなんだよ。熱いっていうことは、そこまで情熱を持ってプロレスを見てくれているわけで、絶対に次のプロレスも見に来るお客さんだからね。この熱っていうのは怒りであれ何であれ、いいものですよ。今のファンはそこまでの熱はないもんね。今振り返ればそう思う。逆に今、どうやったら暴動起こせるかなって思ったりもするよ。だけど今は、絶対に暴動起きねえよ。例えて言うと、そこまで一生懸命プロレスを見てもらってないってことだよな。もっと気楽にカジュアルに見ているってことだよな。昔のファンは一枚のチケットに誠心誠意つぎ込んで買っていたよね。だから、裏切られたら暴動を起こすぐらいの熱があったんだよな」

大暴動の年末に右膝半月板の除去手術を行い、ついに膝にメスを入れた。これが長い長いケガとの戦いの始まりだった。そして、術後の1988年1月2日、2度目の海外遠征に向かった。場所はカリブ海のプエルトリコだった。

プエルトリコ行きと唯一の「後悔」

「帰れコール」で挫折し、右膝の半月板除去手術で肉体も傷ついた25歳の武藤は、年明けの1988年1月2日にプエルトリコに入った。

同国の団体「WWC」からのオファーは、桜田一男を通して受けた。

「日本に戻ってから、アメリカへ行きたいってずっと思っていた。日本のリングは面白くなかったんだろうな。オレは日本で持ち上げられてたけど、それでも若干、窮屈に感じていたよね。当時、巡業も多かったし生活もハードだったし、しんどかったよ。アメリカは、プロレスやっていても先輩、後輩ってないから、向こうの方が充実感を味わえたんだよ。そんな時に桜田さんから、プエルトリコで人を欲しがっているらしいって話をもらってね。アメリカじゃなかったけど、海外に戻りたい意識があったから、坂口さんに相談して許可をもらって行ったんだよ」

前座時代は、新日本の合宿所で生活していたが、凱旋帰国後は、世田谷区内の坂口の自宅近くのマンションで一人暮らしをしていた。坂口は、自宅に武藤を呼んで食事などの面倒を見ていたが、「帰れコール」で行き詰まった武藤から「アメリカへ行きたい」という相談を受けていた。

「武藤からよく海外へ戻りたいって聞いていたよ。当時は長州たちも戻ってきて選手もいたし、悩みながら試合をしても仕方がないから、じゃぁ行ってこいって送り出したんよ」

桜田の紹介でプエルトリコに入ったが、右膝の手術直後だったこともあり、試合は組まれなかった。それでも、初めて見る同国のプロレスを学ぶため、試合会場には行っていた。「ある時、試合で欠員が出て、プロモーターから『お前、出てくれ』って言われてね。それで初めてプエルトリコで試合をしたんだよ」

突然のオファーを受け入れ、半月板の手術からわずか1か月でリングに復帰した。これまでの人生を振り返ってもらった今回の取材で、「後悔」という言葉を使うことはほとんどなかったが、この時だけは今でも複雑な思いがよぎるという。

「プエルトリコはカリブ海に浮かぶ、南国のいい場所なんだよ。あんな温暖なところで3か月ぐらいゆっくり休んでいれば、膝も治っていたかもしれねぇなって思うことはある。ただ、当時は25歳で若かったから順応できたんだよね。その試合から向こうの会社の幹部に見そめられて、ずっと試合をすることになったんだけど、そこから膝は治らなくなった。あの時、試合を断れば良かったかなぁって唯一、思うことはある」

リングネームは「ブラック・ニンジャ」、プロモーターの要請で顔面にペイントを入れた。初めての顔面ペイントだったが、「ケンドー・ナガサキ」のリングネームでペイントレスラーとして活躍していた桜田は、特にアドバイスはしなかった。

「目の下に一本線を入れただけのような簡単なペイントだったよ。武藤は嫌がってなかったよ。武藤には『最初は分からないと思うけど、とにかく何か描いておけ』ってぐらいしか言わなかったよ。オレは他人の顔はやらないから、こういう風に描けとか言わなかったよ」

ブロディ刺殺事件

桜田とのヒールコンビで、クリス&マークのヤングブラッズと抗争を展開するなど、プエルトリコでもトップを張っていたころ、日米で絶大な人気を誇っていたブルーザー・ブロディの殺人事件に遭遇する。7月16日に試合会場のバヤモン・スタジアムの控室で、ブロディがレスラー兼ブッカーのホセ・ゴンザレスに刺され、翌17日に亡くなった。享年42だった。

「あの時は、野球場で5日間連続のビッグショーの初日だった。ブロディが刺された時はオレも会場にいたんだ。控室は別だったけど、そしたら、ブロディが刺されたって聞いて、刺したのはブッカーのゴンザレスだって言われて、それでもう観客も入っていたんだけど、アメリカ人のレスラーが試合をやらないって言って、みんなアメリカに帰ったんだよ。それでプエルトリコで試合をすることができなくなった」

桜田も事件当日のことは鮮明に覚えている。

「刺された時、オレと武藤は、ブロディとは反対側の控室にいたんですよ。そしたら医者が来て、『今、ブロディが刺された』って言ってね。最初は、ファンに刺されたのかと思ったら、あとからホセに刺されたって聞いてね。ブロディとはずっと長い付き合いで、普段はいいヤツなんだけど、金にだけうるさかったからね。多分、試合前にホセに『こんなに客が入っているのに、何でこんなに安いんだ』って言ったんじゃないかなと思うよ。その後、葬式も行ってね。亡骸《なきがら》を見たら、頭の毛が切られていた。腹も刺されて、首も切られていた。本当にいいヤツなんだけどねぇ、お金にだけうるさかったのが残念だったよね」

「闘魂三銃士」結成

プエルトリコでは、同日に入門し初めての海外武者修業に出ていた蝶野正洋、橋本真也と合流し、「闘魂三銃士」を結成した。平成のプロレス界で中核をなした三人の合体とそのユニット名を発案したのは、アントニオ猪木だった。猪木は三人に、7月29日の有明コロシアム大会のワンマッチへの出場を命じた。闘魂三銃士として初の試合の対戦相手は、IWGPヘビー級王者の藤波辰巳、木村健吾、越中詩郎だった。三人がそれぞれの個性を爆発させ、一方的に攻めまくり、試合はわずか8分23秒、反則勝ちで闘魂三銃士が勝利した。武藤は、プエルトリコで蓄えたヒゲ面のままリングに上がり、スペース・ローンウル

1988年7月29日有明コロシアム大会ワンマッチ。闘魂三銃士としてリングに上がった。

フ時代の過去を消そうと、黒のショートタイツに黒のリングシューズで、生まれ変わった姿を披露した。

「新日本の中で空白を生みたい部分もあったから、あの時は本当は帰りたくなかった。見せるより、変わる自分っていうのがあるからね。あの試合はやりたい放題やったんだけど。何せ帰ってこいって言うから戻ったら、ギャラが安くてさ。三人でやってられねぇよって怒ってね。その腹いせを藤波さんにすべてぶつけたんだよ（笑）」

三人は「闘魂三銃士」とひとくくりにされたが、当時の勢いから言えば、圧倒的に武藤が突出して別格だった。蝶野、橋本からのジェラシーは感じていたのだろうか。

「おそらく蝶野はなかったと思うよ。橋本はもしかしたら、そういうのを持っていたかもしれないけど、オレとはタイプが違うから、逆に認めてくれていたと思う。そういう意味では、佐々木健介とかがオレたちに最もライバル心を持っていたよね」

「グレート・ムタ」覚醒前夜

有明でのワンマッチを終えた武藤が、プエルトリコに戻ることはなかった。ブロディ刺殺事件の影響で、同国では、しばらく興行を続けることができなくなったのだ。

「困ったなぁって言う時に、桜田さんの自宅がテキサスのダラスだったから『エリックにトライしてみるか』って言われてテキサスに行った」

桜田の紹介で、「鉄の爪」ことフリッツ・フォン・エリックがプロモートする「ＷＣＷＡ」に参戦するため、ダラスへ入った。ダラスは、１９８１年１月に、全日本プロレスに所属していた高千穂明久がザ・グレート・カブキに変身し、絶大な人気を得ていたテリトリーだった。武藤は「スーパー・ブラック・ニンジャ」のリングネームで登場した。

新たなキャラクターには、バックボーンとなるストーリーが用意された。日本で生まれた「スーパー・ブラック・ニンジャ」は、来日したフリッツと対戦した父親が、必殺の「アイアン・クロー」に敗れ、父の仇《かたき》を討つためにテキサスへ乗り込んだという設定でリングに上がった。

「だから、テキサスでは鉄の爪がオレのフィニッシュだった。しかも毒霧も吹いた。フットボール場でのビッグショーで、４対１のハンディキャップマッチもやったよ。倒しても倒してもゾンビみたいに立ち上がってくるから大変だったけど面白かったね」

プエルトリコからテキサス。トップ選手としての地位は築いたが、一方で膝の治療やケアは、まったくしていなかった。違和感を抱きながらもリングに立ち続け、ムーンサルトプレスを舞い続けた。膝は悪化の一途を辿ったが、ビッグチャンスがやって来る。全米で最も歴史と権威のある団体「ＮＷＡ」からのスカウトだ。

武藤がスカウトされた1988年末、「NWA」は、アメリカのニュース専門チャンネル「CNN」を設立したテッド・ターナーがオーナーとなり、新たに「WCW」として11月に発足したばかりだった。生まれ変わろうとするメジャー団体からのスカウトは、さらなるステップアップだったが武藤の本音は違っていた。

「それまでにアメリカの色んなレスラーを見て、オレの何が他の奴らより優れていないのかって疑問があった。だからテキサスでNWAからスカウトされた時に『こいつら、やっとオレのことを見つけたか』って思ったんだよ。だから、あんまりうれしくはなかったんだ」

発足直後のWCWは、リング上の展開など確固たる方針はなかったという。

「まだ何をしてくれっていうのが分からなかった時代だった。だから、とにかく来てくれって言われて行っただけで、何かを強要されることはあんまりなかった」

スタイルは、プエルトリコと同じニンジャスタイルで参戦したが、ある時幹部から「童顔だからペイントで顔を完全に隠して欲しい」と指示を受けた。

マネージャーは、かつてザ・グレート・カブキについていたゲーリー・ハートが務めた。

「ペイントした雰囲気を見た時に、ハートの中でその面影からカブキが甦《よみがえ》ってね。向こうではみんなオレのことを『ムトウ』と発音できなくて『ムタ』って呼ばれてたから、カブキの息子ということで、グレート・ムタとなったんだよ」

かつて、カブキを全米でトップヒールに押し上げた、ゲーリー・ハートの経験に基づくアイデアで「グレート・ムタ」は誕生した。

「ハートとの出会いがデカかった。ムタのイメージ作りから一緒に入った。彼から『リングに上がる時は、普通の人が手に入れられるものを身につけるな』っていうことを一番に言われた。それは、例えば、誰でも買える柔道着を着て試合するとかっていうこと。それは今もずっと突き詰めて考えている。そういうアドバイスがムタにとって大きかったね」

顔面ペインティングも「スーパー・ブラック・ニンジャ」時代の簡単なペイントではなく、素顔が分からないように額からアゴの先まですべてに施した。

「最初は、試合前に顔にこんなにたくさん描くのは面倒くせぇなぁって思ってね。カブキさんとか桜田さんはすげぇ細かく描いていたけど、オレは適当だった」

ペイントについては、ムタの初期にこんな思い出もある。

「日本人だから漢字を書こうと思って、両頬にそれぞれ『忍』と『者』とか書いていた。鏡を見て書いていると文字が反対になるんだよな。だけど、最初はそれが分からなくて『いつ見ても達筆にうまく書けているなぁ』って思っていた。それが、日本から送られてきた雑誌を見て初めて『あれっ、字が反対だ』って気づいた（笑）。漢字なんてアメリカ人は分からないから、指摘してくれる人なんかいなくて、字を逆さにしたまま試合してね。だけど、それが逆に漢字なのか何なのか分からない独特のデザインになって、結果的には良かったよ。それは今も同じで変わってないよ。字も色んなのを試したけど、最終的に今も残ったのは『忍』と『炎』なんだよ。『忍』『者』だと『者』が格好悪くてバランスが悪いんだよね」

「グレート・ムタ」覚醒

グレート・ムタの最初の試合はテレビマッチだった。

「いきなり、そこで手応えがあったよ。プランチャーをやったら、当時、ヘビー級でそんなことやるレスラーはいないから、それだけでウワッてなってね。続けてローリングソバットをやったら、またウワッてなってね。それでつかみはOKになって、上層部がこいつを持ち上げようってなったんだよね。何でも一発目が大切かって？　それは、分かんないな。フロリダでもプエルトリコでもテキサスでも、少なくとも、オレはそうだったけどね。アメリカだって地道にイチから這い上がって生え抜きでやっていくレスラーもいると思うけど、オレはそういうタイプとは違ったよね」

試合のスタイルは、マネージャーのハートの動きに合わせた。

「ハートが一切、動かないという不気味なマネージャーだったから、その動かない不気味なイメージに合わせたスタイルになった」

テレビマッチで団体幹部の信頼を獲得したムタは、1989年4月2日、ルイジアナ州ニューオリンズのスーパードームでのスティーブ・ケーシー戦で観客の前に現れた。

時代は、「昭和」から「平成」へ元号が代わっていた。

力道山が開拓し、ジャイアント馬場、アントニオ猪木が築いた昭和のプロレスとは、明らかに一線を画すキャラクターのグレート・ムタは、平成元年の1989年に誕生した。昭和の新日本プロレスでファンが最も重要視していたのが「強さ」だった。それが平成に入り、プロレス独特の「華やかさ」、「カッコ良さ」へシフトしていった流れを考えると、元号が変わった年にプロレスだからこそ生まれたキャラクターで何でもありのスタイルと自由な世界を貫いた「ムタ」が誕生したことは、平成プロレスの方向性を決定づけていたのかもしれない。

ムーンサルトプレスは、ムタに変身しても繰り出していた。

「ムタになって最初からムーンサルトはやっていた。その時は、首4の字でギブアップを奪ったり、地獄突きとかブレーンチョップでフォールしたりしても、アメリカでは許されたよ。日本じゃ、それだと信ぴょう性がないから許してくれないよ。だけど、首4の字にしてもインディアンデスロックにしても、自然にいい意味で間を作ることができてね。そういう技がムタのイメージをさらに創ってくれたよね」

一方でカブキから継承し、今では代名詞となる毒霧も、最初は出さなかった。

「動きのない試合を続けながら、口からタラ〜ッと緑を垂らした。次に手を緑に染めてね。それが定着してきた後に毒霧を出した。そうやって、ゆったりゆったり惹きつけながらやっていた」

神秘的なムードを漂わせ、観客の興味を惹きつけたところでようやく出した毒霧は、ムタのヒールでの地位を決定づけたという。

「ミッシー・ハイアットっていう女性マネージャーがいて、彼女の旦那だったエディ・ギルバートっていうレスラーと抗争になった。その時にハイアットに毒霧をかましたんだよ。女性に毒霧かますなんて、アメリカでは許されなかったから、それでヒートを買ってね。その時、ちょうどベビーフェイスで同じペイントのスティングがいて、彼との抗争が始まった」

スティングとの抗争は、WCWのドル箱になった。そして、9月3日にアトランタでスティングが持つNWA世界TV王座のタイトルを奪った。トップヒールとして確固たる地位を築くと、全米トップのNWAヘビー級世界王者に君臨するリック・フレアーの最大のライバルに抜てきされた。

「フレアーとやった時、彼はベビーフェイスだった。彼は、ずっとヒールで来ていたからやりづらかったと思う。ただ、フレアーという存在は、ある意味、ベビーフェイス、ヒールっていう枠を突出して認知されていたことも事実だった」

抗争の中で思い出すフレアーの姿がある。

「当時は、毎日のように戦っていたよ。あいつは、鮮やかなブロンドヘアーなのに、オレが毒霧を吹くから、それが落としきれなくて、移動した空港で金髪が緑色になっていたこともあったよ（笑）」

フレアーとの抗争でムタの知名度は全米にとどろいた。

「WCWがデカイのは、テレビ王のテッド・ターナーがオーナーで、ケーブルテレビをたくさん持っていたから、テレビをつけるとオレの試合がいっぱい放送されていたんだ。あのころ、全米でオレは、めちゃ出ていたよ」

地区によって観客の反応の違いも感じた。

「アメリカも、南部へ行ったら10対0でオレがヒールなんだけど、東部へ行くとヒールを応援するファンが3割ぐらいいたよ。そういうファンはブルース・リーが好きだから、試合の中でブルース・リーをだぶらせる技を出したりしていた。地区によって戦い方を変えることも覚えていったよ」

全米で人気が高まれば高まるほど、膝は、悪化の一途を辿っていた。手術した右膝だけでなく、左膝にも違和感を感じ始めていた。

「両膝が引っかかるようになって、ベストの6割か7割ぐらいの状態になっていた。それでも若いから、休まなくても試合ができたんだよ」

全米でトップヒールとなったグレート・ムタだが、試合のスタイルは日本の「武藤敬司」と明確な違いはなかったという。

「細かいところはあるけど、当時は、ムタと武藤敬司の試合に明確な違いはないよ。だって、アメリカで武藤敬司のリングネームで試合をやったことはないから、武藤敬司はアメリカには存在しないんだよ。だから、武藤敬司の試合をやっていれば、それがそのままムタだったんだよ。ムーンサルトプレスにしても他の技でもムタと武藤は、まったく同じだよ。日本だけなんだ、この二重人格はね。アメリカは、自由なんだ」

ムタとして全米で確固たる地位を築いた時、思わぬところからスカウトが来た。

水面下で旗揚げを計画していた日本の新団体「ＳＷＳ」だった。

若松市政の来訪

1989年の暮れ、フロリダに住む武藤を日本から若松市政が訪ねてきた。

「12月ぐらいにフロリダに若松さんが来て『新しい団体をやるから、来て欲しい』って言われてね。たらふく美味いもん食わせてもらって『お前が描くプロレスをしていい』って言われたよ」

若松が打ち明けた構想は、大手眼鏡販売チェーン「メガネスーパー」の創業者で社長の田中八郎が旗揚げを計画していた新団体だった。メガネスーパーは、田中が73年に「ニュー湘南《しょうなん》眼鏡」を神奈川・小田原で創業し、76年に埼玉・大宮でオープンしたチェーン店で、高価だった眼鏡を他店より安く提供するディスカウント販売で業績を伸ばし、当時は業界大手の規模へ成長していた。

一方の若松は、73年に31歳で、国際プロレスでデビュー、カナダで武者修行後、84年8月からは、覆面レスラーのストロング・マシーンのマネージャーとして新日本プロレスに参戦した。拡声器を手にアントニオ猪木を挑発する悪役マネージャーとして奮闘した。

まったく接点のなかった田中と若松だったが、当時、新日本の専務だった永里高平を介して二人は知り合ったという。

ケンドー・ナガサキこと桜田一男によると、田中と若松をつないだ人物は証券会社の幹部だったという。

「オレもその人を昔から知っていてね、その人を介して、オレは田中さんを紹介されたよ。その時田中さんは、株で莫大《ばくだい》な利益を出してね。証券会社の人から『田中さんは、儲《もう》けた金で競馬に投資するかプロレス団体を作るか、どっちがいいか迷っている』っていうことを聞いて、オレは『だったら、プロレスに使った方がいい』って勧めたんですよ。それで、社長は団体を作ることを決めたんだよ」

桜田、そして若松との縁もあり、田中はプロレス団体を設立する構想を描いた。真っ先に注目した団体が、当時、一大ブームを起こしていた新生UWFだった。田中は、1989年8月13日に横浜アリーナで行われたUWFの「MIDSUMMER CREATION」を後援し、11月29日のUWF初の東京ドーム大会「U—COSMOS」では冠スポンサーとなった。

UWFのスポーツライクなスタイルと超満員の会場を目の当たりにした田中は、プロレス界への参入を本格的に考え、若松に選手のスカウトを託した。

若松の長女は、当時をこう振り返る。

「元々は田中社長の、父に対する『私の片腕になって欲しい』という言葉から始まったS

WSです。田中社長と父と母、そして父を田中社長に紹介した証券マンの方の4人で会食等をする中で、社長が母に『よろしくお願いします。若松さんが必要です』とおっしゃって、始まったわけであります。そこからが武藤さんへのアプローチの始まりでした。あれから30年経ちますが、鮮明に覚えています。昨年インターネットを閲覧していた私の娘に『武藤さんがSWSのことを話しているよ』と、このWEBでの連載を教えられました。それが今こうしてお話させて頂くことになったきっかけということに改めて年月を感じている次第でございます」

田中が真っ先に獲得を熱望したのが、武藤だった。若松は田中の命を受け、フロリダで武藤に接触した。武藤によると、この時、若松から契約金も提示されたという。

「凄《すご》い良かったよ。いくらかって？　まぁ数千万、2、3000万円じゃないかな。WCWでもらっていた時と変わらなかったけど、さらに、嘘かどうか分からないけど、マンションー部屋あげるからとか言われたよ。今思えば本当に名義まで取り換えてくれたのかとかさ、怪しいもんだけどね。その時はいい条件だなと思いながらも、自信がないオレがいたから返事はしなかったよ。当時はコーディネートは自分だけで、団体を動かすなんて発想がなかったからね。いくらかキャリアは積んでいたけど、それはアメリカでの話であってさ、日本ではそれまでのオレの記憶に残っているキャリアはUWFとの戦いだよ。それとあの世代抗争でブーイングを浴びた中で試合をした記憶が強烈だったから、自信はなかったんだよ」

武藤は若松からのスカウトを拒否した。しかし、ある若松の姿を見た時に心変わりする。

「若松さんは、マイアミにヘリコプターの免許を取りに来てたよ。新しい団体は、選手の移動にヘリを使うとか言ってたよ。その時にオレも一緒に教習を受けてね。ヘリの操縦は難しかったよ。手と足を一緒に動かさないといけないからね。覚えているのは、前からセスナが飛んで来て、あぁ、随分、遠いなって思っていると、あっという間にビューンってすれ違ってさ（笑い）。あの感覚は忘れられないよ。そんな若松さんを目の当たりにした時、最初は断ったんだけど、ヘリの免許まで取らせる田中社長っていう人のスケールのデカさに驚いてね。『オレ、行きます』って言っちゃったんだよね」

選手の移動用のヘリコプターまで考えている田中の構想に、武藤は心を奪われた。若松から武藤獲得の報告を受けた田中は、正式に新団体の設立を決断した。

WCW離脱

若松に新団体への合流を承諾し、年が明けた1990年、武藤の周辺は一気に慌ただしくなる。まず、ムタでトップを極《きわ》めていたWCWを離脱した。

「マネージャーのゲーリー・ハートから『お前は絶対にベビーフェイスに行かない方がいい。ベビーフェイスになったらお前は日本人だからトップじゃなくなるからな』ってずっと言われていた。それはオレも理解していたんだ。そんな中ハートがWCWをクビになって、オレが独りぼっちになっちまったんだよ。そうしたら案の定、WCWに『お前は今後、ベビーフェイスだ』って言われてね。だから『じゃぁ、オレは日本に帰ります』って言って、1月か2月に辞めたんだよ」

いきなりの離脱にWCWの幹部は激怒した。

「辞める時にすげぇ怒られたよ。契約も残っていたからね。ただ、幹部とミーティングした時に辞める理由を『ホームシックで帰りたい』って言ったんだよ。そしたら、向こうも『ホームシックなら、しょうがない』って納得してくれてね。それと、契約する時に、日本に帰る時はこの契約には縛られないという条項があったから、契約上の問題はなかった」

帰国を決意した武藤だったが、若松から聞いていた新団体の旗揚げは秋以降だった。それまでの空いた時間は、日本に定着するつもりはなかった。日本より居心地がいいアメリカマットで、さらにビッグになりたい野望があった。新日本プロレスの社長に就任していた坂口に、当時全米最大の団体になったWWF（現・WWE）への参戦を相談していた。

「そしたら坂口さんに『今度、WWFと新日本と全日本でドームでやるんだ。その時ビンス・マクマホン・ジュニアが来るから紹介してやるよ』って言われてね。それで日本に帰ったんだよ」

坂口が明かしたWWFと新日本、全日本の合同興行は、90年4月13日に東京ドームで開催された「日米レスリングサミット」だった。武藤から相談を受けた坂口は、この興行でWWFのビンス・マクマホン代表を紹介することを約束し、武藤は、WWF参戦への足がかりとして帰国したのだ。

一方、武藤は日本に戻ると若松から連絡を受け、神奈川県小田原にある田中の自宅を訪ねた。

「日本で田中社長の小田原の自宅に行って、初めて会ったんだよ。すげぇ、デカイ家でさ。田中社長は、その時、『東京ドームで試合をやって5万人呼ぶ』って言っていた。実際に、その後、ハルク・ホーガンを呼んでドームで興行やったからね。タクシー代も100万もらって、当時はうれしくて舞い上がってね。行きますって伝えたんだよ」

時はバブル経済真っ盛りだった。眼鏡販売で成功した田中は、豊富な資金力を引っ提げ、新団体設立を正式に決断した。団体名はメガネスーパーのスーパーを取り「スーパー・ワールド・スポーツ」すなわち「SWS」とした。そして、「SWS」は、武藤の獲得で設立が決まった、武藤のための団体だった。

坂口の説得

1990年3月23日、武藤は新日本へ筋を通すため、SWSへ移籍することを、当時新日本の社長だった坂口に伝えた。その日は、夜に後楽園ホールで坂口の引退式が行われる当日だった。昼間に六本木の新日本プロレス事務所を訪れ坂口と会った。

「坂口さんに『引退ご苦労さまです』って花束を渡して、そのまま『新日本辞めます。お世話になりました』って言ったんだよ」

引退のねぎらいからいきなり、思ってもみない離脱を告げられた坂口は、武藤を説得した。

「オレの引退式の午前中に、会社の社長室に武藤が花束を持ってきたから、引退のお祝いかなぁと思ったら、『引退おめでとうございます。ありがとうございました。お世話になりました』っていうから『何だ』って言ったら、『実は、メガネスーパーに誘われましてマンションの鍵をもらいました』って言うから、『えっ！　ちょっと待て、お前。今日、オレの引退式じゃないか』って言ってよ。何があったかを聞いたら、メガネスーパーの田中八郎社長の名刺を見せて、この人から誘われてって言うから、ちょっと待てって話をしたんですよ」

武藤から名刺を預かると、坂口は田中に直接電話をした。そこで「話をもらってありがとうございます。本人と話をして残ることになりました」と一方的に伝え、引き抜きを阻止した。

「田中さんも、分かりましたって言ってくれたよ。その後、武藤に『これからオレがちゃんとしてやるから、頑張れ』って言ってね。『今更、よその団体に出ても何を考えているんだって言われるぞ』っていう言い方をしたよね。それで『お前が頑張ればオレが責任持ってやってやるから、頑張れよ』って説得したんよ。そしたらあいつも分かりましたってあっさり言ったよね」

坂口の説得で武藤は、移籍を翻意した。

「オレは、メガネスーパーからしてみれば裏切り者だよな。やっぱり行かなかった最大の原因は、最終的にあの当時のオレは自信がなかったんだよ。自分で団体を動かせる自信がなかったんだよね。それがSWSへ行かなかった最大の理由だよ。それで最終的に新日本を選んだんだよ」

急転直下の新日本残留に田中は、憤慨したという。武藤は謝罪のため都内の若松の自宅を訪問した。

武藤が自宅へ来たことを、若松の長女は覚えている。

「私どもの自宅に、武藤さんが挨拶にいらっしゃいました。きちんとスーツを着ておられ、父も母も武藤さんに対しては『正直な青年』という思いがあったのではないでしょうか。その時に、やはり武藤さん自身が、田中社長に直接お会いして断りを入れるのが良いという話し合いのもとで、父と武藤さんは小田原へ行きました」

武藤獲得をあきらめた田中は、待望していたスターの獲得に失敗したことで、プロレス団体の設立に一時は難色を示したという。しかし、田中は若松との話し合いをしているうちに、再び団体への意欲が湧き始め、武藤に代わるビッグネームとして、全日本プロレスの天龍源一郎の獲得を提案。田中は、天龍なら新団体に相応しいと考え、獲得を指示し、天龍は全日本を離脱、ＳＷＳへ移籍した。

この天龍獲得に、「オレが動いた」と明かすのは、田中にプロレス団体設立を進言したという桜田だった。

「オレが覚えているのは、田中さんから『新日本の藤波さんが欲しいんですが、桜田さん、話をしてもらえますか?』って言われたことだよ。それで、オレは『明日、藤波と話をします』って言って電話を切ったら、すぐにまた電話がかかってきて『藤波さんじゃなくて天龍さんに代えてください』って言われた。何で天龍に変わったか分からないけど、それで天龍に電話をして、『女房と相談する』って言われて、後日、『やる』って連絡が来たんだよ」

桜田によると、若松が新団体の設立に奔走していた同じ時期に田中から相談を受けていたという。武藤とは、アメリカで公私共に親しかった桜田は、「新しい団体に来いよ」と話をしたという。ただ、武藤は桜田からのスカウトは記憶にないという。

「桜田さんから声をかけられたかなぁ？　どうだったかなぁ。若松さんはアメリカまで来てくれたからハッキリと覚えているけど、桜田さんから誘われたかは覚えてないよ」

桜田は武藤が下した残留の決断を今も「もったいない」と言う。当時、ＳＷＳは、既存の団体から選手を引き抜く時に高額の契約金を提示していた。桜田も同様で「1億ぐらいもらった」と明かす。

「あいつは家も買ってやるからって言われたのに戻っちゃった。あのまま来てれば何億って入ったのにね。あいつバカだよね。もったいないよな」

そう明かした桜田だが、1億円は離婚した妻に「全部持っていかれた」と笑った。

SWSのその後

SWS設立の動きは1990年4月下旬に一気に表面化する。天龍が全日本を退団し、他の選手も時間を置いて移籍してきた。5月10日に田中と天龍は新団体「SWS」の設立会見を行った。その後、全日本と新日本から選手を大量に獲得し、当時は資金力をバックにした引き抜きと報じられたが、天龍のように引き抜かれた選手もいる一方で、SWSの好待遇に惹かれ自ら売り込んだ選手も多数いた。

SWSは、選手をそれまで所属していた団体のカラーに合わせて大相撲の部屋のように「道場檄《どうじょうげき》」「パライストラ」「レボリューション」とグループを3つに分け、部屋別対抗戦を打ち出し9月29日に福井市体育館でプレ旗揚げ戦を行い、10月18、19日に横浜アリーナでの2連戦で華々しく旗揚げしたが、当時、ファンに最も影響力があり、最大の発行部数を持つ専門誌「週刊プロレス」から金権プロレスと猛批判を浴び、さらに内部では3派に分かれた選手同士が激しい軋轢《あつれき》を繰り返し、旗揚げから2年も経たない1992年6月に崩壊した。若松は「もしSWSに武藤さんが入っていれば、今も続いている。人間性がいいから。人の心が分かるから」と明かしたが、武藤は笑って否定した。

「いや、オレが行っていても歴史は変わってないでしょう。あれだけ、風土が違う選手を集めたら誰がやってもうまくいかないと思うよ」

まったく異業種のメガネスーパーのプロレス参入は、黒船襲来と言われた。マット界の常識を超えた年俸を選手に提示し、アメリカ最大の団体WWFと提携して、ドーム興行も行った。若松は、田中がSWSに投資した金額は「150億ぐらい」と、けた外れの投資だったことを明かす。プロレスに投資する企業は、カードゲームなどの開発、発売を手掛ける「ブシロード」が新日本プロレスを傘下に収めたように今なら歓迎されるはずだが、当時は、「週刊プロレス」の報道に象徴されるように、バブル時代に社会問題化されていた地上げ屋のような、金で既存のプロレスを買いたたくダーティーなイメージで捉えられた。当時、坂口は馬場とSWSの侵攻への対策を何度も話し合ったという。

「馬場さんから電話がかかってきて、ちょっと出てこいって言われて、キャピトル東急へ行ったよ。天龍が出るって言われて、お前のところはどうだって言われてね。情報交換じゃないけどメガネスーパーへの対策について二人で話をしたよ。だけど、出る選手はみんな、高いギャラをもらってたからどうしようもなかった。食い止めようがなかったよね。あのころのオレたちにとって、SWSは何をするのか分からなかったから恐怖だった」

馬場と坂口が恐れたSWSを断行した田中は、2010年12月17日、71歳で亡くなった。坂口は、SWSが解散した後に田中と何度か会食したという。

「SWSが潰れた後に、田中社長の小田原の自宅まで行って話をしたことがあったよ。その時にオレ言ったよ、『社長、金の使い方間違えましたね』って。道場作って、土地買って、何十億って使ったんだからな。だから社長には、『オレたちにちゃんと言ってくれれば、猪木さん、馬場さんと話をして社長をコミッショナーにして、スポンサーにして、社長の理想的なプロレスを作ることができたんですよ』って言ったら、社長は笑ってたよ。田中さんは、純粋にプロレスが好きなタニマチ的な感覚の人だったよ。あのころは恐怖だったけど、今となってはあれだけプロレスに投資してくれた人だから、本当はありがたい人なんだよね」

幻に終わった武藤のSWS移籍は、当時、すべて水面下の話で、表沙汰にはなっていなかった。しかし、メガネスーパーのスカウトを受けた1989年12月から、残留を決断する翌年の3月までの4か月は、まさに激動の日々だった。

「あの時は、毎日がてんやわんやで大変だったよね」

揺れ動いた日々をくぐり抜けた新日本残留は、新たな衝撃のスタートだった。90年4月27日、東京ベイNKホール、凱旋帰国マッチで鮮烈な姿を刻み込んだ。

2年ぶりの本格凱旋

1990年4月27日、武藤は、新日本プロレスの東京ベイNKホールのリングに立った。約2年ぶりの本格凱旋マッチは、メインイベントで蝶野正洋と組み、マサ斎藤、橋本真也が持つIWGPタッグ王座へ挑戦した。

「あの試合前は、内心は不安でいっぱいだったよ。実績を作ったっていってもそれは、アメリカでの話であって、日本ではどうなるのか、自分に自信を持てなかったからね」

不安は、新テーマソング「HOLD OUT」が鳴り響いた瞬間に解き放たれた。満員の会場が一斉に武藤コールを奏で、純白のTシャツに真っ赤なタイツを身につけた主役が花道に姿を見せた瞬間、会場は一気にヒートアップした。前田を解雇してUWFブームが沸き起こり、たけしプロレス軍団が参戦し、大暴動が発生するなど、新日本プロレスのファンは心の底から傷つき、新しいスターを待望していた。アメリカでグレート・ムタとなりトップを取った武藤にすべての望みをかけたファンの思いが、耳をつんざく武藤コールに表れた。「帰れコール」で傷ついたスペース・ローンウルフ時代をまったく感じさせない、新たなテーマソングと飾らないTシャツ姿で、トップロープをつかみ大車輪を極めてリングインした。観客の興奮は最高潮に達した。

「それまでの新日本で、Tシャツで入場する選手はそんなにいなかったから、新鮮に映ったかもしれないね。オレとしては、シンプルなアメリカンスタイルのベビーフェイスの格好をイメージしていた」

凱旋帰国に備え、タイツは赤とオレンジの2枚を用意していた。前座時代の黒のショートタイツ、スペース・ローンウルフ時代の青のロングタイツのイメージを一新する鮮烈な赤は、アントニオ猪木から藤波辰巳、長州力ら、それまで新日本のメインイベンターが着ていた黒のショートタイツとは明らかに一線を画していた。

「オレにとって、あの昔の新日本の黒イズムはそんなに好きじゃなかった。だって、新日本の中で黒は普通じゃん。当時は、あの黒がみんなの学生服みたいなもんだったからね。レスラーである以上、目立とう精神とか、他のレスラーより浮いていかないと存在意義がないからね」

赤のショートタイツは、新日本伝統の「猪木イズム」からのいわば脱皮でもあり、アメリカでトップを張った強烈な自己主張の表れでもあった。

「試合前は不安だったけど、リングに上がったらそんなこと言ってられないからね」

ゴングが鳴ると、興奮はどよめき、あるいはため息に変わった。エルボードロップ、ギロチンドロップ、ローリングソバット――。2年前とは別人のような躍動感と目にも止まらないスピード感溢《あふ》れる技の連続に観衆は驚嘆したのだ。エルボーもギロチンも誰もができる普通の技だが、武藤が繰り出すと異次元の輝きを放った。

「プロレスの技って恐らく見よう見まねで誰でもやれるんだけど、エルボー一つとっても技で魅せるのとただやるだけっていうのとではまったく違うんだよ。例えていうなら、マサさんのバックドロップを思い浮かべみてよ。バック取って投げる時の形は、力強くてホントきれいだよね。同じバックドロップでもマサさんがやると全然違って見えたよね。4の字固めだってフレアーがやると違うじゃん。トップに立つレスラーって、みんなそういう技を持っているんだよ」

フィニッシュは、やはりムーンサルトプレスだった。マサ斎藤に炸裂《さくれつ》した月面水爆は、まるでトップロープからジャックナイフが空を切り裂くように速く鋭く、そして華麗だった。

「オレの中では、ムーンサルトプレスは、ヤングライオンの時からスペース・ローンウルフ時代とムタとで出し方を変えているつもりはないよ。すべて同じだよ。あの試合でもそうだった。オレの中では、あの試合はアメリカで培ったスタイルをお披露目しただけなんだよ」

全米でトップを張った2年の進化を、たった1試合でリングとファンの心に刻み込んだ。

当時の新日本は、猪木が参議院議員となって第一線を退き、坂口が引退、藤波が腰の負傷で長期欠場中だった。停滞していた状況を、武藤がこれまでの新日本のイメージを打ち破る鮮烈な赤とグレードアップしたムーンサルトプレスで打ち破った。同時にこの試合は、武藤、蝶野、橋本の「闘魂三銃士」が揃《そろ》い踏みした初のメインイベントで、三銃士の時代に突入するスタートラインでもあった。すべてにおいて新時代の到来を感じさせた大成功の凱旋試合だったが、大きな落とし穴があった。

「試合が始まってすぐ、橋本にローリングソバットをやったんだけど、着地の時に左膝を痛めてさ。あの試合が終わった後、何試合か休んだんだよ」

大成功の凱旋試合の裏側での負傷は、リング上で躍進する「光」と両膝の負傷という「影」が常に背中合わせとなる、武藤の宿命の始まりでもあった。

新社長坂口

武藤が凱旋した1990年は、新日本プロレスが新しい興行体制と選手への待遇を本格的に打ち出した年でもあった。前年の1989年6月16日の株主総会で新社長に就任した坂口は、まず選手の給与を年俸制に変えた。それまでは、1試合ごとに選手個別にファイトマネーが決まっており、シリーズが終わると、まとめて支払う形式だった。この方法だと試合数によってファイトマネーの総額が変動することから、会社として年間予算を決めにくいというデメリットがあった。

経理担当だった青木謙治は、年俸制によって年間の事業計画を立てやすくなったと明かす。

「選手のギャラの年間総額が把握できるので、それに合わせて、利益がどれぐらい必要で、そのためにはドームをやりましょうとか年間計画が立てやすくなりました。年俸制になって、選手も収入が試合数で変動しないので、ローンが組みやすくなったと思います」

坂口は、年俸制導入と同時にシリーズの見直しも断行した。背景にはテレビ中継のゴールデンタイム撤退がある。88年3月にテレビ朝日の「ワールドプロレスリング」の月曜午後8時の放送が終わり、4月から関東地区では土曜午後4時の放送になった。同時に日本テレビの「全日本プロレス中継」も土曜午後7時の中継を打ち切り、4月から日曜午後10時半の放送に変わった。昭和の終わりと共に、プロレスのゴールデンタイムでのレギュラー放送も幕を閉じた。

ゴールデンタイムでの中継で入ってくる放映権料は団体を支える柱だった。坂口によると、タイガーマスクが登場した81〜83年の最盛期で「年間6億〜7億円近い」放映権料が入ってきたという。シリーズも毎週の生中継に合わせて組んでおり、試合数もタイガーマ

1990年4月27日東京ベイNKホール。約2年ぶりの本格凱旋マッチで蝶野と組んで、マサ斎藤・橋本組の持つIWGPタッグ王座に挑んだ。武藤は、マサにギロチン・ドロップを見舞うなど、観客を沸かせた。

スク時代には200試合を超えていた。しかし、ゴールデンタイムから撤退し夕方の放送になると、放映権料が減額された。従来と同じ試合数では、地方興行で不入りが続けば、移動費などを含めて経費だけがかかることになり、経営は圧迫されてしまう。そこで、試合数を削り確実に収益が見込める会場を中心にするシリーズ展開に変えたのだ。発案したのは営業部にいた上井文彦だった。

「ボクが興行の流れを変えてくださいって言ったんです。放映権料が下がって、支出を抑えなければいけなかったので、『これからのシリーズは短期で行きますから、長くても3週間しかやりません』と言って、年間の試合数をガクッと減らしたんです。それまでは全日本と張り合って年間試合数が多い方が日本一っていう感じだったんですけど、儲からない興行を地方でやるっていうことは、金を捨てに行っているみたいなもんですから、巡業に出なければ、その分経費は浮くんです」

武藤が凱旋した4・27NKホールのワンマッチ興行は、新たな展開を打ち出した出発でもあった。平成の新日本プロレスは、テレビの放映権料と地方興行の試合数が収入の柱だった昭和の経営体制から、スリム化を図ったが、一方で借金も残っていた。上井によると坂口が社長に就任した89年の時点で「12億8000万円ありました。原因は色々ありましたが、一番大きかったのはアリ戦です」と明かす。76年6月26日に日本武道館で行った猪木とモハメド・アリの格闘技世界一決定戦で抱えた借金は、10年以上を経ても完済していなかったという。融資先の銀行との交渉は会社の生命線で、青木は、トップに立った坂口の存在が「大きかった」と振り返る。

「坂口社長に『今、こういう状況で銀行にお願いに行かないといけないんですが』と相談をすると『じゃぁ、ワシが行っちゃるか』と立ち上がって頂いて、一緒に銀行へ行ってくれました。そうすると、私なんかが一人で行くよりも、あの坂口社長がわざわざ来てくれたって、銀行の対応は全然違いました。とにかく頼もしい社長でした。銀行に借り替えする時に経理部長が行って、事業計画をどんなに作って説明しても動かないところはありましたけど、坂口社長が行くと、まぁ坂口さんの顔に免じてっていうことも結構ありました。今はほぼほぼなくなりましたが、当時の銀行は、支店長決済とかありましたから、坂口社長の顔のおかげで、支店長決済で優遇されていたと思います。社長自ら動いてくれると、社員は燃えますよね。社長のためにもっと頑張ろうって思いますよ。当時はそういう社員が多かったように思います」

坂口は99年6月に社長を退任するが、新日本の抱えていた借金は在任中に完済している。

「完済した時に銀行に挨拶に行ったら、支店長に『すべて返済してくれなくて結構です。もうちょっと借りてください』って言われてね。銀行にしてみれば、借金があった方が儲《もう》かるわけだからね。こっちはもう大丈夫ですからって断ったよ（笑）」

「ドーム興行」を牽引した闘魂三銃士

昭和時代から抱えてきた負債を完済し、経営者として卓越した手腕を発揮した坂口が、推進した最大の基軸が昭和にはなかった「ドーム興行」と「G1クライマックス」だった。初の東京ドーム興行は、1989年4月24日、「'89格闘衛星☆闘強導夢」のタイトルで開催した。発案したのは、アントニオ猪木だった。アリ戦を筆頭に常にプロレス界の外にある世間の視線を意識していた猪木は、前年の88年3月に東京ドームがこけら落としを迎えるとプロレス界初のドーム興行を決めた。

ただ、坂口は、猪木がドーム興行を決めた時、すべての幹部が反対したことを覚えている。

「猪木さんが『ドームでやるぞ』って言い出した時、みんな『えっ!?』って感じだったよ。そのころは、後楽園ホールだって満員にならない時代よ。昭和の終わりは、興行も苦しくて悪い時代だった。後楽園の試合前に、猪木さんと控室で会場のモニターを見てたら、テレビに映る客席に全然、人がいなくてね。別の場所に座っている客をカメラが映る方に移せとか指示したこともあったよ。みんな一生懸命やっているんだけど、どうしようもないキツイ時代だったよね。だから、ドームでやるぞって猪木さんが言ったけど、最初は社内の雰囲気はみんな反対っていう感じだったよ。だけどね、これは不思議なんだけど、猪木さんが『やるぞ』って言うと、最初、みんな、文句を言うんだけど、最後は『だったら、やりましょう。やってやりましょう』っていうムードになるんだよね。それが、うちの会社の伝統っちゅうか、パワーになってたよね。猪木さんは、アリ戦にしろ、ドームにしろ、色んなことをやってきたけど、最初はみんな無謀だとか無理だとか批判されて、反対されるんだよ。だけど、実際に猪木さんがやると、何だかんだ言われるけど、やったことは後々、付いてくるんだよね。何億って赤字が出ても、やったことは後から凄《すご》いって言われる。猪木は凄いことやる、ひいては新日本プロレスは凄いことやるって評価されるんよ。ドームも、まさにそうだよね。今もあれからずっと続いているんだからね。猪木さんが言い出さなかったら今はないと思うよ」

開催前は、社員も無謀だと思った初のドーム興行だったが、主催者発表で5万3800人を動員し、収益面でも成功した。平成元年に猪木がまるで打ち上げ花火のように咲かせたドーム興行は、新日本はもちろん、他団体にも波及し、今では新日本の1・4東京ドームはプロレス界の恒例かつ最大の行事となって定着した。ドームは、東京だけでなく西武ドーム、ナゴヤ、大阪、福岡、札幌《さっぽろ》でも開催し、平成の新日本に隆盛をもたらした。坂口は、ドームで興行が成功した時の収入について「2、3億は出たんじゃないの。経費もかかるけど、スポンサーがついたり冠つけたり、グッズも凄かったしね。いい売り上げがあったよ」と明かした。そして、「ドームイコール三銃士だよね。武藤、蝶野、橋本の三人がいたからこそドームツアーができた。ずっとあの三人がよくやってくれたよね」と続けた。闘魂三銃士の躍進がドーム興行を牽引《けんいん》した。テレビのゴールデンタイム中継を失ったプロレスは、平成に入り、ドームを軸に興行を展開し、「ドーム」はプロレスのシンボルとなった。

一大会で莫大な利益を生み出したドームと並行して活況をもたらしたのが、91年8月に開催した「G1クライマックス」だった。8月7日に愛知県体育館で開幕し、9日から11日まで史上初の両国国技館三連戦を敢行した。決勝戦は武藤と蝶野の激突で、大方の予想を覆して、蝶野が初優勝を飾った。蝶野が勝った瞬間に、館内は座布団が舞い、ファンは沸騰、「G1」は新たなブランドとなり、今では「真夏の最強戦士決定戦」として完全に定着した。試合後に、優勝した蝶野を武藤と橋本が両手を上げて祝福する姿は、「三銃士」が新日本の中心となった記念碑的な光景だった。「G1」は、興行的にも大成功し「ドーム」と並ぶ平成の新時代を象徴するビッグイベントとなった。ドーム興行とG1の成功は「新日本イコール三銃士」となった歴史の転換点でもあった。

「現場監督」のマッチメイク

経営を坂口が支える一方で、リング上をマッチメイクしたのが長州だった。坂口の社長就任で取締役待遇となった革命戦士は、エース兼現場を仕切るマッチメイカーに就任した。自らを「現場監督」と位置づけた長州は、年俸制への変更を機に、選手の査定を実行した。リング上はもちろん、道場と試合前の練習態度、控室、セコンドでの振る舞いなどすべてに目を光らせ、年俸の査定に反映した。一部の選手は真っ向から不満を露わにしたが、興行がヒットしていた長州は、自らの信念を変える必要はなかった。マッチメイクがファンの支持を獲得し、会社に利益をもたらしていることが絶対的な権力を維持する支えになっていた。そして長州は、武藤の凱旋を機に、一気に橋本、蝶野の闘魂三銃士をリングの中心に据えるマッチメイクを展開した。１９９０年５月には長州自らが三人と連続でシングルマッチを敢行し、武藤は５月24日に東京ベイＮＫホールで対戦した。

「もう前田さんのＵＷＦとかがいなくなったから、２度目の凱旋帰国で意識したのは、やっぱり長州さん、藤波さんとかの先輩だったよね。あの時のターゲットは橋本とか蝶野ではなかった。一方で馳（浩）とか（佐々木）健介といった、下からの突き上げもあったよ。三銃士は、中間管理職じゃないけど、上と下に挟まれた感じだったよね」

初めての長州との一騎打ちは、ムーンサルトプレスからの原爆固め、さらにアントニオ猪木の必殺技「卍《まんじ》固め」をも繰り出し、革命戦士を追い込んだ。しかし、最後はリキラリアットの前に沈んだ。

「当時の長州さん？　オレにとっては気に入らない感じだったよ。多分、それは多くの若い選手がそう思っていたと思う。目の上のこぶですよ。恐らく長州さんは、オレと正反対のスタイルなんだよ。デビューしてからずっとそのキャラクターを守り続けているよね。入場の『パワーホール』から始まって、サソリ固めとラリアットで試合を決めているあのスタイルは、全然変わらないよね。一方で、オレなんかフニャフニャ変わっていってさ。入場のテーマ曲なんかいくら変わったか分からない。で、恐らく長州さんは、オレのこのスタイルのプロレスが好きじゃないんだよ。やっぱり、橋本みたいなスタイルが好きなんだよ。そういう意味では昔の人間ですよ。それと、あの時の新日本は、みんながラリアットを使ってね。周りの人たちはみんな、長州さんがそれを強要して長州もどきを作っているようなイメージを持っていたけど、それは違うよ。長州さんは強要していないと思う。こういうスタイルでやれって言ってなかったと思う。むしろまったく逆だよ。健介とか天《てん》山《ざん》（広吉《ひろよし》）とかが寄せて行ってたよな。まぁ長州さんは感性が普通の人と違った。それが、きっといい時と悪い時があった。オレ自身それを不満に感じた時もあったし、それは他の選手の中にも多くいたかもしれないよね」

長州は、三銃士の中で橋本を引き上げた。三銃士の中で、長州が最初に負けたのが、初の東京ドーム大会で戦った橋本だった。三銃士シングル三連戦でも武藤と蝶野には勝ったが、5月28日に大阪府立体育会館で対戦した橋本に敗れている。そこに自らの次のエースを橋本に託そうという思いが表れていた。デビューから常に三銃士の中でトップを突っ走ってきた武藤だったが、長州政権で橋本にトップの座を奪われようとしていた。しかし、ジェラシーはなかったという。

「橋本へのジェラシーなんて、そんなのないない。三銃士っていうのは、誰かがトップに立てば、他は休めるっていう、うまい具合に循環していたんだよ。ずっと一人でトップを走っていたら疲れちまうよ。オレたち三人ってちょうどいいバランスだったよ」

三銃士の活躍で息を吹き返した新日本は、この年の8月、後楽園ホールで1週間連続のシリーズを開催する。メインイベントはすべて闘魂三銃士が務め、連日、超満員札止めを記録した。三銃士が新日本の中心になった時、武藤に新たな展開が待っていた。

グレート・ムタの日本初見参だ。

5章　ムタvs猪木、武藤vs高田

「ムタ幻想」という壁

1990年9月7日、大阪府立体育会館でグレート・ムタが日本マットに初見参した。

対戦相手は、越中詩郎だったが、ムタとの一騎打ちに合わせて越中も、この試合だけメキシコ遠征時代に使っていたリングネームの「サムライ・シロー」で登場した。対戦前は、「武藤敬司対越中詩郎」とはまったく違った、「グレート・ムタ対サムライ・シロー」の「化身対決」が期待された。

「ハッキリ言って、ムタは日本では出したくなかった。あくまでもアメリカでは武藤敬司がムタであるからね。アメリカだけの限定で取っておきたかったんだよ」

アメリカでトップヒールとしてリック・フレアー、スティングと抗争したムタの日本初登場だったが、武藤の本音は消極的だった。そんな迷いがリングに表れたのか、試合内容も技も「武藤敬司」と代わり映えせず、相手の「サムライ・シロー」も「越中詩郎」と違いはなく、観客もどちらがヒールなのかベビーフェイスなのかどう捉えていいのか分からない中途半端な試合となり、会場の反応もマスコミの見方も冷たかった。

「自分でも試行錯誤しながらサムライ・シローとやったよ。アメリカでは、武藤敬司がムタとなりヒールになったわけだからね。それをそのままをやったから、終わった後に、武藤がペイントしただけで何も変わらない試合だって叩《たた》かれたよな」

アメリカではムタと武藤は一体だった。しかし日本のファンは、武藤ではない完全に別人格となる悪のムタを求めていた。大阪で期待を裏切ったムタは、次の試合で雪辱を期す。1週間後の9月14日、広島サンプラザ。対戦相手は馳浩だった。

「馳戦で同じ失敗は許されないからね。サムライ・シローとの試合を自分の中で考えて、アメリカとは違う日本オリジナルのムタを作らないといけないと考えた」

馳は、ムタがサムライ・シロー戦で不発になった理由が分かっていた。

「グレート・ムタという幻想がマスコミを通じてファンの中でできあがっているにもかかわらず、幻想を現実にする時に、武藤選手はどうやっていいのか分からなくて戸惑いながら試合をして、こけてしまいましたね。武藤選手と越中さんの間に意識の差もあったと思います。分かりやすく言えば、準備不足ですね。それは見ていてすぐに分かりました」

馳は、学生時代にレスリングで活躍し、専修大学を卒業。その後、石川の星稜《せいりょう》高校で国語の教師となり、84年のロサンゼルス五輪でレスリング・グレコローマンの90キロ級に出場、翌年には教師を辞めて、大学の先輩、長州力が設立したジャパンプロレスに入団した。86年にプエルトリコでデビュー戦を行い、カナダ・カルガリーで武者修業。その間に長州が新日本プロレスに復帰したことに伴い、日本デビュー戦はたけしプロレス軍団が登場した87年12月27日の両国国技館で、いきなり小林邦昭のＩＷＧＰジュニアヘビー級王座に挑戦し、奪取した。ムタと対戦した当時は、試合ではメインイベンターを支える中堅レスラーとして活躍し、道場では長州から厚い信頼を得て若手選手を指導するコーチを務めていた。

大阪で「こけた」ムタを見て馳はテーマを設定した。

「ムタ戦で私のテーマは、客に悲鳴をあげさせることでした。そのためには、私だったらこうしようっていうアイデアがいっぱいありました。カナダにいた時に小さなテリトリーでしたが、ベビーフェイス、ヒールの両方でメインイベントを毎日やっていた経験がありましたから、どうやったら観客に悲鳴をあげさせられるかは分かっていました。そのイメージを試合で形にしました」

テーマはもう一つあった。それは、武藤敬司が意識してグレート・ムタを演じることだった。

「武藤選手が大阪の試合を『武藤と越中の試合をやってしまった』とコメントしていました。ですから私は、それを逆手に取って、前半にラフファイトを仕掛けてムタのペイントを全部はがすことを決めていました。はがすと武藤の素顔が出て来ますね。『武藤敬司』にしたところから、ヒールのムタが出てくる試合にしようと思ったんです。それが最大のテーマでした。人間誰しも二面性、三面性、多面性があるように、ムタは武藤選手の人間性の本質的な部分でもあるんですね。あの時、心おきなく武藤選手がムタを演じるシチュエーションが必要だったんです。そのために、ペイントをはがして武藤に戻して、そこからムタを演じればいいと考えていました。一人の人間が同時に演じる二面性の苦悩がクリアに表現できればいいなと思っていました」

武藤は、日本オリジナルのムタを考え、馳も、テーマを持って広島サンプラザのリングに上がった。共通の目的は、「武藤敬司」ではなくまったく別の人格と個性を持つ「グレート・ムタ」を作ることだった。

馳VSムタ

大阪の雪辱を期したムタは、コールと同時に赤い頭巾を脱ぎ捨てると真っ赤なペインティングを露わにし、緑の毒霧を吹いた。続けてゴングが鳴るとセカンドロープに駆け上がり、赤の毒霧を天井へ向かって噴射した。違う色の毒霧の連射に会場はどよめいた。試合は、腕の取り合いなど、正当なレスリングを展開したが、急速に流れが変わったのが馳が赤コーナーにムタを追いつめた直後だった。馳は、張り手の連打で狙い通りペイントをはがした。素顔の武藤が現れたことをきっかけに、ムタが豹変《ひょうへん》した。場外で鉄柱攻撃を繰り出すと、馳は額から大流血した。夥《おびただ》しい血が流れる額にかみつき、パンチ、キックを繰り出す非情な攻撃に会場からついにブーイングが沸き起り、逆に「馳コール」が奏でられた。観客の感情は、馳へ一気に傾き、ムタへの憎悪が爆発し痛烈なヤジが飛んだ。ブーイングとヤジを浴びせられる光景は「武藤敬司」にはない世界観だった。武藤は、この時、日本オリジナルの極悪ヒールとしてのムタが誕生したことを確信した。

「サムライ・シロー戦を見事に教訓にしたからこそ馳戦があったんだよ。あの時に真のヒールとしてのムタが生まれたよね」

ついにヒールとして覚醒したムタは、圧巻のエンディングを見せた。トップロープからダイブした馳の顔面に緑の毒霧を吹き付けると、リング下から持ち出した担架で、レフェリーのタイガー服部を殴打し反則負けになると、そのまま、担架に馳をのせ、ムーンサルトプレスを浴びせたのだ。鮮血の赤と毒霧の緑でおどろおどろしい顔面となった馳に浴びせた担架ムーンサルトに、ついに会場からは悲鳴が起きた。それは馳が掲げたテーマが現実になった瞬間だった。

「あの時、悲鳴が起きましたね」

広島のムタ戦で、その後につながる日本オリジナルの狂気を引き出した馳は、今もなお、会場の悲鳴を思い出すと満足そうに、そして楽しそうに当時を振り返った。あの試合は馳

1990年9月14日広島サンプラザでの馳戦。ムタは、リング下から取り出した担架で、レフェリーのタイガー服部と馳、さらにセコンドの佐々木健介を殴打。反則負けに。

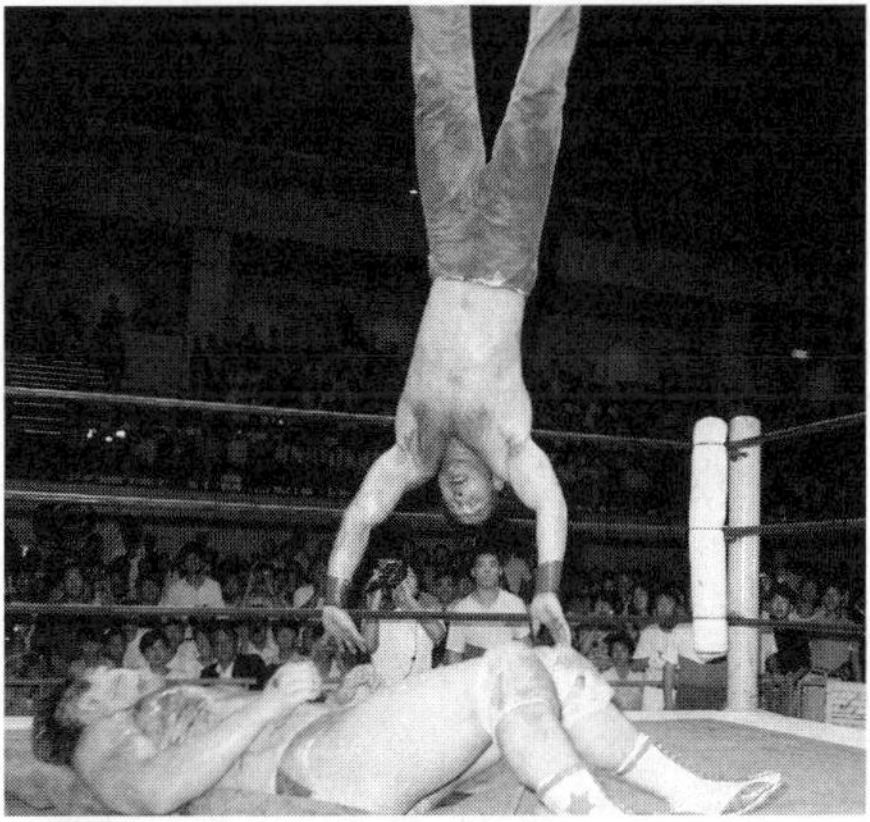

1990年9月14日広島サンプラザでの馳戦。ムタは、担架に馳をのせて、月面水爆を見舞った。

にとっても重要な分岐点だった。

「ムタ戦は私にとって初めてのメインイベントのシングルマッチで、テレビ中継という大きなチャンスを与えて頂いた試合でした。それを生かせるかどうかは自分次第じゃないですか。このチャンスは逃せない、そう思ってリングに上がりました」

ムタ戦に象徴されるような、試合ごとにテーマを設定し追求する馳の姿勢は、死を意識したことから生まれた。ムタ戦の3か月前となる6月12日、福岡国際センターでの後藤達俊戦でバックドロップを受け、一時、心臓停止に陥《おちい》り生死の境を彷徨《さまよ》った。この経験が馳を変えた。

「あれは、私の受け身のミスだったんです。後藤さんのバックドロップは速かったですから、ちょっとタイミングがずれて、受け身を失敗した私が悪いんです。ただ、あの時に、そういうことは今後も有り得ると思いました。そうすると一つ一つの試合の意味っていうのを考えるようになりました。自分が何試合目か、対戦相手が誰か、テレビがあるかないか、お客さんができあがっているかどうか、そういうものを全部確認した上で試合に臨むようになったんですね。あの経験がなかったら、ムタ戦もないと思います。それは間違いないと思います」

死を意識した末に馳が辿り着いた、一試合の意味を考える分析力が、極悪ヒールのムタを生み出した。広島では、その象徴がペイントをはがすことだった。ただ、武藤の中では、別の捉え方をしていた。

「馳先生が言っているペイントをはがす狙いは、オレの中では今イチよく分からないよ。ただ、初期のムタは、ペイントがはがれることって見る側にとっては、ウルトラマンのカラータイマーの意味があるんじゃないかって思ってたよ。ウルトラマンは3分間しか地球にいられないじゃん。カラータイマーって宇宙に帰らないといけないカウントダウンの合図だよね。ペイントがはがれるのも、それと同じで、まるでカラータイマーが鳴るようにムタがいなくなって、だんだん武藤に戻るみたいな意識が見る側にあったんじゃないかな。オレ自身、ムタが消えて武藤に戻るシーンを、ところどころで刺激的に利用していたかもしれないよね。ただ、試合やっている時は、鏡を見て試合をしているわけじゃないから、自分でペイントがはがれているかはがれていないかって分からないからね。だから、馳先生が言うペイントはがしてから武藤を出すって言われても、いつはがれたかなんて分からなかったよ（笑）」

ただ、やはり、「ムタ」の覚醒は、馳戦だと断言する。

「今でも『ムタにとって一番の試合は？』って聞かれたら、やっぱり、あの時の馳戦ですよ。ムタが目覚めたのは、あの試合だよ」

「ムタ」と「武藤敬司」

戦慄の馳戦でムタは、今につながるキャラクターと地位を築いた。観客も「武藤敬司」はベビーフェイス、対する「グレート・ムタ」はヒールとハッキリとした二重人格を認知した。入場シーンもムタは独自の世界を作った。馳戦から16日後の9月30日、横浜アリーナでのリッキー・スティムボート戦は、天井から宙づりで登場した。また、1991年9月23日、横浜アリーナでの藤波辰爾戦では、二代目・引田天功のイリュージョンで出現するなど、ファンを驚かせた。

「スティムボート戦のあの宙づりは、人力だからね。入場する時も一つ前の試合ぐらいからずっと待機しないといけないいし、小便も行きたいけど、ずっとぶら下がっているから行けねぇし、大変だったよ（笑）。引田天功でも入場したけどね、ただ入場っていうのは、スタッフがやることであってね。やっぱり、入場は入り口であって最終的には試合で見せないといけないよな。当初、ムタは入場までを売って試合はどうでもいいって言われたこともあった。毒霧とか使って客席がウワァッてなるけど、試合が盛り上がらないってこともあった。それはあんまりよくねぇよな。やっぱり、プロレスは結末が重要だもんね。言ってみれば、入場の時に『誰だ？　あれ』ってなって、試合が終わったら、会場がウワァッてなるのが理想だもんね」

顔面のペイントも赤、青、緑、白など試合ごとに変わった。

「ペイントの色は、完璧にその時の気分だよ。初期のころは、ポロポロよく取れたよな。もう少し経ったらSFXの世界で落ちないペイントが出て来て、それを使うようになったけどね」

武藤敬司とグレート・ムタという二つのキャラクターが明確になった時、新日本の最高峰、IWGPヘビー級王座に武藤とムタが連続で挑戦する時が来る。チャンピオンは長州だった。92年5月17日、大阪城ホールでまずは武藤が、長州に初挑戦した。デビュー8年目で迎えたチャレンジは、ムーンサルトプレス2連発を放つも、リキラリアットの連打に粉砕された。

それから3か月後の8月16日、福岡国際センターで今度はムタが挑戦した。試合は、IWGPヘビーとグレーテスト18クラブ王座のダブルタイトルマッチとして行われ、ムーンサルト2連発で革命戦士を葬り、初めてIWGPのベルトと18クラブ王座の二冠のベルトを腰に巻いた。試合後は消火器を長州へ噴射し、やりたい放題の大暴れを見せつけた。同じ月面水爆2連発でも武藤は敗れ、ムタは、勝利した。

「最初のIWGPはムタだったけど、別にオレの中では何とも思わなかったよ。何で武藤じゃなくてムタなのかとか、そんな意識はなかった。もしかするとIWGPを取った時点でそんなにうれしいっていうのもなかったような気がする」

化身としてのムタでの戴冠ではあったが、橋本真也、蝶野正洋の闘魂三銃士の誰よりも早く新日本の最高峰を極めた。そんな栄光も、武藤の中では特別な感慨はなかった。今、長州戦で思い出すのは、思わぬ副収入だった。ゴールデンタイムから撤退した新日本プロレスは、テレビ中継がないビッグマッチなどを収録した『闘魂Ｖスペシャル』というＶＨＳビデオの販売をスタートしていた。ムタが長州を倒したＩＷＧＰヘビー級王座戦は、テレビ中継のない「ノーテレビ」マッチだったため『闘魂Ｖスペシャル』で売り出された。

「この長州対ムタがすげぇ売れたんだよ。選手は、ビデオのロイヤリティがもらえるからいい金になったよ。どういう計算か分からないけど、確かその１試合だけで４、５００万ぐらいもらえたよ」

9月23日には横浜アリーナで橋本を破り、初防衛に成功する。直後に私生活でも10月4日にモデルの芦田久恵と結婚し幸せをつかんだ。出会いは、蝶野の中学時代の同級生だった久恵が、試合を観戦に来たことがきっかけだった。

「橋本も蝶野に紹介してくれって言ったんだけど、女房はオレを選んだんだよ。オレと橋本だったらどっちを選ぶかって答えは分かりきっているよな（笑）」

京王プラザホテルでの挙式披露宴の仲人は坂口征二夫妻が務めた。結婚を前にした婚約発表は、坂口のアイデアで、ファンクラブツアーで訪れた香港に到着した初日に行った。ツアーに同行した坂口は、今もあの発表は「参ったよ」と苦笑いする。

「香港には、久恵ちゃんも内緒で来ていてね。そこで婚約を発表したんだけど、そうしたら、ツアーに来ているファンが泣き出してね、後でオレのところに苦情の手紙が来たよ。『せっかく参加したのに、ガッカリしました。もう二度と行きません』とか書いてあって、あれには参ったよ」

福岡でベルトを奪取し、私生活では結婚と公私共に充実する中、武藤とムタの「二刀流」が本格化する。通常のシリーズは「武藤」で参加し、タイトルマッチに「ムタ」が登場した。ザ・グレート・カブキとの親子対決も実現し、93年1月4日、東京ドームでは蝶野が持つNWA世界ヘビー級王座とのダブルタイトルマッチを制した。

ムタのバリューは、誕生したアメリカでも変わらなかった。毎年のように渡米して、WCWのビッグマッチに参戦していた。武藤とムタは、二つの人格を使い分け、さらには日米を股にかけ戦い続けた。ただ、人格は二重でも、必殺技がムーンサルトプレスであることに変わりはなく、膝がまたも悲鳴をあげた。

同年3月21日、名古屋レインボーホールで、武藤敬司として佐々木健介の化身「パワー・ウォリアー」と対戦し、月面水爆2連発で勝利したが、右膝の痛みに耐えられなくなり戦線離脱した。診断の結果、膝関節症で2度目の右膝の手術を行った。

「右膝の軟骨を取り除く手術だった。マサ（斎藤）さんに紹介を受けて『いい医者がいる』って聞いて日本じゃなくてミネアポリスで受けたんだ」

膝に爆弾を抱えながら、福岡ドーム初進出となった93年5月3日には、ムタとしてハルク・ホーガンとの夢の対決を成し遂げた。IWGPヘビーは5度の防衛に成功し、9月20日の愛知県体育館で橋本にベルトを明け渡したが、約11か月もの間、一人のレスラーが、通常のシリーズを「武藤敬司」で戦い、「グレート・ムタ」としてIWGPヘビー級王者を務めトップを極《きわ》めたのは、新日本の歴史の中で、後にも先にもこの時の武藤しかいない。

「当時のオレは、新日本の中でそれなりにもてなされていたよ。武藤とムタを同時にやっているうちにG1が始まって、蝶野が出てきて、橋本も出てきた。ムタも定着しだしてきた。今振り返るとその辺から三銃士時代が始まったよね。1990年代だよ、全部。終わりには『nWo』があったしね。90年代の頭から終わりまで10年ぐらいは三銃士時代だったんだよな」

平成に入り新日本が息を吹き返した原動力は、間違いなく「闘魂三銃士」だった。ただ、それは三人だけでなく「グレート・ムタ」というプラスαも含まれる。では、平成の初期、

「武藤敬司」と「グレート・ムタ」のどちらの勢いが勝っていたかといえば、答えは「ムタ」ではないだろうか。

坂口体制になり興行の主軸となった「東京ドーム」でも、初めて登場したのは武藤ではなくムタだった。91年3月21日の「'91スターゲートIN闘強導夢」でムタがスティングと戦い、続く92年1月4日に開催した「超戦士IN闘強導夢」もムタがスティングと組んでリックとスコットのスタイナー・ブラザーズと対戦した。93年の1・4で蝶野と戦ったのもムタだった。

一方の武藤は、91年11月5日に日本武道館で、馳とのコンビでIWGPタッグを奪取したが、ドームと並ぶ新たな軸となった「G1クライマックス」では、第1回、2回と蝶野が連覇、大本命と目されながら優勝は許されなかった。東京ドームに初めて「武藤敬司」として上がったのも、凱旋《がいせん》帰国から3年8か月も経た94年1月4日の「'94BATTLE FIELD IN闘強導夢」だった。試合も馳と組んだスタイナー・ブラザーズとのタッグマッチで「ドームならでは」というプレミアム感はなかった。「武藤敬司」にとって「グレート・ムタ」の存在感が増していく感覚を、本人はどう捉えていたのだろうか。

「グレート・ムタが出ると武藤敬司は穏やかになるわけだからね。また、その反対もあるわけで、両方いっぺんに出るわけにはいかないいんだから。東京ドームなんかは、その時の人気と勢いでムタへのラブコールが多くなる時もあれば武藤へのラブコールが多い時もあるっていうことですよ。言えることは、ムタと武藤はライバルなんだよ。例えば東京ドームの試合にどっちが出るかっていうのも、その時の威勢のいい方が出る。オレの中ではそれは競争なんだよ」

武藤の中で「武藤敬司」と「グレート・ムタ」を競わせることで、それぞれのレスラー像をグレードアップさせていたのだ。では、周囲は「二人」をどう評価していたのだろうか。獣神サンダー・ライガーは、こう分析する。

「ムタは、新日本の歴史の中で異質ですよ。例えて言うなら、みんなが黒い点ばかりの中で唯一、白い点だったんです。だから良かった。アメリカではマネージャーのゲーリー・ハートから今のお前はこうだよっていう風なアドバイスはあったと思うんです。それに則《のっと》ってやっていたと思うんです。だけど日本ではハートは関係ないんです。どういうムタを見せるかっていうのを武藤敬司が考えていたと思うんです。そこが彼の天才だったところです」

独自のムタを見出した武藤は、恐らく楽しみながらリングに上がっていたとライガーは考えている。

「ボクは、これまでファンの人から『ライガーさん、色々やってくれてありがとう』とか言われてきました。それは、とてもうれしいんですけど、ぶっちゃけて言えば、ファンの人のことを考えてやっているわけじゃないんです。プロレスが好きだから、てめぇが楽しみたいからやりたいことをやっているだけなんです。だから極論を言えば、他の人のことはどうだっていいんです。武藤選手も多分、そういう考えだと思いますよ。自分が一番なんです。プロレスが好きだから好きなことやりゃぁいいじゃんって思ってムタもトライしていたと思います」

ムタを覚醒させた馳は、IWGPヘビーを先にムタが取った理由を「あれはやっぱり営業でしょう。営業的にはそうした方が良かった」と簡潔に答えたが、当時、実売で26万部を売り、団体とファンに圧倒的な影響力を誇っていた怪物的専門誌「週刊プロレス」の編集長だったターザン山本!は、新日本には武藤を売り出せなかった理由があったと見る。

「武藤には、新日本のファンが支持してきた猪木イズムという思想、情念、魔物、毒というエッセンスはまったく必要ないんですよ。なぜかというと、武藤には絶対的な才能があったから、アントニオ猪木の着物を着る必要がないわけで、どんな時でも武藤という絶対的才能で生きているから外側にある価値観は関係ないんですよ。それは生まれ持ったもので、見た目とかたたずまいとか雰囲気とかオーラとかそういう本人しか持ってない無意識の絶対的才能なんです。橋本にも蝶野にもない。猪木さんにもそういう才能はなかった。

日本のマット界では、馬場さん以外は、若手時代に海外へ行ったら誰も成功したことがなかったんだけど、武藤は才能があるからムタになって成功した。あの発想は猪木さんにはない。だから、ボクは週プロで『天才』という一言で押しまくったんだけど、『天才武藤』っていくら書いても新日本は、バックアップしなかったんです。それは、新日本が猪木イズムを支持するファンで成立してきた団体なので、絶対的才能がある武藤は、そういう新日イズムに洗脳されていないために、武藤を売ったら伝統的に築き上げた猪木イズム、新日本イズムがイレギュラーを起こすんです。そうすると完全に武藤の才能だけが突出して新日本の歴史そのものが武藤によって引っ繰り返ってしまう。才能を押さえる自信がなかったから、団体を背負うエースにはできなかった。でも、時代を劇的に変えようと思うのなら、本当は才能で猪木イズムを超えることができる武藤を看板にするべきだった」

入門直後から道場で強さを発揮し、デビュー後は天性の華をリング上で見せた武藤の才能が、猪木からつながる新日本の伝統にそぐわなかったため、「武藤敬司」を押すことができなかったというのだ。

「武藤敬司には新日本イズムというカラーがないから、IWGPを取ったのはムタだったんです。当時のムタは昔のルー・テーズとかフリッツ・フォン・エリックのような、アメリカからやってくる未知の強豪のような存在ですよ。全日本でいえばNWA王者だったフレアーのように、ビッグマッチにしか来日しない超大物外国人選手として、新日本もファンもムタを支持したんです。ただ、ムタを押すことそれ自体が猪木イズムから遠ざかることになったのは皮肉でしたよ」

驚異的な部数を誇っていた週プロの表紙を飾ることは、レスラーにとって人気のバロメーターでありステイタスでもあった。しかし、ターザン山本！が当時、表紙に何度も起用したのは武藤よりもムタだった。

「実際ボクも、週プロの表紙には、ムタを何回も起用したけど、武藤敬司はあまり表紙にしなかった。なぜか？　ハッキリ言って売れないからです。猪木イズム、新日イズムの色がないからファンに届かないんです。それに何でもできる天才肌だから余計に売れない。日本人は、能力はないけど努力して努力して這い上がってくるところを評価するから、いくらボクが天才と言っても、当時の猪木イズムに洗脳されているファンには届かなかった。だから『天才武藤』っていくら書いても届かないし、理解されなかった」

突出した才能を持つ武藤敬司の「光」ではなく、「毒」で新日本プロレスを染めたグレート・ムタは、団体もファンもそしてマスコミも虜《とりこ》にし、新日本に利益をもたらした。

毒はさらなる猛威を振るう。1994年5月1日福岡ドーム、アントニオ猪木との一騎打ちだ。

ムタ、伝説のアントニオ猪木戦

アントニオ猪木は、50歳を超えた時に引退を考え始めたという。1960年9月30日に17歳でデビューし、28歳で新日本プロレスを創設した燃える闘魂は、幾多の名勝負を展開し歴史を築いたが、89年7月に参議院議員となり、リングから遠ざかった。90年は4試合、93年は1試合、94年は3試合、50歳を迎えた95年は1試合だけで、いずれも東京ドーム、福岡ドームなどのビッグイベントのみだった。

94年1月4日の東京ドームで、天龍源一郎との初対決で敗れた猪木は、51歳の誕生日を迎えた直後の2月24日、日本武道館大会で、近い将来の引退へ向けたシリーズ「INOKI FINAL COUNT DOWN」を開催することを発表した。

第1弾は5月1日、福岡ドームに決定し、対戦相手には「グレート・ムタ」が選ばれた。ファンもマスコミも「超異次元対決」と想像を膨らませ、試合の意味づけを考えたが、当事者の武藤には、猪木との初シングルマッチなどマッチメイクへの思い入れはなかった。

「猪木戦？　いたってカジュアルですよ。そんな、いちいち組まれたマッチメイクに思い入れなんてないよ。こっちは、一つの商売でやっているんだから。仕事だから組まれたらやるし、こなさなきゃいけないってそれだけだよ。大工さんは家を作るのが仕事で、この家を作ってくれ、って言われたら作らなきゃいけないってそれと一緒だよ」

ムタを選んだのは猪木自身だったという。

「猪木さんが武藤じゃなくてムタを選んだもんね。多分当時、猪木さんの中で武藤よりムタの方が評価がデカかったんだよ。確かにリング上で描く絵を思い浮かべた時、武藤よりムタの方がよりきれいだよな。でも、試合が決まった時、オレの中では今イチ、ファイナルカウントダウンって分かんなかったよ。案の定、その後、カウントダウンなのに、1、2、3……ってアップしていったじゃん（笑）」

猪木対ムタは、4月4日の広島グリーンアリーナ大会で動き出した。この日、猪木は特別参戦し、馳と組んで藤原喜明、石川雄規と対戦した。武藤はセミファイナルで蝶野とのタッグで長州、天龍と戦ったが、試合開始早々に天龍からマイクで「ムタで来い」と挑発されると、控室に戻ってムタとなり、文字通り一人二役で戦った。試合後は、猪木が上半身裸になってリングサイドに現れ、ムタとにらみ合った。武藤からムタへの変身は、両者の一騎打ちを盛り上げる格好の布石だった。

ムタは、その後も4月7日に熊本市体育館で馳と組み、長州、藤原と対戦、11日に九州厚生年金会館で木戸修とシングルで対決した。カードが決定し、福岡ドームへ向けて試合を重ねていく間、猪木から警告を受けた。

「猪木さんとの試合が決まってから、ムタが他の選手とイーブンの試合をしたら猪木さんから怒られたもんな。猪木さんにとって、福岡ドームで強いムタを迎え撃つっていうシチュエーションを作らないといけないわけだからね。福岡ドームに向けてムタのいいところを売って、美味しく肥えたところを食いたいわけだからね。猪木さんってそういうタイプじゃん。猪木さんは恐らくオレを肥やしにしたかったんだよ。長生きするための栄養素にしようとしていたんだよ」

迎えた5月1日、福岡ドームは、5万3500人（主催者発表）の観客を動員した。注目のメインイベントは、入場からムタが猪木を飲み込んだ。先にリングインしたムタは、猪木の「炎のファイター」が流れる入場時、花道で仁王立ちして行く手を防ぎ、テーマソングを止めた。ガウンを脱いだ猪木を見届けると今度は、敬意を表しロープを上げてリングへ迎え入れた。何をするのか予想がつかないムタの動きに観客はどよめきを起こし、5万人の視線は主役の猪木そっちのけでムタに集中した。

田中秀和リングアナウンサーは「昭和の鬼か。平成の悪魔か。鬼か悪魔か。スーパーヒール。超異次元対決」と前口上した。「昭和」と「平成」の時代を象徴する二人の戦いは、ゴングが鳴ると、勝手気ままにムタが動いた。真っ赤な毒霧を吹くと、猪木の存在を無視するように場外に飛び出し、リングを照らすライトから垂れ下がるはしごにぶら下がった。

1994年5月1日福岡ドーム「INOKI FINAL COUNT DOWN」。猪木の思惑は外れ、ムタが試合を圧倒。

かと思えば、リング上では正当的なグラウンドの展開を見せ、猪木の必殺技「卍固め」も試みるなど鋭い動きで試合を支配した。

ムタの毒が猪木を染める時が来る。アリキックを食らったところで緑の毒霧を顔面に噴射し、立て続けに、今度は顔面をのぞき込むように至近距離から吹き付けた。ここから一気に試合が動く。花道でブレーンバスターを浴びせると後頭部にラリアット、場外で机上パイルドライバーを敢行し、さらには額を切り裂き流血に追い込んだ。場外で延髄斬りを食らったが空き缶を脳天に叩きつけ、緑に染まった顔面に真っ赤な血が流れる猪木の首を、はしごから垂れ下がるロープで絞めた。ブレーンバスターを猪木に切り返され、チョークスリーパーで絞め上げられたが、大の字になった時に猪木の髪の毛をつかむと、またも緑の毒霧を顔面に噴射した。

ムーンサルトプレスの2連発から、ジャーマンスープレックス、ドラゴンスープレックスで畳みかけた。最後は、スペースローリングエルボーがかわされ、スリーパーで絞められ、そのままフォールを奪われた。結果は猪木に敗れたが、ムタのインパクトだけがリングに残った。試合後、猪木はリング上でマイクを持って絶叫した。

「ムタ、どんな手でも受けてやる。オレの命を取ってみい。ムタ、こんな勝負じゃなくてお前のな、本当のとどめの勝負を教えてやらぁ」

引退へのカウントダウン第1弾という記念試合で、太らせたムタを鮮やかに仕留めようとした燃える闘魂の思惑は、裏目に出た。怒りに満ちた絶叫が何よりの証拠だった。

「あの試合は雰囲気が面白かったよ。オレが先に入場して、猪木さんを止めてしまったんだよな。ヤバかったのは猪木さん、血が出ちゃったんだよ。猪木さんは、糖尿だから血が止まらなくって、大変なんだ。あの時の猪木さんは、なぜだか分からないけど、リング上でめちゃ怒っていたよ」

猪木の怒りは、武藤のいわば確信犯による演出が引き起こした。試合前から用意周到に、ムタの世界を創造する準備をしていたのだ。この試合では、随所でドームのすべての照明が消え、両者をスポットライトだけが照らした場面があった。暗闇の中、猪木がチョークスリーパーで絞め、ムタが毒霧を噴射し、ムーンサルトプレス2連発を舞ったシーンは、まさに「超異次元対決」の幻想的な色彩をリングで際立たせた。

「照明を消したのは、オレが試合当日にひらめいてスタッフに指示したことなんだよ。はしごも前の年の福岡ドームのホーガン戦で使ってたんだ。試合前にリングで練習した時に、去年と同じようにぶら下がっていたから、『また、このはしご使えるな』と思ってスタッフに頼んで残してもらったんだよ。ただ、照明は、消えたらもっと暗くなるかと思ったけど明るかったんだよな。あれは、オレのイメージじゃなかった。オレたちの動きに、光が後から追いかけてくるぐらいになって、見ている側が『今、何が起きているんだ』っていう風になって欲しかったんだけど、そうはならなかったよ」

新日本プロレスは、いつでもどんな時でも創設者でありカリスマでもあった「アントニオ猪木」が絶対的な主役だった。しかも、この試合は、引退への記念すべきカウントダウンのスタートで、恐らく誰もが猪木を引き立てることを厭《いと》わなかったはずだ。しかし、武藤＝ムタは違った。

「もちろん、猪木さんへのリスペクトはあるよ。だけど、オレにとって重要なことは、ムタをどう作るかであって、ムタを作り上げなきゃいけないじゃん。だから、猪木さんがリングインする時にロープを広げて招いたのは、『ムタワールドへようこそ』みたいな世界に染める意味があったんだよ。照明を消したアイデアも、この試合の背景とか猪木さんが相手とかを考えた末に行き着いたムタのための演出だよ。それは、武藤敬司じゃなくてグレート・ムタだからできたんだよ」

あの馳戦でムタに覚醒して以来、武藤にとってムタに変身する時、常にどう演じきるかが最大のテーマだった。主役は常に自分だった。それは相手が絶対的カリスマの猪木だろうが同じだった。普段着のムタを貫いた福岡ドーム。だからこその「カジュアル」だった。

「猪木さんが掲げたあのストロングスタイルの新日本プロレスの中で、ムタって唯一、新日本が認めたゲテモノレスラーだよ。本来、ストロングスタイルはあんなゲテモノを求めないんだよ。だけど、何ではい上がったかというと、長州さんも、猪木さんも毒霧を食らっているからね。それは、認めざるを得ないよな。基本的にムタってギミックがあるから有利なんだよ。ギミックはオレを有利にさせるためにあるものだからね。だから、猪木さんが毒霧を受けてウワァッてやっただけで、ストロングスタイルがゲテモノの土俵に乗ってくれたんだから、その時点でもうオレが勝ってるんだよ。これが例えば前田日明さんだったら、絶対に毒霧食らってウワァなんかやらない。だから、あの人はＵＷＦスタイルを貫いたし、リングスで途中からプロレスを辞めたんだよ」

結果は負けたが、武藤にとって燃える闘魂に毒霧を浴びせたことがカタルシスだった。

「だから、何度も言うけど、相手が誰であろうとオレにとってムタの世界を作ることが一番なんだよ。でね、若いころに、この自分の世界観を作ることを教えてくれたのって猪木さんだよ。だから、オレの師匠は猪木さんなんだ。やっぱり、猪木さんは素晴らしいよ。今は、同じ相手で手の合う者同士がビッグマッチやっているけど、猪木さんって、『どこの馬の骨か分からない』っていうヤツとメインで締めてたからね。その器量ってのは、なかなか難しいと思うよ。だって、いつ崩れるか分かったもんじゃないからね。で、オレは崩れた方が好きなんだよ。何か崩れていた方が面白い。崩れた時の必死さとか、その時に垣間見る真剣なまなざしとかさ、そういうのを見たい。オレの根底には、猪木さんから学んだ、そういうものがありますよ」

入門してから道場、試合、移動中と間近で猪木の背中を見てきた。スペース・ローンウルフ時代は、タッグパートナーに抜てきされ猪木プロレスを体感してきた。

「あの当時、オレは猪木さんのパートナーを一番、多く務めたと思うよ。外国人と試合して、オレがやられて、猪木さんに『助けてください』ってタッチを求めて、最後に延髄斬りで美味しいところをかっさらっていったよね。そういう姿も学んだけど、当時、ずっと傍《そば》で見ていて、猪木さんって運動神経は良くないと思ったよ。鈍臭《どんくさ》いもんな。恐らく球技なんかやらせたら、全然できないだろうね。だけどプロレスって鈍臭くてもよく見えたりするんだよ」

そして、猪木の魅力をさらに語った。

「猪木さんがいいのは表情だよ。あれは、オレらでは絶対出せない表情だよ。思うに、やっぱり当時、女優さん（倍賞美津子）が奥さんだったから、影響を受けているんだろうね。今でも覚えているのは、若手のころ、猪木さんと一緒に埼玉の方にある治療院に行ってね。その帰りに猪木さんの代官山のマンションに連れて行かれて、倍賞美津子さんに手料理を振る舞って頂いて、猪木さんとオレの三人だけで飯を食ったことがあるんだよ。その時に

『プロレスとは』というようなことを聞かされて、倍賞さんと猪木さんから芝居と共通点があるみたいな話をお聞きしたよ。具体的な内容までは覚えてないんだけど、勉強になりましたよ。それ以上にあの時は、何せ、その数か月前までは山梨の田舎で生活していたわけでね。そんな若造が今、猪木さん、倍賞美津子さんっていう華やかでリッチな人と自宅で飯食っているなんて信じられないじゃん。その何とも言えない豪華な空間がたまらなくてさ、その時は『今、オレって凄い現場にいるんだな』ってそういううれしさの方を強く覚えているけどね」

武藤だけが知る様々な「アントニオ猪木」を受け止めた経験、天性のセンス、そしてアメリカと新日本で培ったキャリアの集大成が福岡ドームで形になった。

昭和の新日本プロレスの試合は、結末がどこへ行くのか分からない、あたかもレスラーと観客が同じ危険な橋を渡っているかのようなスリルが最大の魅力だった。リング上では、先輩も後輩も関係ない。あるのは、互いのプライドの激突、一瞬で「虚」が「実」になり、「実」が「虚」に変わる緊張感、己の存在価値を証明する魂の削り合いだった。すべての評価は、観客が下す過酷なサバイバル。時代は平成に入ったがムタと猪木の一戦は、その典型のような試合だった。

「確かにそうだったね。リングに上がればプライドのぶつかり合いだから。特に昔はそうだったよね。あの試合で猪木さんに飲まれなかったか？　それはないでしょ。猪木さん、年取っているしね。あの時、いくつだったの？　51歳か。今のオレを考えると若いな。ていうか、猪木さんより今のオレの方がコンディション全然いいな（笑）」

試合後、思惑通りに試合ができなかった猪木は、控室で荒れに荒れたという。試合を見た馳浩は、猪木が激怒した原因を「ジェラシー」と表現した。

「猪木さんが怒った理由は簡単ですよ、自分中心で試合を展開できなかった猪木さんのムタへのジェラシーです。天龍さんともやりづらそうでしたね。猪木さんがジェラシーを感じて荒れるほど武藤選手とか天龍さんの才能を認めていたということじゃないですか」

猪木にジェラシーを抱かせた武藤の心境をこう推しはかった。

「それも簡単ですよ。こんな試合、どうでもいいと思っていたんです。そんなに深く考える男じゃないんだから。自分のやりたいようにやれればいいって。ただ、それだけです」

当時「週刊プロレス」の編集長だったターザン山本！は、大荒れに荒れた原因は、猪木自身にあったと指摘する。

「猪木さんの素晴らしさは、常に相手の思惑の上を行くところにあるんです。それは相手が考えていることを全部、引っ繰り返すことなんだけど、この時はムタに全部それをやられた。そんな猪木さんの試合は見たことないし、猪木さんは油断しきっていった。対するムタは、ただ、遊んで楽しんでいるだけだったんです。『これをやったらオレも面白いからみんなも面白いだろう』って思ったんですよ。だからはしごにぶら下がったんですよ。あれ、自分で楽しんでいるだけで無意識なんですよ。バックボーンとか理屈がないんです。だから、ムタは怖いんですよ」

武藤はムタの姿を借りて無意識に新日本プロレスの源流「猪木イズム」を飛び越えた。5・1福岡ドームは、昭和の「猪木イズム」を脱皮し平成の新日本プロレスの方向性を示した、歴史の分水嶺でもあった。

武藤は猪木が試合後、荒れたことは当然知っている。

「そういうのは聞いたけど、猪木さんは、オレに何も言ってこなかったよ」

そして、続けた。

「猪木戦は逆にオレの肥やしになったよね」

94年は、昭和の鬼を飲み込んだ平成の悪魔「グレート・ムタ」のステイタスをワンランクアップした年になった。翌95年、今度は武藤敬司が驀進《ばくしん》する。

捉えたのは「UWF」だった。10・9東京ドーム、髙田延彦戦だ。

「UWF全面対抗戦」の夜明け

北朝鮮、UWF、武藤敬司。

1995年が明けた時、この3つのワードに何の関連も脈絡もなかった。恐らく新年を迎えた時点でこれらがリンクすることを予言していた人物は皆無だったはずだ。しかし、振り返るとすべてが絡み、まるで起きた現実は必然であったかのように思えるから歴史は不思議で面白い。

95年は武藤のプロレス人生を大きく左右する激動と飛躍の1年になった。発端は北朝鮮だった。

参議院議員だったアントニオ猪木は、師匠力道山の祖国である北朝鮮との交流を前年の94年から始めていた。政治的な交渉の一環で猪木は、国交がない同国とのスポーツ交流を提案し、朝鮮アジア太平洋平和委員会と新日本プロレスの共催で、95年4月28、29日に平壌《ピョンヤン》の綾羅島《りょうらとう》メーデースタジアムでプロレスイベント「平和のための平壌国際体育・文化祝典」を開催した。初日に15万人、2日目に19万人を動員したイベントは、ゲストにモハメド・アリを招待し、アメリカのWCWに協力を仰ぎ、リック・フレアーの参戦が実現。2日目のメインイベントで猪木はフレアーと対戦し、初めて生で見るプロレスに平壌市民は熱狂、イベントは表向きには成功した。

裏側では新日本プロレスはとてつもない借金を背負っていた。北朝鮮でのイベントは、開催費用はすべて持ち出しで、興行収入は事実上まったくなかった。この年は1月17日に阪神・淡路大震災が発生し、被災地となった関西地方を中心に興行は苦戦していた。3月には、オウム真理教による地下鉄サリン事件が発生し、日本全体が沈み込んでいた。厳しい時に重なった想定外の膨大な借金に社長の坂口征二は、頭を抱えた。

「開催の費用は全部うちの負担だったよ。会場の設営でスタジアムの芝生の上に敷くベニヤ板が必要になって、日本から3000枚を船で送ったりしてね。それだけでも、とんでもない経費がかかってね。北朝鮮で30万人以上を集めたイベントやったたって言ったたって入ってくるものは何もなくてすべて出るばっかりで結局、全部で3億ぐらいの赤字だったよ」

当時は「猪木対アリ戦」が主な原因だった、10億を超える借金を銀行に返済している途中で、そこに追い打ちをかける3億円もの赤字は会社にとって死活問題だった。

「あれは非常に痛かったですね。このまま行けばうちの会社は、間違いなく傾く。下手したら終わるかもしれないと思いました」

経理担当だった青木謙治も危機的状況に陥ったことを明かした。72年3月に旗揚げした新日本プロレスは、幾多の荒波にもまれてきたが、倒産が現実味を帯びたことはなかった。北朝鮮で抱えた3億円もの借金は、設立から23年目に迎えた最大の危機だった。

会社が傾きかけていた時、武藤もリング上で低迷の時に入っていた。2月3日に札幌中島体育センターでスコット・ノートンとのIWGPヘビー級選手権挑戦者決定戦に敗れ、5日の函館《はこだて》市民体育館でもタッグマッチで野上彰（現・AKIRA）に負け、7日の青森・弘前市民体育館ではマイク・イーノスとのシングルマッチでフォールを許した。原因不明の大スランプと取り沙汰され、グレート・ムタとしてエル・ヒガンテと戦った8日の仙台市民体育館の試合前に、マッチメイカーの長州が、9日の茨城・水海道大会から無期限の欠場を発表した。

「ノートンに負けて、それをきっかけぐらいにスランプだって言われたけど、休んだのは会社の意向だよ。空白期間を作ることが必要だったんじゃないの」

武藤が振り返った「空白」は、飛躍につながった。4月16日の広島サンプラザでの天山広吉戦で復帰し、敗れはしたが、映画『光る女』で主演した時以来となるヒゲを蓄えたイメージチェンジで、復活の予感をアピールした。そして、北朝鮮でのイベントを終えた直後、5月3日の福岡ドームで、IWGPヘビー級王者の橋本真也に挑戦、ムーンサルトプレス2連発で破壊王を撃破し、「武藤敬司」として初めて新日本の最高峰を極めた。さらに8月11〜15日まで両国国技館5連戦で行われた「第5回G1クライマックス」で初めて優勝した。IWGP王者のG1制覇は、5回目にして史上初の偉業で試合後のリング上で「武藤敬司は驀進します」と絶叫し、デビューから11年目でようやく「武藤敬司」がエースの椅子に座った。

「U」の宣戦布告

武藤が優勝したG1の裏側で新日本プロレスは、北朝鮮の負債を返済する計画を進めていた。莫大《ばくだい》な借金を帳消しにする手段は、興行会社である以上、破格の利益を生み出すイベントを打つ以外に方法はなかった。条件は、誰も考えもつかないビッグサプライズだ。編み出したプランが「UWFインターナショナル」との全面対抗戦だった。

1991年1月に3派に分裂したUWFの中で高田延彦をエースに据えたUWFインターナショナルは、アントニオ猪木が掲げた「プロレスこそ最強」を標榜《ひょうぼう》するポリシーを打ち出していた。旗揚げ当初こそ観客動員は順調だったが、分裂した3派の中で最も選手数を多く抱えていたため、選手のギャラなどの人件費が、徐々に経営を圧迫していく。注目を集めるために刺激的な話題を提供する手段に出る。象徴的だったのは、94年2月に新日本、全日本、WAR、リングス、パンクラスの5団体に一方的に参加を呼びかけた賞金

1億円トーナメントだった。4月3日に大阪城ホールで開幕する「'94プロレスリング・ワールド・トーナメント」への参加選手を、水面下での交渉をまったくせず、新日本の橋本真也、全日本の三沢光晴、WARの天龍源一郎、リングスの前田日明、パンクラスの船木誠勝へ参戦の招待状を送り、参加を呼びかけたのだ。優勝賞金を1億円と掲げ、会見では現金1億円を用意し本気であることをアピールした。他団体の名前を利用する業界の常識を破るやり方に長州は「あいつらの墓に糞《くそ》ぶっかけてやる」と吐き捨て不快感を露わにした。UWFインターナショナルの話題を口にすることは相手を利することになるため、以後、長州も新日本のレスラーも、表立って一切口にすることはなかった。

そもそも新生UWF自体が長州の顔面を蹴り上げた前田を解雇したことがきっかけに生まれた団体で、UWFと新日本の間には埋めようもない溝があると、当時のプロレスファンは思っており、1億円トーナメントの対応で亀裂はもはや修復不可能だということを認識した。新日本とUWFはどんなことがあっても交わることがないと当時は、誰もが思っていた。

だからこそ、全面対抗戦は衝撃的なインパクトを持っていた。両団体のフロントはUWFインターの山崎一夫が新日本へ移籍した際に話し合いを持ったことをきっかけに、対抗戦の実現へ動き出す。新日本にとって北朝鮮の借金3億円を解消する手段はこれ以外になかった。一方のＵＷＦインターナショナルも経営の危機に瀕《ひん》していた。両者の利害が水面下で一致した時、わずか数か月前では誰も予想もしていなかった新日本プロレスとＵＷＦインターナショナルの全面対抗戦が実現へと動き出した。

「ドームを押さえろ」

8月24日、新日本プロレスとＵＷＦインターナショナルは、同時刻にそれぞれの事務所で記者会見を行った。記者を集めた当初の理由は、山崎の処遇についての両団体の見解の発表だったが、会見は長州の独壇場となった。東京スポーツの記者に、会見中の髙田に連絡を取るように促すと、髙田と電話を通じ対抗戦をやることを提案した。続けざまに社員に電話し「ドームを押さえろ」と指示し、空き日が10月9日だと分かると、東京ドームを予約した。かくして10・9東京ドームで新日本とＵインターの全面対抗戦が電撃的に決定した。

長州から電話を受けたのが、地方出張中だった営業部長の上井文彦だった。

「確かボクが下関の体育館にいた時に長州さんから電話がかかってきたんです。ものすごい怒鳴り声で『上井、東京ドームが空いている日をすぐ調べてくれ』っていきなり言われました。それでドームに問い合わせると、10月9日が空いてますって言われて、長州さんに伝えると『すぐに押さえろ』って言われて押さえたんです。それまで、Uインターとやるなんてまったく知りませんでした。本当に急でした」

1989年の初進出から毎年ドーム興行を行っており、チケットの売り方のノウハウは熟知していた。しかし、会場となる東京ドームを押さえてから大会までわずか42日という超短期間の営業はもちろん経験がなかった。蓋を開けてみると、すべては杞憂《きゆう》だった。

「営業部としては、ドームを押さえてからがスタートです。たった1か月ぐらいしかありませんでしたが、チケットは奪い合いみたいにあっという間に売れました。瞬殺ですよ。実券で4万枚以上は売れました。猪木さんの引退試合とこの時のUインターとの対抗戦は記録なんです。ただ、試合が急きょ決まったからポスターが刷れなくて、コピーで間に合わせたのを覚えています」

上井もUインターとの対抗戦は、北朝鮮の借金返済をかけたイベントだったと証言する。

「あのドームは会社にとってのるかそるかの大勝負でした。それが一発で息を吹き返しました。借金はあのドーム一発で返して終わったんです」

託された武藤

新日本プロレスにとってまさに会社の存亡をかけた興行は、全9試合で第1試合はタッグマッチだったが、2試合目からメインイベントまではすべてシングルマッチの全面対抗戦だった。UWFインターの大将は、エースの髙田以外に有り得なかった。マッチメイカーの長州は10・9を前に「ドームでUを消す」と「UWF幻想」の粉砕を公言し、髙田の迎撃をIWGPヘビー級王者でG1を制した武藤に託した。

「髙田さんとやったのは、オレがチャンピオンになったからじゃないの。ただ、あの時、もしかしたら橋本を推す案だってあったはずだよ。だけど、会社はオレを指名したんだよな。言うなれば、一つの大変な仕事が来たって感じたよ。やっぱり、注目される以上は、ミスも許されないというか、滑稽に映ったら困るわけであって、それなりにコンディション作っていかなかったらダメなわけで気は使ったよね」

馳は、髙田の相手は武藤しかいなかったと力説した。

「長州さんの考えの中で、UWFを潰すためには武藤じゃなきゃダメだったんですね。橋本じゃ全然ダメですね。橋本だったら逆にUWFが上がってたでしょうね。新日本がUWFを叩きつぶすには武藤じゃなきゃダメだった。武藤しかいなかった。事実その通りになりましたね」

「週刊プロレス」でUWFの幻想を徹底的に膨らませ、ブームの一翼を担った元編集長ターザン山本！が馳の言葉の意味をこう説明した。

「髙田は、道場で努力した経験を積み上げて、シューティングと呼ばれたUWFの技術を勉強してきたんです。髙田の技術は言ってみれば、毎日のように積み重ねて意識的に努力して身につけ磨いた経験主義なんです。それと同じことをやってきたヤツは負けるんです。絶対的な才能がある武藤はそうじゃないんです。UWFの技術を武藤の才能が超えているわけです。技術とは関係のない無意識の才能を持っているんです。それが分かっていたから髙田とやらせたんです。もし髙田が仕掛けてきても対応できるんです。仕掛けることは意識的だから、無意識はその上を行きますからね」

当時、UWFは従来のプロレスとは一線を画す団体と認知されていた。ファンは「U」に猪木が標榜した「プロレスこそ最強」という幻想を抱いていた。中でも髙田は、ボクシング元WBC世界ヘビー級王者のトレバー・バービックとの異種格闘技戦で、ローキックを連発してリングから逃亡させ、元横綱の北尾光司をハイキック一発でKOするなど、全盛期の猪木を彷彿《ほうふつ》とさせる戦いで、U信者と呼ばれる熱心なファンから最強と信じられていた。

キックを主体にし、猪木の後継者を自負する橋本では、スタイルと思想が「U」と同じ色だったため、「U」を染めることはできない。「U」を「プロレス」で塗りつぶすには、「エンターテイナー」になりたいとプロレスラーを目指し、アメリカで「グレート・ムタ」

になった正反対の色を持つ武藤敬司以外にいなかった。そして、何より柔道で全日本の強化指定選手にまで選ばれ、練習生時代から道場でずば抜けた実力を見せつけてきた武藤には、ガチンコの「強さ」もあり、髙田がどんな手段に出ても対応できる信頼と安心感を備えていた。

新日本は「U」の幻想を消すべく武藤の才能にかけた。しかし、当事者の武藤にそんな意識はなかった。

「オレにとってUWFとは、スペース・ローンウルフ時代からの戦いだったけど、そんな幻想を消す消さないなんて大それたことは考えなかったよ。ただただ、シンプルに、東京ドームのメインイベントだから、きちんと自分の仕事をこなしきらないといけないなぁとしか思ってねぇよ」

髙田が仕掛けてくることは頭にあったのか。

「少しは意識したよ。いきなりパンチもらってKOされるかも分からないじゃん。まぁ意識したけど、リングに上がったら必死でプロレスをやるだけだって思っていたよ」

脳裏にあったのは新日本プロレスの看板だった。

「それまでのオレは、海外に行っていた期間が長かったから、新日本の中にいても感覚がどちらかといえばアウトローだった。だけど、あのUWFとの対抗戦の時に初めて団体戦を意識した。それまではオレは勝手に生きてきて、勝手に這い上がってきたという自負があった。だけど、あの東京ドームで初めて新日本プロレスという看板を意識した。新日本を背負ってリングに上がったんだよ」

「北朝鮮」が発端となり、「UWFインターナショナル」との対抗戦へ踏み出し、「武藤敬司」がメインイベントで髙田と戦う――。わずか半年前なら誰もが思いもつかないバラバラだったパズルは、10・9東京ドームで、まるで必然だったかのようにピースがはまった。

「U幻想」を打ち破った髙田戦

チケットが瞬殺で売れた全面対抗戦は、当時のドーム観客動員記録となる6万7000人（主催者発表）を飲み込んだ。あまりに売れすぎたため、トラブルも発生した。営業部長の上井が明かす。

「だぶり券を出してしまったんです。それもワンブロック全部ですよ。完全にうちのミスでした。何せ他の席は全部、売り切れていましたから、だぶったお客さんを移動させる席が作れないんです。見るところがないから急きょ、立ち見にしてもらって、覚えてないんですが、後で払い戻しをしたかもしれない。とにかく試合が始まるまでその対応で大変でした」

1995年10月9日東京ドーム高田戦。ムーンサルトプレスは寸前でかわされた。

テレビのゴールデンタイムでの放送こそなかったが、観客動員、マッチメイク、会場の熱気、すべてにおいて平成のプロレス史上最大スケールのイベントは、第2試合から7試合までのシングル対抗戦を4勝3敗で新日本がリードしていた。迎えたメインイベントで、東京ドームの長い入場の花道に、凄まじいオーラをまとって姿を現したのは武藤だった。新たなテーマソング「TRIUMPH」に乗って、ガウンに身を包み、腰に巻いたIWGPヘビーのベルトをドーム全体に見せながらリングに向かう姿は、花道の途中でガウンを脱ぎ捨てた髙田とは対照的なオーラを放っていた。

「入場ってある種、一番レスラーとしてエクスタシーを感じる時だよな。5万人、6万人が、オレが動いたらそれに反応して歓声をあげてくれる。みんながその一点を見つめてくれる気持ち良さっていうのは、味わったものにしか分からない快感だよ。これは、ライブだけで感じられることだよ」

快感に酔いしれながら髙田とリング上で対峙《たいじ》した。決戦はIWGP王座をかけた防衛戦でもあったが、二人の戦いにベルトの存在はまったく意味を持たなかった。6万7000人の興味はただ一つ、武藤か髙田か、髙田か武藤か、どっちが強いか、それだけだった。

運命のゴングが鳴る。武藤は、グラウンドで関節を取り合うUWFスタイルに対応した。

「あの序盤の展開は、言うなれば昔の若手時代のプロレスみたいなもんだよな。オレは、

ＵＷＦとやってきたからね。あのブーイングを受けながら耐えてきた経験があそこで生きたんだよ」

　高田のキックと関節技に真っ向から対抗し、武藤も自分の色を存分に出した。バックドロップで投げると、瞬時にトップロープに駆け上がってムーンサルトプレスを舞ったのだ。寸前でかわされたが、ＵＷＦの辞書にはない月面水爆を繰り出すことが武藤のプライドだった。そして、フィニッシュの瞬間が訪れる。高田の右足のミドルキックを受け止めるとドラゴンスクリューから足４の字固めを極《き》めた。一度はロープに逃げた高田を再びドラゴンスクリューでマットに倒し、左足のミドルキックを受け止めると高田の右足からの延髄斬りで膝をついた。高田の攻勢と思われた瞬間、強引に足を引きずり再び足４の字だ。両手をばたつかせながら高田はギブアップした。ＵＷＦスタイルでは絶対に極まらない古典的プロレス技の「足４の字固め」がフィニッシュホールドとなったことは、まさに「Ｕ」を「プロレス」の色で染めた象徴だった。６万７０００人の歓声を全身で受け止めた武藤に対し「４の字固め」で足を引きずる高田とのコントラストは、新日本プロレスのファンにとってあまりにも劇的で、「Ｕ」の信者にとっては非情なシーンだった。

「４の字は、それまで散々アメリカでフレアーに食らっていた技だったからね。フレアーは、４の字一つで試合を組み立てていたからね。その時、オレはフレアーに４の字でやられながら、たった一つの技だけで試合を組み立てて観客を魅せられるフレアーをうらやましくも感じていたんだよね。その時の経験、思いがあの高田戦で出たってとこじゃないのかな」

「U」の幻想を粉砕した足4の字固めは、フレアーへのオマージュだった。

「あの試合は、プロレスファンだけでなく、もしかするとプロレス界以外の多くのファンにも注目された。色んなところに影響を与えた試合だった。だから、あの試合で下手したらオレはステイタスが二段階ぐらい上がったと思うよ。高田戦が武藤敬司というものをアップグレードさせてくれたよ」

試合のスケール、観客の興奮……あらゆる角度から見て、平成のベストバウトとなった武藤対高田の10・9東京ドーム。

翌日のスポーツ紙は軒並み一面で報じ、プロレス界だけでなく世間一般に武藤敬司の名前が一気にメジャーになった。

足4の字の説得力

知名度だけではない。プロレス人生に於《お》いても大きな試合だった。ドラゴンスクリューからの足4の字は、高田戦以降、バックブリーカーからのムーンサルトプレスと並ぶ武藤の必殺フルコースとしてファンに認知された。

「UWFは、まず蹴りから入るっていうスタイルがあった。あの蹴りに対抗する技としてドラゴンスクリューがあって、あれがあったから4の字が生きたんだよ。そういう意味では、あの技の流れはラッキーだった。あの試合が存在したことでドラゴンスクリューから足4の字という流れが説得力を持つようになって、おかげで、少しムーンサルトプレスへの比重が少なくなったんだよ。ずっと膝の調子が悪かったから、膝にとっては助かったよ。あのまま、ムーンサルトだけに頼っていたら、膝はもっと悪くなっていたはずだよ。あそこまでは、毎試合のように出してたからね。だけど、髙田戦で、4の字という新たな武器を獲得したから、ムーンサルトは要所要所で使っても許されるようになってきたんだ」

10・9までは、両膝を痛めながらも日本でもアメリカでもビッグマッチであろうがなかろうが、ムーンサルトプレスで敵を仕留めてきた。しかし、髙田をギブアップさせた「足4の字固め」がファンに必殺技として認められ、月面水爆を繰り出さなくても日本中、どこへ行っても観客を満足させ納得させるパターンを手中にした。2度も手術を施し悪化の一途を辿っていた膝にとって「足4の字固め」は救世主だった。

「すべてはあの試合があったからこそだよ。プラス試合運びの中で動と静がかみ合うようになって、いい形で試合の組み立てができるようになったよ。もともとオレが持っている飛び道具という動があって、シックという静もあるから動と静の両方で説得力を持てるようになって、オレの試合が芸術としてどんどん完成していった。あそこまでにフレアーとやったことだったり、色んな経験が加味されて、髙田戦でオレ流っていうものが生まれたよ。だから、あの試合はオレに色んないいものを与えてくれたし、今のオレにとってあの試合が一番の起点ですよ。そのオレが編み出したマニュアルの試合運びを、今の新日本とかみんなマネしているからね。今の近代的なレスラーたちの試合運びは、オレが発明したんだよ」

今、髙田戦をこう振り返る。

「本当は髙田さんってメッチャ、プロレスうまいんだよ。スペース・ローンウルフの時にやってて『この人、プロレスできるじゃん、もったいねぇな』って思ってたし、当時は試合から離れるとよく六本木なんかで飲みに行ってね。先輩だったから可愛がってもくれたんだけどね……。だけど、UWFへ行って、その後PRIDEへ移ったよね。まぁ、しゃあないなって感じだよね。これがオレと髙田さんとの大きな違いなんだけど、多分、髙田さんはプロレス嫌いだったんだろうなって思ったよ。でね、オレはプロレスが好きなんだよ。それは、今も、ずっと変わらないんだよ。やっぱり、プロレスに自信があるし、プロレスラーとしてのオレに自信があるんだよ。天職だと思ってやっていますよ」

プロレスが「好き」な武藤と「嫌い」な髙田。その落差がスペース・ローンウルフ時代から続いてきたUWFとの間に生まれた壁だった。

「もしかしたら、UWFへ行った人たちってみんなプロレスが嫌いだったんだよ。だってスタート、根底、出足から全部、違っているじゃん。どういうことかといえば、例えばレスラー誰もがフィジカル、技術とかが同じだとするよね。後、何が重要かというと、マインドなんだよ。プロレスはマインドを表現するものなんですよ。そのマインドが全部違うっていうことなんですよ。そのマインドってオレが思うに、オレたちはいかに弱いところをさらけ出すかっていうのが一番重要なんだよ。それは猪木さんのプロレスもそうだしアメリカンプロレスも絶対にそう。言うなれば、映画を見て感動するのもそこだよ。主人公が、初めっから強くてカッコ良くてそのままジ・エンドだったら感動しないよね。挫折して叩かれて、そこから這い上がるドラマに共感するわけだよ。なのに、そういうマインドさえも毛嫌いするのがUWFだよ。そこがないとドラマだって作れるわけねぇんだから。マインドが違うんだから、オレたちと合うわけないよ」

自分にとっての「全盛期」

新境地を切り開いた10・9東京ドームから3か月後の翌1996年1月4日、同じドームで高田と再戦し敗れた。しかし、初対決で新日本の看板を背負い勝利したインパクトと輝きは、まったく消えることはなかった。「武藤敬司」でＩＷＧＰヘビーを初奪取し、Ｇ1初制覇。そして高田戦という勲章を得た95年をこう振り返った。

「レスラーそれぞれに全盛期っていうものがあるとするならば、あの年っていうのは、オレにとって全盛期だったんだろうな。年齢も32歳。レスラーになってから10年が過ぎたころ。精神的にも肉体的にも一番、充実していた時期だったかもしれないな」

小学校を卒業する時、32歳で「プロレスラー世界一」と書いた未来予想図は、確かに20年後、現実になった。

己のプロレスを貫きＵの幻想を打ち砕いた武藤は、その任務を終えると再び「グレート・ムタ」として光を放つ。96年4月29日、東京ドームでアメリカ最大の団体「ＷＷＦ」で活躍していた新崎〝白使〟人生と対戦した。前年2月8日のエル・ヒガンテ戦以来、1年2か月ぶりに見参したムタは、長い沈黙を破るように極悪の限りを尽くした。クライマックスは、人生が持ち込んだ卒塔婆をたたき割った時だった。折れた卒塔婆で額の流血に追い込むと、流れる血を人差し指ですくい「死」と卒塔婆《そとば》にしたためたのだ。ムタの歴史の中でナンバーワンともいえる凄惨なシーンだった。

「あれは、思いつきだよ。最初から計算してたら、あんなことできないよ。今、思えばよくやったと思うけど、それも許されるのがムタのムタたる所以《ゆえん》だよね。あの試合は、後から人生本人から聞いたところによると、あいつは、ムタと試合をしたいがためにWWFとの契約を打ち切ってドームに参戦したんだよ」

同じドームで「武藤敬司」で髙田と2連戦を行い、わずか3か月後に今度は「ムタ」に変身しまったく違う世界を見せ、いずれも観衆を魅了した。

「あの髙田戦のころが、振り返るとオレのプロレス人生の中で一番のピークだったね。自分が一番だって凄い自信を持っていたよ」

今も自負するように、当時は「天才」という表現では物足りない唯一無二の存在で、確かに全盛期で、世界一のプロレスラーだった。

絶頂期を迎えた97年は、さらなるキャリアの集大成と言えるムーブメントを起こす。踏み込んだ新たな世界、それが「ｎＷｏ」だ。

6章　nWo

エリック・ビショフの証言

1996年、アメリカの「WCW」に新しいヒールユニットの「New World Order」が誕生した。発案したのは、副社長で現場責任者のエリック・ビショフだった。

「WWFとの戦いに勝ち抜くための、強いインパクトが欲しかった。それも大衆が信じる何か強いショックが必要だと考え、あのアイデアが生まれました」

当時、WCWは、ビンス・マクマホン率いる「WWF」と激しい興行戦争を展開していた。テレビ視聴率を含めてライバル団体を制圧するため、ビショフは新たな発想を巡らせていた。辿り着いたアイデアは、リアルな感情だった。ヒントは、WWFから引き抜いたケビン・ナッシュとスコット・ホールが発した言葉にあった。ホールは92年、ナッシュは93年にWCWを退団しWWFへ移籍していた。ビショフは96年5月に二人を引き抜き、WCWへ復帰させた。

「ナッシュとホールがWCWを去った理由が、当時、WCWでチャンスを与えられず評価されなかったという不満でした。彼らは言わばお払い箱にされWWFへ移ったのです。復帰を要請した時に二人は私にこう言いました。『あの時のWCWに今も不満がある。復帰してWCWへリベンジしたい』。私は、このリアルな感情をノンフィクションにしてリングに生かそうと考えました。自分たちを捨てたWCWを見返してやる、乗っ取ってやるという彼らの本気がnWoのスタートだったんです」

ビショフは、二人のリアルな感情を生かすため、WCWを潰すべくWWFが送り込んだ刺客「ジ・アウトサイダーズ」としてリングに登場させた。従来のベビーフェイス対ヒールという構図を超えた、団体そのものを乗っ取るという「本気」がファンの共感を呼んだ。この新たな波に反応したのが、ハルク・ホーガンだった。

80年代前半から90年代初頭にかけ、新日本プロレスとWWFで絶大なアメリカンヒーローとしてカリスマになったホーガンは、俳優への転向を理由に93年にWWFを退団していた。ビショフは、契約が切れたホーガンを94年にWCWへスカウトしたが、当初は思い描いていた人気を得ることはできなかった。WWFから復帰したナッシュとホールの活躍を目の当たりにしたある時、ビショフの下へホーガンから電話がかかってきた。

「ホーガンは私に『ナッシュ、ホールに続く3人目のメンバーは誰にするんだ?』と聞いてきました。当時、私の中で3番目の男は、スティングにするつもりだったんです。ただ、彼にはそのプランを打ち明けず逆に『君は誰だと思う?』と聞きました。すると、彼は『オレだ』と即答しました。その言葉を聞いて私は驚きませんでした。実は、その1年ほど前にホーガンへヒールになることを打診したことがあったんです。しかし、その時の返事は『NO』でした。しかし、ナッシュとホールの活躍を見て考えが変わったんです。レスラーにとって一番大切なものは、インパクトなんです。ホーガンが新たなインパクトを欲していることを私は分かっていました。しかし、私の方から話をすることは、しませんでした。言わば待つことにしたんです。なぜか？　その方が彼をコントロールしやすくなるからです。だから、彼の言葉に驚きもしませんでしたし、逆に我が意を得たりという気持ちになりました」

ホーガンの加入で、ビショフはユニット名を「New World Order」（新世界秩序）、略して「nWo」と名付けた。

「『nWo』は、聖書に記されている言葉です。1991年の湾岸戦争時に、ブッシュ大統領が演説で使ったことでも知られるように、アメリカ人にとって『New World Order』は、文字通り新しい秩序や世界を作るという例えで、一般的に親しまれている用語なんです。私の中でナッシュとホールが繰り広げたリング上でのノンフィクションを見た時に、まさに、新しい何かが始まると頭にインプットされ、この言葉が浮かんできました」

新ユニット「nWo」は、96年7月7日、フロリダ州デイトナビーチのオーシャンセンターで行われたPPV「バッシュ・アット・ザ・ビーチ」でホーガンがナッシュ、ホールと合体しリング上で「これが、New World Orderだ」と高らかに宣言して正式に誕生した。「nWo」のロゴは、ビショフと親しいディズニー関連のデザイナーが作成、カラーは「シンプルで分かりやすくハッキリしている」と黒に統一した。

アメリカンヒーローだったホーガンのヒールターンは、ファンに衝撃を与えた。

「なぜ、ヒールになったんだと猛烈に抗議したファンもいました。それほどのインパクトとショックをファンに与えたんです。ですから、これは成功すると確信しました」

ファンの過剰な反応にビショフは「nWo」への手応えを得た。以後、WCWは「nWo」を中心に展開し、興行、さらにテレビ視聴率でも83週間連続で、視聴者数でWWFを上回り、WWFを圧倒するムーブメントを起こした。当時、新日本プロレスは、WCWと提携していたが、95年のUWFインターナショナルとの全面対抗戦の大成功で勢いを回復しており、アメリカで発生した新たな波に反応する選手はいなかった。

蝶野正洋もそのうちの一人だった。

蝶野、アメリカへ

当時、蝶野は1994年の「G1クライマックス」で3度目の優勝を飾った後にヒールターンし、コスチュームを白から黒へ変えていた。翌95年2月からヒロ斎藤、天山広吉と共に「狼群団《おおかみ》」というヒールユニットを結成していた。

「あのころ、ｎＷｏの結成は、日本の新聞、雑誌もホーガンが初めてヒールターンしたっていう程度の小さい扱いだったんです。その後、9月ぐらいに東スポが『ホーガンｎＷｏ結成　黒い軍団を作った』って割と大きな記事にしたんですね。黒の軍団っていうのは、95年の北朝鮮でビショフさんと会った時に『蝶野さんの黒のキャラクター、面白いからアメリカに来ないか』って聞かれたことがあって、東スポの記者から『蝶野さん、ホーガンがパクッてますよ』って言われたんです。その時に思いつきみたいに『視察に行く』とコメントして、東スポが『本家蝶野が黒の軍団視察』って決まってもいないのに、ネタだけ飛ばす記事を書いたんです。当時はＵインターとの対抗戦で、新日本は、武藤選手や橋本選手を中心に国内興行がバンバン盛り上がっていたんですけど、オレはちょっとその路線から外れていたんですよ。ちょうど年末にスケジュールが空いたから、その記事を口実にして、渉外担当でＷＣＷとの窓口だったマサ（斎藤）さんに『行きましょう』ってお願いをしてアメリカに行ったんです。ただ、どこまで話が展開するのかは、まったく分かりませんでしたね。だから、最初はオレの中でｎＷｏを日本に持ってこようとまでは思っていなかったんです」

蝶野にとって最初の「ｎＷｏ」への接近は、東スポへネタを提供する話題作りだった。ただ、渡米は、マッチメイカーだった長州力から反対された。

「長州さんは外国人レスラーがあまり好きじゃなく、興味を持ってもらえなかった。あの時の長州さんは、自身がプロデュースするUインターとの対抗戦の功績で勢いに乗っていた。猪木さんも、アメリカンスタイルには否定的でしたが、アメリカビジネスへの対抗心がありました。ただ当時の猪木さんは、ロシアや中国にアジア戦略と、プロレス未開地の開拓と、いささか厄介な計画に邁進中で、北朝鮮の『平和の祭典』は経営を揺るがしたので、国内路線の長州さんが強いリーダーシップと興行実績で、唯一猪木さんにNOを言う立場でしたね。二人の対立の悪化は本当に面倒だった。長州さん、猪木さんの前では、三銃士だって意見できる時代じゃなかった。だから、オレは東スポにネタを飛ばして、マスコミ先行で煽って、会社に行ける状況を作ったんです。あと唯一マサさんが、猪木さんと長州さんの二人の間に入れる人で、三銃士や若手の声も聞いてくれる存在だったのが大きかった。急な渡米でほとんどアポナシでのWCW視察でした」

どんな展開が生まれるか分からない状況で蝶野は、マサ斎藤と渡米し96年2月16日にフロリダ州ペンサコーラで行われたWCWの会場を視察した。この時、絶大な貢献を果たしたのがマサ斎藤だった。ビショフは、二人と面会し、マサから「新日本でｎＷｏをやりたい」と打診された。

「その時、私の答えは、マサと握手をしただけでした。なぜなら、この業界でマサほど正直で誠実な人は稀《まれ》です。私は彼のような人物に会ったことはないし、彼の言うことは全て絶対的で、信頼していました。ですから、それ以外に新たな契約書も何もありませんでした」

マサ、蝶野とビショフの会談には、日本担当マネージャーを務めていたサニー・オノオこと小野尾和男も同席していた。オノオは、この時の合意を「ジェントルマン・アグリーメント（紳士協定）」と振り返る。

「マサさんからの要望にビショフは、何も言いませんでした。本当に握手だけをして『これでいいよ』とだけ話しました。普通は、WCWのユニットを日本でやるなら、詳細な契約書が必要になるんです。ところが、二人は違いました。まさにジェントルマン・アグリーメントでした。マサさんとビショフさんの信頼関係があったからこそ、日本でnWoが実現したんです」

nWoを新日本マットで展開することに、名称の使用料など一切の追加条件をビショフは要求しなかった。マサの存在がなければ「nWoジャパン」は実現しなかった。ビショフとマサのそれほどまでに強い信頼関係は、94年にビショフがWCWの副社長、現場責任者となった時に生まれた。

「私がＷＣＷで責任者になる前、新日本とＷＣＷは、提携関係を結んでいました。契約内容は、新日本が提携料としてＷＣＷへ年間５０００万円を支払い、その代わりにＷＣＷは、選手を派遣するという約束でした。ところが、この時の責任者だったビル・ワットが契約を不履行し新日本が望む選手を派遣しなかったんです。それで、関係は破綻しました。私は、トップになった時、ＷＣＷをさらにインターナショナルな企業にしたかった。そのためには、日本の市場が重要だと認識していました。ですから、まず新日本との破綻した関係を修復しようと日本へ行きました。その時に力になってくれたのがマサ斎藤だったんです。彼の存在がなければ、ＷＣＷと新日本の関係は修復できませんでした。その時に私とマサは強い信頼関係を築いたのです。ですから、マサから『ｎＷｏを日本でもやりたい』と言われた時に契約書も言葉もいりませんでした。握手するだけで十分だったんです。それほど、私はマサを信頼していました」

ビショフとマサの合意を受け、蝶野はそのままホーガンと会談した。この時もマサの力が大きかった。

「ホーガンに会おうとしたんですが、『会えるかどうか分からない。ＷＣＷの中でもコントロールができない』と言われたんです。その時にありがたかったのがマサさんの存在でした。ホーガンに近い選手を通じて『マサさんが来ているから会えないか』と話をしたら、あいつらの特別な控室に入ることができて、ホーガンに『日本でもこのｎＷｏをやりたいんだ』って話すとすぐにＯＫで、逆に彼の方から『一緒にやろう』と言ってくれました」

70年代から80年代にかけ、アメリカマットでトップヒールとして各地を転戦していたマサ斎藤は、ホーガンが24歳でデビューする前にプロレスの厳しさを教えた人物でもあった。主戦場はＡＷＡで、実はビショフも少年時代にマサのファイトをテレビで見て「アメリカ人にはないカリスマ性と恐怖を感じていた」と振り返るほど惹《ひ》きつけられていた。ビショフ、そしてホーガンの、ビジネスを超えたマサ斎藤へのリスペクトと信頼関係が、蝶野の電撃的なｎＷｏ加入につながった。マサ斎藤がいなければ、ｎＷｏジャパンの誕生はなかった。

ホーガンから加入を認められた蝶野は、そのまま試合に出場した。アメリカマットで起きていた凄まじいｎＷｏへの熱気を肌で感じ、主戦場を新日本からＷＣＷへ移すことを決断した。

「帰国して年が明けた1月の契約更新の時に『新日本と契約をしないで向こうでやりたい』とお願いをしました。新日本と契約を交わすとテレビ朝日との契約もあるから、後でゴタゴタすると嫌なんで『信用してくれ』って話をしたんです。あの時のオレはＵインターとの抗争から漏れていたから、自分の立場も何とかしたいっていう思いもありました。会社も了承して、1月にＷＣＷのオフィスがあるアトランタにアパートを借りてかみさんと一緒に引っ越しをしたんです」

自宅もアトランタへ移し、退路を断つ覚悟でｎＷｏに賭けた。1月20日からＷＣＷに本格参戦したが、すぐに新日本プロレスから帰国を要請する連絡が入った。

「週刊プロレスの編集長にアメリカまで取材に来てもらって、オレがｎＷｏに入った記事が週プロに載ったら、ファンが一気に反応して『ｎＷｏって何だ！』って火が付いたんです。そうしたら、すぐに新日本から『1試合だけでいいから帰ってきてくれ』って連絡が入って、最初は断ったんですけど、とにかく帰ってきてくれの一点張りで、外国人サイドに入る形で仕方なく帰国しました」

ｎＷｏがまたたく間に席巻

ｎＷｏ蝶野の日本初登場は１９９７年2月2日の後楽園ホールだった。メインイベントでスコット・ノートン、マーカス・バグウェルとトリオを結成し、武藤敬司、西村修、小島聡と対戦した。サングラスをかけ、黒のガウンに「ｎＷｏ」Ｔシャツを着てリングイン。映像、グラビアでしか見られなかったｎＷｏをそのまま直輸入した蝶野に、ファンは熱狂した。手応えを得た蝶野と新日本は、「nWoジャパン」の結成へ動く。

「Uインターとの日本人団体対抗戦も一段落してきた時期で、新日本のリングの色を塗り替えるチャンスだった。そのためにはアメリカから日本にnWoを持って来る必要があったけど、WCWにそんな余裕はなく、同時進行で行うならnWoジャパンという形でやらないといけないと考えました。WCWでのnWoの動きが日本の雑誌、新聞でも大きく載るようになったので、日本でもnWoの外国人選手が必要になり、外国人選手と日本人選手のユニットとして今までにない規模で広がり、新しい物になっていきましたね」

日米を股に掛けた同時進行のストーリーを蝶野は描いた。そのためには日米両国でファンが共感するカリスマが必要だった。そんな壮大な役割を務めることができるレスラーは、日米を通じて武藤敬司＝グレート・ムタしかいなかった。

「当時の新日本では、WCWにアメリカンスタイルを認めてもらえるレスラーは、マサ斎藤さんが別格で、自分とグレート・ムタ＝武藤敬司ぐらいに限られていました。ムタはWCW発足の功労者、WCWから生まれた東洋の神話性があって、アメリカのスターでした。WCWのフレアー体制時は、レックス・ルガー、スティング、グレート・ムタがトップ3。ただ、その後フレアーのWCW系とWWEから引き抜いたホーガン系とのトップベビーフェイスの対決路線は苦戦していて、ホーガンヒール路線の奇策が見事に当たったんです。

当時、WCWでのムダを封印し、日本限定にこだわりがあった武藤さんを説得するには時間が掛かりましたよ。でもビジネスの匂いを感じてからは早かったですね。ムダに対するこだわりや商品価値は本人しか分からない。アメリカは団体もテレビマンが主導する時代だった。だから、オレがやろうとする日本での展開は、日米でビジネスの使い分けと理解が必要で、誘える仲間は武藤敬司しかいませんでした。ケビン・ナッシュかスコット・ホールに『天山の加入はどうか。アメリカで通用する選手だよ』と相談したら『蝶野、nWoのトップはルックスも必要だ』と言われて納得の却下。ヒロさんは元から無理（笑）。日本で仲間に誘えるのは武藤さん以外いませんでした」

自らの考えを伝えると武藤はOKした。

「オレはどういう経緯でnWoを蝶野とマサさんが話し合って持ってきたのかっていうことは、知らなかったよ。そもそもホーガンがnWoを作った時もその背景とか最初は、あまり分からなくてね、視界に入ったのも途中からだったよ。ただあの時、Uインターとも一段落して新しい刺激を求めていたから、蝶野のプランに乗っかったんだよ」

蝶野によると、共闘を合意した武藤から様々なアイデアが出てきたという。

「オレが新日本の中でトップ路線から外れてしまっていたから、武藤さんも安心してタイミング的にも良かったかもしれない。武藤さんに話をして、『だったらこんな形にしよう』

と乗ってきてくれました」

蝶野と武藤は日米のリングで仕掛けた。まずは、蝶野が2月16日に、両国国技館で越中詩郎と対戦したムタを、nWo入りへスカウトに動く。4月12日の東京ドームで、蝶野とムタが一騎打ちをし、ムタが勝った試合後に両者が握手を交わす。今度はアメリカに舞台を移し、5月26日、WCWのテネシー州ナッシュビルでの蝶野vsムタの試合後にムタが正式にnWo入りを果たした。日米を股にかけたストーリーでムタと蝶野が合体した。

アメリカで「nWoムタ」が誕生すると、日本のファンは、nWo入りした新たなムタをこの目で見たいと渇望した。急速に高まった人気をバックに新日本は、6月22日に後楽園ホールで開幕したシリーズ「'97サマーストラグル」で、開幕戦から7月6日の札幌・真駒内《こまない》《ま》アイスアリーナの最終戦の全戦でnWoムタの参戦を決定した。

nWoムタが初登場した6月22日の後楽園ホールは、異様な熱気と興奮で包まれていた。リングアナウンサーの田中秀和は「新日本の歴史が変わる」と前口上した。アントニオ猪木時代の、遺恨と因縁が連綿と続くドラマを展開してきた昭和のリングから、ファッショナブルで理屈抜きでカッコイイ平成の新日本へ変わった象徴的な宣言だった。リング上で頭巾を脱ぎ、黒のペイントに白文字で「nWo」と書かれた「nWoムタ」が出現すると、超満員の観衆がどよめきと歓声と雄たけびを上げた。たった1日でファンのハートをわしづかみにしたnWoムタの初めてのシリーズ参戦は、各地で連日満員となった。蝶野と武藤が描いた日米両国で同時進行する展開は、見事に成功した。

ビショフは日米でnWoが成功した理由をこう振り返る。

「nWoが両国で機能し人気を博したのは、実にユニークでパワフルなレスラーの組み合わせだったことです。蝶野さんと武藤さんは、WCWでやったストーリーをそのまま日本でもやったから成功したのだと思います。そして、選手それぞれが独自のスタイルと技を持っていた。nWoスタイルのプロレスは、当時、世界中どこを探してもないスタイルだった。このスタイルが世界中のファンを魅了したのだと思う」

そして、アメリカでホーガンが牽引《けんいん》したように、武藤敬司の才能が成功の要因だったと明かす。

「私が知る限り武藤さんは、日本において、過去30年間で最も偉大な選手です。日米関係なくあれだけカリスマ性の高いレスラーはいません。例えばアメリカでは、リングとファンをつなぐ意味で、テレビのインタビュー対応が下手な選手は、トップになれません。武藤さんは、英語がしゃべれない。つまり、グレート・ムタはインタビューに対応できなかったんです。それでも、あれだけファンと通じ合った。それはひとえに彼のカリスマ性です。言葉はなくても、試合だけでファンの心をつかんだのです」

ｎＷｏが席巻した97年は、新日本プロレスにとって実りの年になった。柔道世界一の小川直也がプロレスに転向、4月12日に東京ドームで橋本真也とデビュー戦を行った。それまで1年に1回、あるいは2回だったドーム興行が、この年は1月4日と4月12日に東京ドーム、5月3日に大阪ドーム、8月10日にナゴヤドームにそれぞれ初進出、11月2日には4度目となる福岡ドームと5大会開催し、当時、全国にあったすべてのドーム球場を制覇する4大ドームツアーを成功させた。加えて通常のシリーズはｎＷｏ人気の沸騰で、各地で満員を記録していた。ドームとシリーズの両輪ががっちり絡み合っており、中でもマッチメイカーの長州ら幹部は6万人を動員するドーム興行の成功を第一に力を注いだ。

武藤と蝶野

会社の幹部がドーム興行を最重視する中で、武藤と蝶野に思わぬ副産物が生まれた。通常のシリーズを動かすｎＷｏの流れは、現場監督の長州が関与せず、二人で自由に描くことが許されたのだ。当時を武藤は「めっちゃ面白かった」と声を弾ませる。

「あの時、いざ自分がｎＷｏの中に入った時はめっちゃ面白かったよ。何せ、新日本プロレスという環境の中で小川がいて橋本がいて猪木さんがいて、ドーム興行があったから、会社の幹部の頭は、みんなそっちでいっぱいになっていて、オレたちのことは、眼中にねぇんだよ。だからその分、蝶野とオレが地方のリングを自由に展開していたんだよ。だって、オレがｎＷｏに入るか入らないかってそんな話題ばっかりで通常のシリーズを半年ぐらい回していたんだよ。あの時、動かしているのはオレらっていう自負もあったし、自由にやっていたよ。逆に小川を相手にしている橋本は、大変だなって思ったけど、こっちはめっちゃ面白おかしくｎＷｏを楽しんでいたよ。あそこで、仕掛けていくことをすげぇ勉強したし、楽しさを覚えていたよね。そういうのが何となくつぼにはまってきた」

蝶野と武藤は、ムタと同時に「武藤敬司」のｎＷｏ入りという展開を描いていた。ムタは、ｎＷｏに入ったが果たして武藤は……という興味をファンに提示し、そのテーマを軸に自由にリングを謳歌《おうか》した。会社から押しつけられず自分たちでリングを動かすｎＷｏが武藤には快感だった。蝶野は、ストーリーを進める上でマスコミへのコメントを重視した。

「あの時は、マスコミを上手に使いましたよ。自分たちで好きなコメントを言って、そのコメントが言ったもん勝ち的なところがあったんで、新聞にはこういうコメント、じゃぁ雑誌はこういうコメントって使い分けました。それで、自分たちのストーリーをマスコミが膨らませてくれた。そういう活字を見て、長州さんたちも『こいつらとは感覚が違うから任せるしかねぇな』ってなったんじゃないのかな。あの時、自分らが自由に動かせたのは、そういう形だったと思います」

マスコミと連携してｎＷｏの黒のイメージをスケールアップした蝶野は、テレビ中継の演出の指揮も取った。当時の新日本プロレスとテレビ朝日の「ワールドプロレスリング」のスタッフとは細かい連携はなく、試合をそのまま放送する関係でしかなかった。蝶野は、この旧弊を打破しスタッフと密に話し合いを重ねた。

「アメリカを見ていましたからね。アメリカは、テレビ班があって映像とリングが連動していました。当時の日本は、映像の流し方が明らかにアメリカより遅れていました。オレもプロじゃないけど、カメラ一つ取っても、何で映り方が違うのかとか考えて、それからはスタッフに撮る角度、距離感とか全部撮り方を言いました」

「ワールドプロレスリング」のオープニングも、まるでミュージックビデオのような映像を製作し放送した。蝶野は、ｎＷｏをファッションにした。新日本の営業部員の名刺を黒のｎＷｏデザインに変え、リングサイドのカメラマンが着るビブスも黒に変えた。テレビマッチでは実況の辻よしなりアナウンサーを襲い、白いワイシャツに黒のスプレーで「ｎＷｏ」と塗った。入場テーマソングもイントロに「ｎＷｏ」と入れ、ドーム興行では天井に「ｎＷｏ」のロゴマークを映し出す演出を行った。メンバーには、ファンの前に出る時は私服でも頭の先から靴まで黒に統一することを要求した。

「名刺とかビブス、テーマソングとかすべてはオリジナルで自分で考えましたよ。私服も指示しました。それはどの時代のトップレスラーでも、トップにいるべき選手は意識しないといけないし上に立っている以上はちゃんとするのは当たり前ですから。そこら辺は、オレは結構細かく言っていたかもしれません。逆に武藤さんは気にしない性格で、ある時なんかは、一緒にインタビューを受けて、撮影の時に完全に私服の赤いTシャツを着て、そのまま撮影しようとしたから、黒いTシャツに替えてもらったこともありましたよ」

さらにプロレスファン以外の視線を集めようと、WCWでホーガンがNBAのデニス・ロッドマンをメンバーに入れたように、98年1月4日の東京ドームでは、親交のある横浜ベイスターズ（現横浜DeNAベイスターズ）の三浦大輔《みうらだいすけ》、鈴木尚典《たかのり》と共にドームの花道を歩くなど、他のスポーツからアスリートを会場に呼び話題を集めた。武藤はそんな蝶野のコーディネートをまるで傍観者のように見ていた。興味の中心はリングの中だけだった。

「蝶野は、そういうのはマメだったよ。あのマメさはオレにはないよ。リングから離れたところで作り上げていくのはあんまり好きじゃなかったから、地でいったほうがいいだろって思ってたからね。服の色とかだって何となく地でいきたかったよ。だからファッションには興味がなかったかもしれねぇな。興味があったのはリングをどう転がすかであって、そこに手応えを感じていたからね」

ムタVS小川

天才肌で自然体の武藤を、繊細な蝶野が操縦していたのがｎＷｏジャパンの実態だった。デビューから武藤と同じ釜の飯を食い、長所も短所も分かっている同期生だったからこそ、それが可能だったし、何よりリング上で蝶野は武藤＝ムタをリスペクトしていた。

ｎＷｏムタで躍動した当時、蝶野が敬意を表す武藤のプロレスラーとしての天性を見せつける試合があった。１９９７年8月10日、ナゴヤドームでの小川戦だった。

プロレスデビュー4戦目だった小川を相手にムタは、プロレスの魅力を存分に披露した。ゴング前に、レフェリーを務めたアントニオ猪木へ緑の毒霧を顔面へ噴射。試合では、柔道のシンボルである小川の黒帯をほどき、世界一の柔道家の首を吊《つ》り上げた。フィニッシュも小川が三角絞めに来たところを、至近距離から顔面に毒霧を吹きつけ、急所蹴りから背中にフラッシングエルボー、最後は左腕を十字固めで捕らえると、指を折る反則技を繰り出した。セコンドの佐山サトルがオレンジのタオルを投入し勝利した。最後はセコンドのヒロ斉藤が着ていたｎＷｏＴシャツを小川の背中にかけて、リングを去った。猪木への毒霧からｎＷｏＴシャツのエンディングまで、プロレスのリングで「プロ」のムタが「アマチュア」の小川を圧倒した。

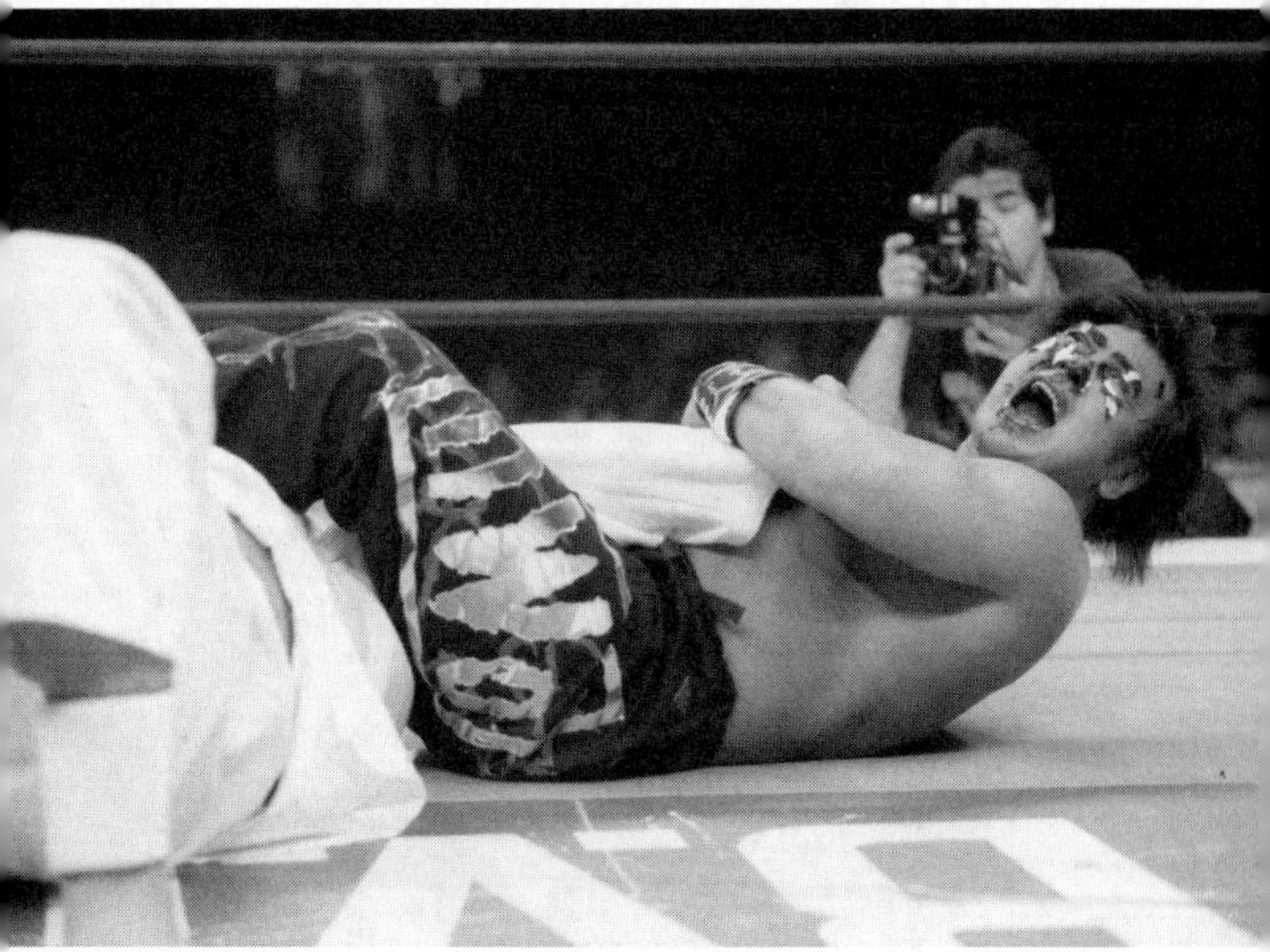

1997年8月10日ナゴヤドーム。小川の指を折るムタ。

「あの時は小川を見事に料理したよ。柔道世界一のヤツをオレは投げていたからね。指折り？　ムタらしくっていいじゃない。反則技だからね。あの試合は、ムタだから逆に小川も受け入れやすかったと思う。武藤だったらもっと意固地になっていたかもしれないよな。絡んだのはあの一瞬で、それ以降は水と油だったよね。あそこで小川という人材が来なかったら、もしかしたら新日本というより猪木さんが格闘技の方へ行かなかったかもしれないね」

中学から本格的に柔道を始め、専門学校時代は全日本強化指定選手に選ばれた武藤にとって、柔道世界一のプロレスラーはどう映っていたのだろうか。

「小川は普通の柔道家じゃないからね。全日本で何連覇もして、歴代の柔道家の中でも山下泰裕さんの次ぐらいにスゴイんじゃないの。柔道界では抜けてる存在だよ。だけど、プロレスのセンスは？　って聞かれると、難しいところだね。デビューしたのも30歳手前でいい年だったし、プロレスラーとして生きていく選択肢は、柔道の強さがバックボーンにあるっていう幻想しかなかったよな。強いっていうイメージで売っているから、ちょっとやられるとすごくもろく見えちゃうんだよね。プロレスのキャリアを積んでいる人とやるとボロが見えたりするからね。三沢（光晴）さんとタッグでやった時、会場でテレビ解説をして見たことがあったんだけど、どう見ても三沢さんの方が強く見えてしまったからね。

強いっていう幻想で来ているから、逆にやられた時に、どうするかっていうのが難しいんだよ。ただ唯一、橋本とやる時は強そうに見えたんだけどね。プロレスってのは、見る人には、何となく分かってもらえるものがある世界なんだよ。ナゴヤドームの試合も、小川が柔道世界一で、いくら柔道の天才で強くても、プロレスラーとしてのキャリアはオレの方が上だからね。見ている人に、そう見られる自信は持ってるしね。もし、あの試合で負けていても、『グレート・ムタ、ここにあり』っていう傷痕を残す自信はあったよ」

小川を通じてプロレスの深さと醍醐味《だいごみ》を知らしめたナゴヤドームから、1か月あまりの9月23日、日本武道館でついに武藤敬司がｎＷｏへ加入する時が来た。

「武藤敬司」ｎＷｏ加入

この日、ムタが蝶野とタッグを組み、佐々木健介、山崎一夫と対戦した。序盤で蝶野のトップロープからのタックルを誤爆されたムタが、そのまま、控室へ消えた。1対2の状況で蝶野が戦う大混乱のリングに数分後、オレンジのショートタイツ姿で素顔の「武藤敬司」が出現した。

果たして、どちらへ動くのか。武道館がどよめく中、武藤が選択したのがｎＷｏだった。健介にドロップキックを放つと、スペース・ローリング・エルボーで倒し、最後はムーンサルトプレスでフォールを奪った。裏切りの月面水爆に武道館はヒートアップし、満天下にnWo入りを意思表示した。2月に蝶野がnWoジャパンを結成してから、リング上で武藤をスカウトし続けてきた7か月間にも及ぶドラマは、武道館で大きな節目を迎えた。

なぜ、あの武道館でnWo入りを選んだのだろうか。真相を武藤が明かした。

「逆だよ。あそこから作ったんだよ。最初からあそこでターンすることを決めていたんだよ。だから、そこまでの中身はどうでもよかった。武道館でnWoに入ることを決めておけば、途中の経過は、その時の気分で何をやってもいいわけだからね。Tシャツを脱いだり着たり、今日は着るところまでやって、握手するところで裏切るとか、観客が考えていることの反対をやってもいいわけだからね。だから面白かったんだよ。そこまで引っ張ってこられたのは、今までオレと蝶野が経験してきた海外でのエッセンスが多く含まれていたからなんじゃねぇかな。長州さん、藤波さんの先輩方はああいうことはできないよ。あの人たちの時は、そういう教育もないし、そういうプロレス界じゃなかった。長州さんの『かませ犬』じゃないけど、もっとマジでやりたいっていう時代だったよね。ただ、勘違いしてもらったら困るんだけど、オレたちもマジだったよ。そこは人間的に違うのかな。もっとカジュアルに考えていたよな」

リング上でnWo入りをアピールした後、リングサイドのファンからTシャツを奪って身につけた。ファンを巻き込んだパフォーマンスに武道館は喝采した。

「あれは、オレのアドリブがうまいな。さすがだな（笑）。ファンが乗っているとプロレスは面白いよ。狙った通りに乗ってくれるとプロレスラー冥利に尽きるよ」

武藤自身が自画自賛した武道館でのｎＷｏ入りを蝶野はどう捉えていたのか。

「武藤さんは、オレのこと細かいって言うけど、そのへんのこだわりは武藤さんの方が細かいよ。普通は、入る入らないで半年間も引っ張れませんよ。すぐにターンすればいいのにね（笑）。誰からも指示がなくてオレらが作っているわけだから、途中で『もうそろそろターンしてもいいんじゃないの』って何回も言いましたよ。そこは、武藤さんは細かかったですよね。『まだダメだとか』とか、あの人の中で独特のこだわりがありましたよ。あんまり引っ張ってばっかりいるから、そのうちｎＷｏそのものがなくなるかもしれないって思いましたよ」

武藤のヒールターンは、ＷＣＷでホーガンがｎＷｏへ加入した時と同じようなインパクトがあった。ｎＷｏの生みの親であるエリック・ビショフは、一人の人間が「グレート・ムタ」と「武藤敬司」の2つのキャラクターでｎＷｏ入りする、ＷＣＷでも例がないストーリーを引っ張ったことに脱帽した。

「一人のレスラーが、同時にヒールとベビーフェイスをうまくこなせるかこなせないかは、例えば、ムービースターが作品によっていろんな役にのめり込むように、どれだけ演じる当事者がそれぞれの役を100パーセント理解してこなせるかにかかっています。ミュージシャンも、一つの曲がヒットすると大抵、同じスタイルで行きますよね。普通は、1度受ければ、ずっとそのスタイルで行くものなんです。ですから、ベビーフェイスからヒールという正反対のキャラクターへシフトするのは、とてつもなく大変なことなんです。なぜなら、一瞬でも観客に『あれ？　この人は、前はベビーフェイスだったよな？』、あるいは『ヒールだったよな？』という疑問を抱かせたらダメだからです。そこで観客は冷めてしまいますから。だけど武藤さんには、『ムタ』と『武藤』という2つのスタイルがあり、それができた。これは極めて稀な才能を持った人間にしかできません。そして武藤さんは、それでマーチャンダイジングを2倍儲けたんですね（笑）」

蝶野と「武藤敬司」の合体で、名実共に「nWo」が新日本プロレスの主役に君臨した。武道館の直後に始まった、10月10日福島・郡山セントラルホールで開幕した次期シリーズは「nWoタイフーン」と名付けられた。ヒールが完全な主役を奪ったのは、旗揚げ以来、初めての出来事だった。10月19日に神戸ワールド記念ホールで健介、山崎のIWGPタッグに挑戦してベルトを奪取し、nWoジャパンの勢いに拍車がかかった。一方で新日本の本隊は明らかにネームバリューも実力も弱体化した。戦う図式としてはバランスを欠いたが武藤は、「それでいい」と考えていた。

「その時は究極、ｎＷｏのワンマンショーでいいんじゃないかっていうぐらいの感覚だったよ。相手は誰でもよくて、オレらが登場すればお客さんは喜ぶんだってね。だからワンマンショーだよ。ｎＷｏは、もともとホーガンからそういうイメージで売っているじゃん。そこでいい試合をするとかって考えてなかったんじゃないの。センスとかそっちの方で押してたよ。そういえば、犬軍団ってのもｎＷｏだったよな。小原（道由）の背中にスプレーで『犬』ってオレが書いたんだよ。さすがに、後で長州さんにすごい怒られた記憶あるもん。いくらなんでも失礼だってね。確かにあれはやり過ぎだよな（笑）。だけど、それぐらい相手のことは視界に入ってなくて、オレらがやることは、何でも受け入れられるっていう感覚だったよ」

　武藤はｎＷｏを「ワンマンショー」と言い切ったが、蝶野はそこまで大胆にはなれなかった。

「あのころはカードを見て自分なりに感じるものがありましたよ。かつては、正規軍のコーナーは、猪木さん、藤波さん、長州さんとか固定していて、反対側は毎日、相手が代わるわけですよ。だけど、ｎＷｏの時は、ヒールのオレらが代わらなくて、向こうが毎日、代わったんですね。常に固定されてメインを張るときの緊張感って、全然違うんですよ。

相撲で言えば東と西みたいなもんで、東に座るとやっぱりプレッシャーがあるんです。東の横綱としてメインイベンターを務めてトップを張った興行が、満員になっていないと責任を感じますからね。オレは、プレッシャーがありましたよ。だから相手が誰に代わろうがワンマンショーって言えるのは、それは武藤さんだけです。あの人は、どこへ行っても自分がトップだっていう感覚なんです。逆に武藤さんがいなくなって橋本、健介しかいない正規軍は、どう考えてもブ男の集まりでしょうがなかったですもんね（笑）。今もあれが良かったのかどうか正直、分かりません。ただ、ビジネス的には盛り上がったし、あの時はどこでも会場は入ったし、オレらが客を入れている自負がありましたよ」

1998年にnWoは、新日本プロレス創立以来、当時、最高の売り上げ高となる39億3000万円（東京商工リサーチ調べ）を団体にもたらした。この年は、1月4日に長州力、4月4日にアントニオ猪木が、共に東京ドームで引退試合を行い、中でも猪木のファイナルマッチには、7万人という史上最高の観客動員を記録したことも活況の原因ではあったが、一年を通じてファンを惹きつけた原動力は、間違いなくnWoだった。

中でも目を見張る売り上げを示したのが、nWoTシャツだった。メンバーが着た洗練された黒のTシャツは、ファンの心をつかみ、社長の坂口征二によると年間で「7億円ぐらい売れたって聞いた」と、凄まじい売り上げを記録した。爆発的に売れたTシャツに象徴されるように、ｎＷｏは社会現象となった。沸騰する人気の裏で、蝶野は新日本への不満を募らせていた。原因は、ドームのマッチメイクだった。

「地方でずっとメイン張って客を沸かせてオレらが流れを作っていた。その流れで種をまいてそのファンをドームに呼び込みたいわけじゃないですか。だけど、そこを膨らませずに違うカードをドームだけドカンドカンと持って行かれる。ドームのメインはシリーズの流れとは違うカードを持って来るのかって、いつも怒ってましたよ。それは、一番頭に来てましたよ。その葛藤があったから、地方興行でも手を抜かずに、今日やったことが明日どうなるかって毎回毎回考えて記者にコメントして、リング上で戦ってましたよ」

蝶野の苛立ちを武藤も理解していた。

「あのころの新日本は、ドーム中心の興行会社になっていたからね。ドームをいっぱい入れないとまずいんだよな。かといって地方興行もあるわけで、本来はシリーズがあって、その延長線上で集大成としてドームがある形態じゃなければいけないんだよ。そのあたりで蝶野のジレンマは分かるよ。かといってドームを満員にするネタがないから、無理してたこともあったし、その辺りからじょじょに崩れ始めてきたかもしれないよな」

ムタVS大仁田厚

新日本はシリーズの流れよりもドームの集客が最大のテーマとなり、ドーム興行を成功させるために手段を選ばなかった。典型的な例が大仁田厚の起用だった。

膝のケガを理由に1985年に全日本プロレスを引退した大仁田は、89年にFMWを旗揚げし、デスマッチ路線で、インディーと呼ばれる平成の多団体時代を作り上げる礎を作り、95年5月5日に川崎球場で2度目の引退試合を行った。しかし、1年半後に復帰したことから、FMWのフロント、所属選手との間に軋轢《あつれき》が生じ、98年11月にFMWを追放された。一人になった大仁田は、新日本への参戦を打診した。「邪道」参戦の意外性とインパクトで、ドームを含むビッグマッチでの興行的な成功を確信した新日本も、社内での反対意見はあったものの、大仁田を受け入れた。

武藤は、グレート・ムタとして99年8月28日、神宮球場で大仁田の化身、グレート・ニタと一騎打ちを行った。デスマッチで平成の一時代を作った大仁田のFMWをどう見ていたのだろうか。

「もしかしたら、新日本にとって脅威だったかもしれないけど、FMWは基本的に好きなスタイルじゃないから、あまり気には留めてなかった。まだUWFの方が例えば藤原（喜明）さんの脇固めとか職人ぽいものがあったように、人間がやる体、技で表現するからスタイルとしては理解できたよね。ＦＭＷには、特別なプロフェッショナルが見えなかった」

ムタをパクッた大仁田の「ニタ」は、94年12月1日にＦＭＷの広島グリーンアリーナ大会で初登場した。ニタの出現で、新日本は肖像権を侵害されないよう手続きを取ったという。

「ニタが出たころ、坂口さん、倍賞（鉄夫）さんたちとマージャンをやる約束をしてね。その日、遅刻して行ったら、坂口さんが正面にいて『武藤、これにサインしろ』って紙を出されて、何も分からずにサインさせられたんだよ。実はそれがムタの肖像権の契約書で、何も分からないからとにかくサインだけしたのを覚えてるよ」

神宮ではニタと、ノーロープ有刺鉄線バリケードマット時限装置付き電流地雷爆破ダブルヘルデスマッチで対戦した。先にムタが被爆したが、最後はニタが場外に転落して地雷の餌食となり、ニタが持ち込んだ凶器の鎖鎌をムタが相手の頭部に突き立てフォールした。電流爆破での試合は今も複雑な思いがある。

「あの神宮は、どんな気持ちだったか覚えてないな。あの試合自体、やりたくてやったのか分かんないし、気色のいいもんじゃなかった。ただ、最終的にはプロレスは何でもありだからね。オレもそういうプロレスをやっているからね。思えばムタはそのはしりだよな。ムタ自体が新日本の本来の思想から見たら正反対だもんね。でもムタは、アメリカでベースがあったから認められたんだけどね」

真夏の夜の神宮球場で、まるで打ち上げ花火のように地雷が炸裂《さくれつ》したが、試合内容はどこかちぐはぐでかみ合った内容ではなかった。

「そうかな？　オレは、別にかみ合ってないような気はしなかったけどな。電流爆破の感触は、分かんないよ。覚えてないよ」

試合では、ニタへ手から火を放つ火炎攻撃を繰り出したが、本当は違う狙いがあった。

「あの時、本当は口から火を出したかったんだよ。しかも、時間差で紫とか緑とか違う色の火を出したかったんだよ。マジックにそういうのがあるって知ってたから、化学の先生に、この薬品とこの薬品を混ぜると火が出せるってことを聞いて、神宮球場の試合前に、控室の階段のところで火を吹く練習をしてたんだよ。そしたら消防の人に見られて『何やってるの』って怒られちゃってさ。『まさか、火を使うんじゃないでしょうね』って言われて、それで使えなくなっちゃったんだよ。だけど練習してた時も『これはダメだな』って思ってたよ。液体を含んだだけで口の中がただれるんだよ。しかも液体を吹いても、ガソリンじゃないからイメージ通りブワァ～！　って出ないんだよ。ぷわって感じでさ（笑）。

しかも、吹いた後、火が床に落ちてもついたままだったんだよ、だから企画倒れになったよ」

nWoの終焉と膝の悪化

小川、大仁田などの外敵とも戦い、自身もムタ、武藤に変化し、さらには戦う場所も日本とアメリカ、と変幻自在だったnWo時代だったが、変わらなかったのが膝の負傷だった。1998年4月4日、東京ドームでの猪木の引退興行で、蝶野と組んで橋本、西村修を破り、IWGPタッグの防衛に成功した後、右膝の手術を行い3か月間もの長期欠場を強いられた。87年から数えて3度目のメスは、順調に驀進《ばくしん》していたnWoへ影を落とした。

「そのころ、マサさんに紹介されて、アメリカに膝を動かす潤滑油みたいなのを入れる注射があって、それを打つためにアメリカまで行って治療していたよ。1回打つと半年はもつっていう注射で、日本でも打ちたかったんだけど、こっちでは認可されてなくてアメリカへ行かざるを得なかったんだ。長男が生まれたばかりでまだ小さかったから、家族で行ってね。ただ、それで膝が良くなったかどうかは、正直分からなかったね。マジで膝だけは分からねぇんだ」

7月14日の札幌中島体育センターで復帰したが、今度は蝶野が負傷で倒れた。8月8日、大阪ドームで藤波辰爾を破って、デビュー以来念願のIWGPヘビー級王座を初めて獲得し、名実共に頂点に立ち、nWoがさらに拡大すると思われた矢先のことだった。9月19日の愛知県体育館で首を負傷し、椎間板脊椎症と診断され、長期欠場に入ってしまったのだ。

「あの時は病院に行けば引退勧告ばかり出されてました。とてもじゃないけど、リングに戻るような状況ではなくて、完全にリングはノータッチになっていました」

蝶野はIWGPヘビー奪取をきっかけにnWoのアジア進出を描いていたが、長期欠場で完全に挫折した。

「オレの中で、欧米はWWFかWCWのテリトリー。だけど、中国、アジア圏は絶対に新日本が制覇しなければいけないと考えていました。あの時の新日本はアジアを制すぐらいの勢いがありましたから、そのためにどうすればいいのかっていう部分でWCWと手を組んで、アジアへ進出する会社なり部隊を自分らが作るっていう構想を持っていました」

壮大なプランも引退勧告まで出された重傷の前に閉ざされた。

「あのケガは本当に痛かったですね。リングどころか、会社からも完全に離れてしまいましたから、ケガがなければあのままアジア進出を進めることができたかもしれない。会社にとってオレはイチ選手でしかなかったけど、当時はnWoを大きくしていったことで、だんだんみんながオレらを支持してくれていたんです。だからオレも次の行動の先を考えていたんだけど、あそこでストップしてしまいました」

盟友の戦線離脱に武藤は「だけどそれで、オレの『I am BOSS』っていう新しい展開が生まれたから良かったんだよ」と振り返る。蝶野に代わり「BOSS」として、nWoのリーダーに君臨、99年2月5日に札幌中島体育センターで蝶野が復帰した時には、アメリカのnWoでホーガン派とナッシュ派に分裂したように、二人は袂《たもと》を分かつ形となり、対決した。事実上、およそ2年あまり蝶野と武藤で引っ張ってきたnWoは、ピリオドを迎えた。その後、nWoは武藤が率い、蝶野は新たに「TEAM2000」を結成、2000年1月4日の東京ドームで両者は対戦した。蝶野が勝利し、新日本マットに金の雨を降らせて黄金の一時代を築いたnWoは終わった。

nWoが終止符を打った表舞台は、主にこうした経過だったが、武藤は別の事情があったという。

「nWoって、あのTシャツがめちゃめちゃ売れたんだよ。ロイヤリティも相当入ったんだけど、会社はオレらに、焼き肉をごちそうするだけで終わりだったんだよ。nWoのメンバーと女房とか家族も招待されて、叙々苑《じょじょえん》だかどっか忘れたけど美味しい焼き肉を食わせてもらって、それで終わりだった」

グッズは、山本小鉄が社長を務める子会社の「新日本プロレスサービス」が管轄しており、焼き肉店でのねぎらいの会を開いたのが山本だった。通常なら、グッズは選手に売り上げの3パーセントのロイヤリティが入っていたが、会社からは、nWoはWCWが管理しているため、通常のグッズと同じように選手に分配することはできないと説明されたという。7億円の売り上げは、申し訳程度の高級焼き肉が報酬の代わりだった。

「それにプラスしてオレと蝶野がIWGPタッグを取った時に、ベルトにnWoってスプレーしたんだよ。それで、オレらのフィギュアのベルトに『nWo』って塗ったバージョンを売ったら、こんな小さな文字なのに、WCWが『nWoって入っているじゃないか。金よこせ』ってクレームをつけてきたんだ。『オレらがさんざん踏ん張って引っ張ってnWoを日本でこれだけ売って、盛り上げているのに』ってなって、蝶野はnWoをやめて、TEAM2000を作ったんだよ」

蝶野に武藤が憤《いきどお》った「焼き肉」問題を尋ねると、グッズに関しては、

「ケガをしてから、ノータッチでした。WCWとの契約は難しかったから向こうから注意を出されない範囲でやらないといけなかった。もしかしたら、フィギュアは会社もこれぐらいなら大丈夫だろうと思って向こうに話を通す前に暴走したかもしれない」とだけ語り、明確な答えは返ってこなかった。

ただ、エリック・ビショフは、Tシャツを含め、nWoのグッズに関するロイヤリティは、WCWは一切、受け取っていないと断言した。

「武藤さんが、あれだけの人気を獲得したのに、Tシャツのロイヤリティが入らなくてやってられないと言うのは当然だと思う。ボクも武藤さんの立場ならやめる。ただ、明確に言っておきたいのは、WCWは、Tシャツに関してシンプルだということです。ロイヤリティは一切、発生していません。我々は受け取っていません。グッズの肖像権を管理して、製作したのもWCWです。ただ、我々は、新日本から注文を受けて、言われた数を作って日本に送っただけです。私の記憶では、あのTシャツの原価は、1枚5ドルでした。そこに、卸値の5ドルを追加して新日本へ売っていました。ですから、WCWがTシャツで受け取った利益は、卸値の1枚5ドル分だけです。そこからいくらで新日本が売っていたのかは、知りませんが、潤ったのは、新日本です。この話題でWCWはヒールになっているようですが、繰り返し言いますが、ロイヤリティはゼロだとハッキリ言っておきます。WCWをヒールにしないでください。我々は、彼らのお金を盗んでいない」

WCWでTシャツを仕入れる窓口は、サニー・オノオこと小野尾和男だった。小野尾も「WCWは一切ロイヤリティを受け取っていません」と明かした。

真っ向から食い違う武藤とビショフのTシャツを巡る見解だが、果たして、7億円もの莫大な売り上げを示したｎＷｏＴシャツで誰が最大の恩恵を得たのかは、今回の取材では藪《やぶ》の中だった。

ただ、いずれにしても武藤と蝶野が才能の限りを発揮したｎＷｏのドラマは、２０００年の１・４東京ドームで終焉《しゅうえん》を迎えた。あの熱く輝いた3年間、ｎＷｏジャパンがブレイクした理由を蝶野はこう明かした。

「オレと武藤さんの二人の感性が面白かったんじゃないですかね。遊び心もあるし、本来の新日本をぶっつぶすっていう目的もあって、そこにカッコ良さもあった。ただ、あのままアジア圏を制圧していれば面白かったんですけど……」

ｎＷｏとさよならした武藤は、２０００年3月、戦場を新たに移した。10年ぶりのＷＣＷ本格参戦だ。

7章　全日本プロレス移籍

リング内外の激震とビショフからの打診

nWoジャパンに終止符を打った武藤敬司が進んだ道は、慣れ親しんだアメリカだった。WCWからのオファーは、新日本を通じて現場責任者だったエリック・ビショフから打診された。

「当時、WCWがWWFとケンカしても勝てない状況になった。その時、ビショフから『WCWはクラシックのスタイルに戻すから来てくれないか?』っていう感じで声がかかった」

WCWは、WWFと興行、テレビ視聴率で激しい抗争を展開していた。ハルク・ホーガンがnWoを結成した当初はWCWが優勢だったが、WWFが多彩なストーリー展開と魅力あるキャラクターを続々と誕生させたことで、2000年当時、形勢が逆転していた。WWFの勢いに対抗するために、ビショフはムタを呼び寄せた。

WCWへ移ることを決断した渦中、ドーム興行とnWo人気で黄金時代を迎えていた新日本プロレスは、一転、混迷期に入ろうとしていた。発端は、1999年1月4日の東京ドームで小川直也が橋本真也をKOした一戦だった。一方的に橋本の顔面を蹴り、殴った暴走ファイトで、小川と橋本の遺恨が深まり、以後、両者の戦いがドーム興行の主軸となった。10月11日の東京ドームでの再戦も小川が橋本を返り討ちにし、武藤の渡米後の2000年4月7日の東京ドームでの一騎打ちはテレビ朝日が「橋本真也34歳　小川直也に負けたら即引退スペシャル」と題し、ゴールデンタイムで生中継した。橋本は負けたが、平均で15・7％（ビデオリサーチ社調べ。関東地区）という高視聴率を記録した。

しかし、「負けたら引退」は、テレビ朝日のいわば視聴率を稼ぐための企画タイトルで、新日本としては、負けたからといって本当に引退させるわけにはいかない。かといって、ゴールデンタイムで大々的に「負けたら引退」と銘打った手前、すぐに現役続行させるわけにもいかず、橋本の処遇が宙に浮いてしまった。苦肉の策として、当時社長の藤波辰爾は破壊王を生かすために、団体内で独立組織「ZERO」を立ち上げさせた。道場も特別に用意し、新日本と対抗戦を行う方針を固めて、10月9日の東京ドームで自らが相手になり復帰戦を行った。ZEROは、あくまでも団体内のユニットだったが橋本は、独断で三沢光晴の「プロレスリング・ノア」と交流戦の交渉を行うなどの規律違反を犯し、新日本から解雇され、正式に新団体「プロレスリングZERO-ONE」を設立した。あれほど新日本に活況をもたらした武藤、蝶野正洋、橋本が並び立った「闘魂三銃士」のドラマに突然、幕が下ろされた。

武藤は、小川が橋本へ暴走ファイトを仕掛けた1999年の1・4東京ドームでメインイベントを務めた。スコット・ノートンのＩＷＧＰヘビー級王座に挑戦し、３年ぶりのＩＷＧＰ奪還に成功した。この日のドームでは、大仁田厚の新日本初参戦など、リング上は混乱に次ぐ混乱に陥った。中でも小川と橋本の試合後は、引退した長州力まで現れ、リング上に両陣営が入り乱れ騒然となった。メインを待つ控室で、パニック状態ともいえるドームを映すモニターを、武藤は見つめていた。

「何であんな試合になったかって？　知らねぇよ。ただ、あれもプロレスの一部だからね。だから、ざわついていたけど、別にどうも思わなかったよ。だって、オレは自分のことしか考えてないからね。あの時、リング上は長州さんとかみんな出て来て、フルキャストじゃん。全員が出て行ってバトルロイヤルみたいになったよね。それが終わって、静まり返ったところからオレがやらなきゃいけないんだよ。そこに相手はいるけど、オレは一人っきりで出て最後に締めるってそれだけですよ。全員が出た後にたった一人のオレが観客を納得させるシチュエーションは、面白いなって思ったよ。小川だ、橋本だ、大仁田だ、長州さんだってオールキャストでリングを汚して、そこに一人で行って、その時に一人で締めた時の優越感って気持ち良いよ。ドームってそういう試合がいっぱいあったし、ざわついている時にメインで締めて、お客さんを『あぁ面白かった』って帰す役割をやった時っていうのは、やっぱり自分を誇らしく思えるっていうか、一番の優越感だったよ」

「恩人」坂口征二の退任

1999年はリング上の混迷だけでなく、社内でも激変が起きた。6月24日の株主総会で社長の坂口征二が退任して、藤波が新社長に就任したのだ。武藤にとって坂口の社長退任は、寝耳に水の事態だった。デビュー以来、初めての海外武者修業のチャンスをもらい、私生活でも仲人を務めてくれた恩人がトップから退く事態に憤りを露わにした。

「坂口さんは、猪木さんに追い出された形だと思うよ。その話は確か銀座で飲んでた時に耳に入ってね。当時、オレは坂口さんの子分だと思っていたから、すぐに坂口さんに電話して『猪木さんとケンカしますか？』って聞いたんだよ。その後に坂口さんの自宅へ行ったよ」

坂口の退任を聞きつけ、世田谷の坂口邸へ向かったのは武藤だけではなかった。蝶野、営業部長の上井文彦、そして、この時、仕事で都内に不在だった橋本に代わって妻のかずみの4人が坂口の自宅に集まった。闘魂三銃士は全員、坂口と行動を共にする覚悟だった。

「猪木さんとのケンカなら、みんな坂口さんにつこうと思って確認しにいったんだよ。みんな坂口さんを後押ししようと思ってた。それが新しい団体なのか、新日本をもう1回、まとめあげるのか、逆に猪木さんを追い出すのか分からないけど、坂口さんの決断にみんなついていくつもりだったよ」

ところが、坂口は予想に反して、いきり立つ武藤、蝶野らを制するように「ケンカとは違うよ。オレが自分で降りたんだよ」となだめたという。

「そう言われたら何も言えないじゃん。こっちは拍子抜けみたいなもんで、あの時の坂口さんは腑《ふ》抜《ぬ》けだったよ」

坂口は武藤、蝶野、上井、橋本夫人が来た夜を覚えている。

「自宅に蝶野、武藤、上井っていう営業部長と、橋本は仕事で来れなくてかずみちゃんが来たよ。『本当に辞めるんですか?』って言うから『辞めないよ。辞める必要ないじゃないか』って言ったんよ。みんなオレが会社を辞めて新団体を作るって思ったかもしれないよ。武藤、蝶野たちと話している中で『やるんだったらついていきます』っていう気持ちを見せてくれたからね。もしかしたら、オレが会社を辞めて新しいものを作ることをみんな期待していたのかも分からない。だけど、オレは言ったよ。『辞めるつもりはない。会長という立場でやっていくよ』って言った。彼らがオレのことを心配してくれた気持ちは、それはやっぱりうれしかったよ」

坂口は今、新日本プロレスの相談役を務めている。

「社長を退くことが決まってからは、会長になって逆に気が楽になったなっていうぐらいの気持ちだった。それから20年近く経った今も、会社に週1回出て来て、厳しい時もあったけど今は会社も良くなった。だから、あの時社長を退いて良かったなって、間違っていなかったと思うよ」

WCW復帰の誤算

武藤が2000年にWCWへ復帰する直前に、新日本プロレスのリング内外で起きた激震。「面倒くさい」ことに巻き込まれたくない武藤にとって、日本を離れる絶好のタイミングだった。WCWへ戻ることを決めた時、日本を長期間離れ、アメリカに腰を据える覚悟だった。

「オレの中では数年間、アメリカに行く予定だったから、生まれたばかりの娘を連れて家族みんなで行ったんだ。アトランタにマンション借りてさ、息子も向こうの幼稚園に入れたよ。それでオレは先に2月か3月に行って、そこから家族が6月ぐらいに来て合流したんだ」

2度目の凱旋《がいせん》帰国から武藤は目まぐるしく環境を変え続けてきた。赤とオレンジのショートタイツ姿のスーパーベビーフェイスで帰国した直後に、日本オリジナルの「グレート・ムタ」を創造し、UWFインターナショナルとの対抗戦では「武藤敬司」としてエースに君臨、そしてｎＷｏムタ、ｎＷｏ武藤として蝶野と共にｎＷｏブームを引っ張り、再びＷＣＷ本格参戦へ動こうとしていた。これほどまでに環境を変え、しかもすべてトップを張ったレスラーは他にいないだろう。

「この移動するっていうことは、自信がないとできないんだよ。例えていうなら長州さんは一切、変えないよな。入場からリングを下りるまでずっと頑《かたく》なだよ。それも、しんどくて素晴らしいんだけど、一方でレスラーは誰しも変える怖さっていうのも持っているんだよ。だって、今まで頑張ってようやく築いたイメージを移動する、変えるっていうのは、ものすごく勇気がいるものなんだ。多くのレスラーはイメージを変える、入場曲を変える、コスチュームを変えるっていうのは嫌がるんだよ。下手したら今までのキャリア、イメージを潰す危険があるからね。誰もが自分が過去に築いて引きずってきたものは変えたくないんだよ。だけど、オレは、一年周期ぐらいで変わってきた。それは、置かれた環境の中で偶然にそうなっていったものかもしれないんだけど、そうやって変わっていく環境が、オレにプロレスというものを教えてくれたんだよ。オレはそうやって生きてきたんだ」

日本でもアメリカでも「武藤」でも「ムタ」でも場所が移ろうが、状況が変わろうが、どんなリングでもトップを張った。その誇りと自信があるからこそ、ＷＣＷからのオファーを迷いなく受け入れた。

それにしても武藤ほど、入場曲を変えたレスラーもいないだろう。スペース・ローンウルフ時代の「ファイナル・カウントダウン」から、凱旋帰国の「HOLD　OUT」、高田延彦戦の「TRIUMPH」、スキンヘッドへ変貌した「OUTBREAK」、全日本入団後の「TRANS　MAGIC」……そして今は再び「HOLD　OUT」と頻繁に変えている。

「一番最初に変えたのは、アメリカに行った時、ストリップを見に行ったらファイナル・カウントダウンでストリッパーが踊ってやがったんだ（笑）。ちょうど、裸になる時に『ファイナル・カウントダウーン』ってサビのところで脱ぐのを見て、『あぁ、こりゃダメだ』って思ってさ。それで変えた。HOLD　OUTは、ちょうど頭が薄くなってきた時期で、橋本のヤツがメロディーに合わせて『ムトちゃんは、はげる。ムトちゃんは、はげる。頭の先からどんどんはげていく』って妙な歌詞をつけて歌ったから、TRIUMPHに変えたんだ（笑）」

家族と共に移住した10年ぶりのアメリカでの本格参戦は、新たな環境を求めて飛躍を期したが、思わぬ誤算が生じた。

「WCWから声がかかって、すぐに『行きたい』って言ったけど、日本の中での展開や色んなものを整理しないといけなくて、それに3か月かかったんだよ。それで、WCWへ行った時には肝心のビショフがいなかったんだよ」

当初は年明けの2000年1月に渡米する予定が、3月までずれ込んだ。アトランタに入った時には頼みのビショフがWWFとの戦いに大差をつけられた責任を取らされて、WCWから追放されていた。代わりにリング上を仕切っていたのが、WWFでマッチメイクを担当し、WCWに引き抜かれたビンス・ルッソーだった。

「ビショフは、日本人のレスラーを高く評価してくれたんだけど、このビンス・ルッソーはそうじゃなかった。それで、オレがビショフから聞いていたビジネスプランがみんな違っていて、全部変わっていたんだ。実際、行ってみたら『お前、何しに来たんだ』っていう顔されてね。ただ、契約は結んでいたから、そこだけは進めて試合はやったけど、10年前にいたWCWとこの時のWCWは、まったく違うものだった」

WCWは翌01年3月に完全に崩壊する。当時は、消滅へ向かって転落していく時で、迷走の真っただ中だった。本格的に腰を据えて長期間戦うつもりだったWCWでは、居心地の悪さだけが残り、身の振り方を考えていた12月に、猪木からオファーが届いた。

鮮烈な印象を残したスキンヘッド

猪木の要請は、20世紀最後の日となる2000年の大みそかに大阪ドームで行う、自身がプロデュースする「ＩＮＯＫＩ　ＢＯＭ―ＢＡ―ＹＥ」、別名「猪木祭り」への参戦だった。このイベントは、当時、Ｋ－１の大阪大会などの演出を担当していた元関西テレビの横山順一が、20世紀最後の日に除夜の鐘にならって猪木による１０８発の闘魂ビンタをリング上で敢行しようと発案したものだった。格闘技イベント「ＰＲＩＤＥ」を運営するＤＳＥに打診し、ＰＲＩＤＥと契約する国内外の格闘家によるプロレスイベントに発展し、猪木はプロデューサーとしてマッチメイクなどのアイデアを出していた。

武藤は、ロサンゼルスにいた猪木に呼ばれ、「新日本対Ｕインター」のメインイベントで対決した髙田延彦とのタッグを打診された。武藤は猪木の要請を受け入れ、12月９日にロサンゼルスで猪木、髙田と同席し参戦を発表した。

「猪木さんにロスへ呼ばれて、そこで髙田さんと合流してね、ＷＣＷに見切りをつけた」

20世紀最後の日となる２０００年12月31日、大阪ドームで武藤は、およそ1年ぶりに日本のリングに戻ってきた。大会は、ホイス、ヘンゾ、ホイラー、ハイアンのグレイシー一族を撃破し、当時カリスマとなっていた桜庭和志の久々のプロレスマッチ、さらに引退していた猪木のエキシビションマッチなど、様々な話題があった。武藤は、髙田とタッグを組み、ドン・フライ、ケン・シャムロック組と対戦するという斬新なマッチメイクだった。

しかし、ＰＲＩＤＥ人気が全盛だったこの時、大会前の注目は武藤よりも髙田に集まっていた。当時、髙田は１９９７年10月11日に、東京ドームでのＰＲＩＤＥがスタートした第１回大会で、ヒクソン・グレイシーに完敗。１年後の再戦も完敗。Ｕインター時代に築いた「最強」幻想が崩れ去った男が、プロレスラーとしてどう再起するかに興味は高まっていた。ところが蓋を開けると主役をかっさらったのは武藤だった。

新たな入場曲「ＯＵＴＢＲＥＡＫ」で入場した武藤は、フードつきのガウンで顔を隠して、花道に登場し、リングインした。大阪ドームがどよめいたのは、コールされた瞬間だった。

フードを脱ぎ去ると、スキンヘッドに変貌していたのだ。

つるつるに剃《そ》り上げた頭をなでる仕種に大阪ドームは沸き上がり、この日、最高の喚声が巻き起こった。20世紀最後の日に見せたまさかのビッグサプライズに、プロレス復帰という髙田の存在感は消え失せ、観客の視線は、武藤に集中した。

「スキンヘッドはあの試合があるからって、それに合わせて剃ったわけじゃないんだよ。剃った直後がたまたまあの試合だったということで、髙田さんには悪いことしたかもしれないな（笑）。まぁ目立つことが大切ということかな。フードを取った時、お客さんの反応は、『ウワッ、何だ』って感じだったよ。まぁ、オレとしては当時、ストーンコールド（スティーブ・オースチン）とかゴールドバーグとか、髪の毛がないヤツがカッコ良く二

2000年12月31日大阪ドーム。髙田とのタッグ戦に、武藤はスキンヘッドで現れた。

枚目きどってやっていたから、それをイメージしたんだけどね」

デビューから日本でスーパーベビーフェイスとして女性人気が高かったが、2度目の凱旋帰国から年を重ねるごとに薄毛がファンの間で指摘されていた。髪の毛を剃った本当の理由もそこにあった。

「WCWに復帰した時に、アメリカってファンが客席でプラカードみたいなのにメッセージを書いて応援するんだよ。そこにある時、『MUTA Needs Rogaine（ムタ・ニーズ・ロゲイン）』って書かれていてさ。ロゲインって養毛剤のことでね。そのプラカードを見て、『この野郎』って思って、だったら剃ってやろうってひらめいたんだよ。それでアトランタで床屋さんに何軒か行ったけど、どこも嫌がって剃ってくれなくてね。だから、しょうがねぇから、家で女房にバリカンとシェイブでやってもらったんだよね。その時まだ息子が三つか四つで幼くてね。オレが髪の毛を剃られる姿を見たら、ワァーワァー泣いてさ。だから『お前も悪いことやったらこうなるぞ』って言って、まぁひとつの教育にはなったね（笑）。その時の映像を撮っていて、前に（笑福亭）鶴瓶さんの番組で放送したことがあるよ」

試合では、スキンヘッドで初となるムーンサルトプレスも披露した。結果は髙田がフライを抑え勝利したが、内容よりも頭を剃り上げた武藤の姿が強烈なインパクトを残した試合だった。

「あの試合で覚えているのは、フライとシャムロックって本当に仲が悪かったんだよ。試合中も仲悪くてさ、それを今でも思い出すよ」

スキンヘッドだけではない。大阪ドームでは、後に代名詞となる言葉も残した。バックステージでプロレスから格闘技へ戦場を移していた髙田について聞かれた時だった。

「パートナー組んでて、プロレスに対するLOVE、って感じたんですよ。昔やった『髙田』と全然変わらなかった」

今に繋がる代名詞「プロレスLOVE」の誕生だった。時代は、格闘技の波がプロレスを飲み込もうとしていた。それは武藤も例外ではなかった。

「プロレスLOVEは、意識して出た言葉じゃないよ。ただ、あの時は、格闘技っていう敵対する勢力が出て来たから、自然とプロレスに対してのオレの思いっていうのが溢れ出たっていうことだと思うよ。敵がいたからこそ、生まれた言葉だったよ」

あのヤングライオン時代にひらめきで繰り出した「ムーンサルトプレス」と同じように無意識の中から生まれた「プロレスLOVE」は、プロレスがプロレスとして独立し格闘技から完全に決別するメッセージでもあった。以後、リング上からプロレスへの愛を訴え続けるこのセリフによって、武藤は名実共にプロレス界の象徴となった。さらに「プロレスLOVE」は、プロレスを愛する選手、関係者、ファンにとって暗闇を照らす灯台のような光となった。

20世紀最後の日に思いを吐き出すように口にした「プロレスLOVE」を求めてプロレス人生で最大の決断をする。選んだカードは「全日本プロレス」だった。

攻めの新日本、守りの全日本

20世紀最後の日にスキンヘッドへ変貌した武藤は、年が明けた2001年1月28日、東京ドームで初めて全日本プロレスのリングに上がった。

日本プロレスの父・力道山の急逝後、日本プロレスのエースに君臨したジャイアント馬場が1972年10月22日に日大講堂で旗揚げした全日本は、中継局の日本テレビとアメリカ最大の組織「NWA」との強力なパイプを武器に、ドリー、テリーのザ・ファンクス、アブドーラ・ザ・ブッチャー、ミル・マスカラス、ハーリー・レイス、リック・フレアー、ブルーザー・ブロディなど、全米トップの豪華外国人選手を招聘《しょうへい》し、派手で華やかなプロレスで人気を獲得していた。

平成に入り、新団体「SWS」へ移籍した天龍源一郎らの大量離脱で、設立以来の危機に立ったが、エースのジャンボ鶴田と次世代の三沢光晴、川田利明らが世代闘争を繰り広げ、息を吹き返した。93年に鶴田が内臓疾患で第一線を退いた後は、三沢、川田に加え、田上明、小橋健太（現・建太）が台頭し、リングはさらに活性化した。「四天王」と呼ばれた四人は、従来のプロレスでは考えられないような過酷な受け身を取る危険な技を繰り出すぎりぎりの戦いを展開し、ビッグマッチでも地方でも絶対に「外れがない」期待通りの試合を続け、後楽園ホールと日本武道館は常に超満員札止めになる興行人気で、ファンから絶大な信頼を得ていた。

新日本とは、昭和の時代に激しい興行戦争でぶつかり合い、スタン・ハンセン、タイガー・ジェット・シン、ブッチャーら大物外国人選手の引き抜き、さらには長州らの大量移籍などで激突した。平成に入ってからは、馬場と信頼関係で結ばれた坂口が社長になったことで、両団体は興行面ではお互いを尊重する友好関係を保っており、武藤も全日本をそれほど意識することはなかったという。

「全日本と馬場さんの印象？　分かんないなぁ。あまり意識してなかったからね。ただ、全日本と新日本の違いは、馬場さんと猪木さんの違いだよね。馬場さんは、力道山が生んだプロレスの本流を受け継いで、アメリカではNWA、AWAっていう巨大組織とまともな付き合いをしてきた保守本流ですよ。だから王道って呼ばれたんだよ。対して猪木さんは邪道だからさ。そういう保守じゃないところで勝負しなきゃいけなかったから、タイガー・ジェット・シンやタイガーマスクを作ったり、異種格闘技戦をしたり、何もないところから企画を編み出したよね。要は保守じゃなくて攻めですよ。その二人の姿勢がそのまま会社の伝統になっているよね」

攻めの新日本と守りの全日本は、平成に入り共に一時代を築いた「四天王プロレス」と「nWo」にもカラーの違いが表れているという。

「例えば、nWoでオレたちは、新日本だけでなくWCWと同時進行で動いたし、プロ野球とか他のジャンルも巻き込んで盛り上げていったよ。その中では、転がさなきゃいけない時もあるし、まともに見せなきゃいけない時もあったけど、明らかに今までにないものを作ろうっていう攻めだったよな。だけど、四天王って、あのたった4人だけの世界で、ワンツーキック、ワンツーキックで勝負していたよね。あの四天王プロレスって、あの四人でしかやれないプロレスだから、あの仲間に入るのってなかなか大変なんだよ。言うなれば、あの四人が守ったプロレスだよね。そういう部分では、まさしくオレらとは違うところで勝負していたと思う。どっちがいいかどうかって分かんないけど、オレらは4人だけでやるっていうわけにはいかなかったからね。特にオレなんか、わけの分からない外国人が来たら、必ず真っ先にやらされたりしてたからね。言うなればほうきと試合しないといけない状況も生まれるわけだから、そこも全然違うよね」

巨星、墜つ

順風満帆だった全日本、いやそれ以上に日本のプロレス界全体、さらには日本列島に大きな衝撃が走ったのが1999年2月1日だった。

前日の1月31日にジャイアント馬場が急逝したことが明らかになったのだ。

力道山亡き後の日本プロレス界で、身長209センチの破格の体格とダイナミックなプロレスでファンを魅了し、プロモーターとしても全日本プロレスを牽引《けんいん》した馬場は、プロレス界の象徴であり、同時にバラエティ番組、CMなど多岐にわたってメディアにも出演し、国民全体から愛されたキャラクターと人柄を持っていた。前年12月5日の日本武道館大会までリングに上がっていただけに、61歳での訃報はあまりにも突然で日本中が悲しみに包まれた。

死因は、結腸から肝臓へがんが転移した肝不全で、がんを告知されることなく1月31日午後4時4分、入院していた西新宿の東京医大病院で亡くなった。臨終の病室で、夫人の元子と親族、そして全日本の社員ではレフェリーの和田京平とリングアナウンサーの仲田龍が見送った。馬場が永眠した時、病室に悲しみの涙はなかったと和田は明かす。

「すーっと、本当に寝たまま逝きました。みんなに囲まれて亡くなって逝きました。痛いとか苦しいとかはまったくなかったんですけど、自分の病気が何か分からないで亡くなったから、もしかしたら、悔しかったかもしれません」

最後の武道館を終えた翌日から入院した馬場は、すでに手術が施せないほど、がんに蝕《むしば》まれていた。和田によると、亡くなる2日前に医師から延命装置をそのままにするかどうかを問われた時、妻の元子は周囲の意見を聞いた上で外すことを選択した。

「先生からは、あと1日しかもたないって言われていたんですけど、それから馬場さん、2日間、頑張ったんですよ。本当に最後まで強い方でした」

臨終に立ち会った誰もが最後の最後まで馬場ががんと闘い抜いた姿を見ていた。悲しみよりも2日間も命の炎を燃やした不世出のプロレスラーの凄さを実感したからこそ、涙を流す者はいなかった。和田は、馬場が旅立った時に窓から見た光景が今も目に焼き付いている。

「日曜日でしたね。病室から外を見ると夕陽がまぶしくてね。こっちは馬場さんが亡くなったことが現実として受け止められないわけなんですよ。だから、余計にあの夕陽のまぶしさがものすごくリアルでね。今もあの夕陽は忘れられませんね」

日本プロレス界にとって大きな損失となった馬場の死だったが、感傷的な時期は短かった。亡くなった4か月後の5月に、三沢が全日本の社長に就任したが、馬場に代わり最大の株主となった妻の元子は、株を三沢に譲渡せず、オーナーとして団体の運営などに意見を出した。結果、元子と三沢の間に溝が深まり、三沢は全日本を退団することを決断する。御大の死が団体を二分する事態を招いたが、和田は、馬場から生前に分裂を予想する言葉を聞いていた。

「亡くなる1年ぐらい前に、馬場さんは『三沢には絶対全日本を譲らん』って言ったんですよ。実は三沢が馬場さんに『元子さんを今後、一切全日本に入れないでください』ってお願いしたんですね。それを馬場さんは黙って聞いていました。その後に馬場さんは『オレはあと2、3年で歩けなくなって車椅子になる。ベッドから立てなくなった時に三沢にオレの面倒は見れんし、オレの介護はできん。オレは母ちゃんに見てもらう。その母ちゃんにあの三沢の言葉は言えん。だから、オレがいなくなったら全日本はオレ一代でいい。その代わり、あとは三沢プロレスでいい。今の会社の財産は三沢に渡すから、全日本は名乗らないでくれ』と言っていたんです」

自らの死期を悟っているかのように馬場は、亡くなった後、三沢が全日本を離れることを見通していたという。「全日本はオレ一代」という馬場の遺志を聞いていたからこそ和田は、三沢の退団は素直に受け止めることができた。三沢は、馬場の一周忌興行が行われた2000年1月31日の後楽園ホール大会の試合後の控室で選手を集め、退団の意思を伝えた。和田は、その会合に参加しなかった。

「元子さんは、元子さんなりに、もう少し時間を置いて会社の体制をしっかり固めてから株を譲渡するつもりでした。だから、ボクは三沢に相談されるといつも『待て。焦るな』って言っていたんです。だけど三沢から『京平さん、一周忌まではオレがやります。でも、その後は自由にやらせてください』って言われました。それでオレは『分かったよ。だけど、オレには、相談しないでくれ。オレの耳に入ると元子さんに報告しなくちゃいけなくなるから。一切、オレは無視してくれ』って伝えたんです。それと馬場さんから亡くなった後は全日本はなくして欲しいと聞いていましたから、その通りになったので、むしろ、ボクは三沢に自由にやらせてあげたいと思っていましたから、出て行くことに関して応援する気持ちでした」

　中学を卒業し全日本プロレスに入った和田は、以来、どんな時も馬場の傍につき、レフェリーとして人間として、すべての教えを馬場から授かった。シリーズ中だけでなく、オフでも常に行動を共にし、生活のすべてを馬場に捧《ささ》げた。社長とか師匠とか恩人とか、あらゆる言葉で表現できないほど、馬場は自らのすべてだった。三沢から一緒に来て欲しいと誘われたが、元子について行くことを決めていた。それは、馬場と約束を交わしていたからだった。

「馬場さんは、『オレがいなくなったら、誰もうちの母ちゃんの面倒見てくれないよな』ってある時、ボソって話したことがあったんです。その時にオレが言ったんです。『大丈夫ですよ。オレが面倒見ますから、心配しないでください』って。そしたら、馬場さんが『お前はそうだよな』って安心したように言ってくれたんです」

その約束は馬場が亡くなった時に改めて誓った。

「馬場さんの亡骸《なきがら》が自宅に戻るまでは亡くなった実感がなかったから、全然涙も出なかったんです。だけど、自宅で眠っている馬場さんを見た時に、急に泣けてきて、号泣しちゃったんです。それで、眠っている馬場さんに向かって言ったんです。『社長、心配しないでください。元子さんは約束通り、オレが守りますから』って……。元子さんもそれを聞いていました。どうしてか分からないけどそう言っちゃったんだよね。だから、その言葉は裏切れないよね」

三沢は、全日本を退団し、行動を共にする選手と6月16日に「プロレスリング・ノア」の設立を発表した。旗揚げ戦は、新しい会場の「ディファ有明」で、8月5、6日の2連戦に決まった。選手、社員を含め約50名がノアへ移った。日本テレビも、中継を全日本からノアに切り替えた。

全日本には、川田、渕正信、太陽ケア、馳浩の4人だけが残った。生え抜きの日本人選手は川田と渕のたった2人しかいなくなった。衆議院議員の馳は、シリーズに常時出場できず、選手は実質3人、大きな収入源だったテレビ中継も失った逆風の中、元子は、自らが社長に就任した。存亡の危機に立った時、元子は天龍源一郎に復帰を要請し、合意した。分裂後、最初の興行となった7月2日の後楽園ホール大会で、元子が天龍の復帰を発表した。リングに天龍が登場すると、そのビッグサプライズに会場からは歓声とどよめきが起こった。1990年にSWSへ移籍した天龍には、「裏切り者」のレッテルが貼られ、復帰は絶対にないと思われていた。しかし和田は、これも馬場が生前明かしていたプランだったという。

「みなさん、馬場さんは、絶対に天龍さんを復帰させないって見ていましたけど、そんなことはなかったんです。SWSへ行く前に、『オレの後、誰を社長にするかっていうとジャンボか天龍だなぁ。だけどジャンボはプロレスが好きじゃないからなぁ。天龍は、あいつはプロレスのことばっかり考えているからなぁ』って言っていたんです。天龍さんのことを凄く評価して、自分の後の社長に据えてもいいと思ってたんです。だから、『もしも、全日本が危なくなって、もうこれ以上、どうしようもないっていう事態になったら、その時は天龍を戻してもいい』って話していたんです。ですから、元子さんは、その馬場さんの考えをそのまま実行したんです」

天龍の復帰で全日本は息を吹き返すと、新日本から対抗戦のオファーが入り、老舗2団体が対抗戦を行う図式が生まれた。10月9日、新日本の東京ドーム大会に川田、渕、スティーブ・ウイリアムスが参戦し両団体が交わり、全日本は辛うじて生き残った。

武藤の全日本初参戦は、馬場の死から全日本の分裂、そして新日本との交流という急展開の中で実現した。そして、この王道マットとの遭遇が未来を運命づけることになる。

太陽ケアとの一戦、「シャイニング・ウィザード」の誕生

2001年1月28日、東京ドームで行われたジャイアント馬場3回忌追悼興行「王道新世紀」で、武藤は太陽ケアと戦った。ハワイ出身のケアは、18歳で全日本プロレスに入門するために来日し、当時はキャリア6年目の売り出し中のレスラーだった。武藤は当初、この参戦オファーを断っている。

「会社から、1月に馬場さんの追悼興行があるから頼むから出てくれって言われてね。『相手は誰だよ』って聞いたら、太陽ケアだっていうから、『それ誰だよ、知らないよ、そんな選手。メリットないから断る』って言ってね。それでも『どうしても出てくれ』って言われて、仕方なく上がったんだよ。あとから聞いたら、生前馬場さんがオレのことを、いいレスラーがいるとかほめてくれていたみたいで、それを元子さんが覚えていて、オレ

のことを気に入っていたみたいで、どうしてもオレにドームに出て欲しかったたってことだったみたいだよ」

嫌々上がった初めての全日本だったが、ケアと肌を合わせると先入観は一変した。

「試合したら、この太陽ケアって良かったんだよ。『こいつ、いい選手だな』って感じながら試合してたよ。こっちはこっちで一生懸命やって、アメリカへ行ったりして自分の生き残りをかけていたから、それまでは、全日本という団体は、視界に入らなかったんだけど、ケアと対戦した時、初めて全日本っていう団体に興味が出てきた。『別に新日本じゃなくてもいい選手を育てられるんだな。こういう選手を育てた畑ってどんなものなのかな』って」

武藤とケアの試合は、和田がレフェリーを務めた。和田は初めてレフェリングをする選手を事前にビデオで見てチェックすることはしない。１９７４年のデビューから幾多の名勝負を裁いた実績と、的確かつ鋭い勘を働かせた抜群のレフェリングで、どんな選手にも対応できたが、武藤は別格だった。

「裁いていて、あぁもう天才だなって思いましたよ。全日本プロレスのレスラーでは、有り得ない動きをするんですね。オレってだいたいレスラーの動きが読めるんですよ。このレスラーは、こっちへ来たいんだな、このレスラーこうなったらこっちへ来るなとか、そういう動きの中でレフェリング、ステップワークをしているんです。だけど、そのステップワークの中で武藤選手は、いきなり低空ドロップキックとか、セカンドロープにポンと乗ったりとか、何でこっちへ来るのっていう掟破《おきて》りの動きをして、オレがいるポジションまで飛んでくる。あれだけネコみたいにパッパッパッパッパと動くレスラーは初めてだったし、ああいう動きはボクには分からなかったですね。何て鋭い動きができる、とんでもないレスラーなんだって思いましたよね。それで、これがお客さんは面白いんだなって実感しました」

名レフェリーを驚かせたケア戦は、新たな必殺技となるシャイニング・ウィザードを初めて披露した試合でもあった。

「あれは、狙って生まれたんじゃなくて、いわば偶然の産物だったんだよ。オレは、技の展開が早いから、ドラゴンスクリューを出して、早く次へ行きたかったのに、ケアがなかなか立ち上がらなくて、変な間ができたんだよ。『なんだこいつ早く立てよ』って思ってさ。その間が待ちきれなくて、咄嗟《とっさ》に膝蹴りを出したんだよ。狙ってなかったのに、お客さんがウワァーッて沸いたから、これは使えるなって思ったんだ」

当初は、技の名前は特別になく「変形ひざ蹴り」などと表現されていたが、テレビ朝日が「ワールドプロレスリング」の中で視聴者から名前を募集し、「シャイニング・ウィザード」と命名された。由来は、公募で多かった「シャイニング・ニー」に当時、武藤の異名だった「クロス・ウィザード（天才を超越した魔術師）」を組み合わせたもので、和名は「閃光魔術《せんこう》」と名付けられた。「今では、WWEでこの技を使うと、アナウンサーがシャイニング・ウィザードって言っているよ」と武藤が明かすように世界標準の名前と技となった。

新たな必殺技を獲得したことは、ムーンサルトプレスにも影響した。

「当時は、膝がさらに悪化して、ビッグマッチでも徐々にムーンサルトプレスそのものができなくなっていた。あの髙田戦でドラゴンスクリューからの足4の字固めが生まれて、この時にシャイニング・ウィザードが生まれて、同時にどんどんムーンサルトプレスが減っていったよね。ただ、レスラーって飛べなくなってからが面白いんだよ。言ってみれば、それは、ごまかしだよな。だけど、どうごまかすかっていうそこが面白ぇんだよ。これは、お客様との勝負だからね。でね、差し当たって、飛べなくなってくると若い時には出せなかった味が出てくるんだよ。言えることは、その味を出すまでには、お客様から莫大な信用を勝ち取ることが大切なんだけどね。それでこれは意図的じゃなかったんだけど、面白いもんで減れば減るほどムーンサルトプレスの希少価値が上がったんだよ。ムーンサルトプレスのグレードを上げてくれたという意味でもシャイニング・ウィザードには助けられたよ」

全日本からのラブコール

シャイニング・ウィザードが生まれた初めての全日本で、観客以上に武藤へ心を奪われた人物がいた。社長の元子だった。元子は、生で見た武藤の試合に感激した。その時の思いを後に武藤の妻・久恵へ宛てた手紙にしたためている。

『初めて武藤さんに東京ドームに出場して頂き初めて試合をみて、こんなキラキラした目で試合ができるレスラーが所属している新日本プロレスさんを初めてうらやましいな〜と思ったことを思い出します。

それまでは全日本プロレスもいいレスラーはたくさんいましたが武藤さんの様に試合をしながら目が変わっていくレスラーを見たのは初めてでした』

リングで生き生きと光る瞳に魅了された元子は、窮地の団体を救ってくれるのは武藤しかいないと確信した。自らの思いを新日本時代から武藤と親交が深い馳浩に打ち明けた。馳は、1995年の参議院議員選に自民党公認で出馬し当選、翌年に新日本を退団したが、同じ年の11月に全日本へ移籍した。武藤とは団体は別れたが、日本オリジナルのグレート・ムタを覚醒させたように、新日本時代から変わることなく良き理解者であり、相談相手でもあった。

「企業秘密だから詳しくは言えませんが、元子さんから馬場さんの3回忌興行が終わった後に武藤選手のことを色々聞かれるようになりました。その中で元子さんから『武藤さんがうちに来てくれないかなぁ』と言われました。それで、私が『じゃぁ、話しますよ』ってお返事して武藤選手に聞いてみたんです」

元子の思いを受け止めた馳は、武藤に全日本への移籍を打診した。

「いつだったか時期は覚えてないけど、馳先生から『全日本やらない？　全日本をあげるよ』って言われたよ。『じゃぁ、頂こうかな』と迷わなかったよ」

馳の誘いに武藤は新日本離脱、全日本移籍を即決した。理由は、新日本プロレスのオーナーとなったアントニオ猪木とのプロレス観の相違だった。

「全日本へ行くことを決めたのは、猪木さんとの思想の違いだよ。最終的には、それがネックで新日本を辞めた。SWSの時みたいな契約金とかそんな条件提示なんかなかったよ。当時は、UFC、PRIDE、K－1が台頭してきてね。猪木さんはそれが好きだった。好きで好きで、みんなレスラーをそっちに導こうとしていた。そんなことやったら、オレのキャリアも今まで培ってきたものも何もかもがなくなっちまうからね」

平成に入り、93年にアメリカで総合格闘技イベントUFCが誕生し、日本では同じ93年に立ち技系格闘技のＫ－１、97年に総合格闘技のＰＲＩＤＥが出現するなど、格闘技ブームが到来していた。猪木は、自らの「猪木事務所」所属の藤田和之、新日本のケンドー・カシンらをＰＲＩＤＥへ参戦させた。藤田は、ＰＲＩＤＥのリングでも勝利し、人気を獲得。猪木は2000年8月27日に西武ドームでの「ＰＲＩＤＥ.10」からエグゼクティブプロデューサーに就任すると、より密接な関係を築き、01年には8月19日にさいたまスーパーアリーナで行われたＫ－１のリングで「猪木軍対Ｋ－１」の対抗戦を実現させた。この年の大みそかには、「猪木軍対Ｋ－１」の対抗戦はＴＢＳで中継されるまでに発展し、以後、安田忠夫、永田裕志、中西学、中邑真輔《なかむらしんすけ》らが格闘技のリングへ参戦した。

「オレはＰＲＩＤＥに出ろとか言われなかったよ。ある意味、隙のあるヤツを猪木さんが誘ったんだろうね。猪木さんから見て、そそのかしやすいヤツらを誘ったんじゃない。だけど藤田みたいな成功例もあるからね。参戦した側も、出ればもしかしたら注目浴びれるっていうのもあったと思うけどね」

武藤にはＰＲＩＤＥへの参戦指令はなかったが、スキンヘッドに変貌した帰国直後に新日本から、小川とのシングルマッチを打診された。このマッチメイクが新日本から心が離れることへ拍車をかけた。

「この試合を飲んだら、オレのキャリアが全部、壊されるって思ったよ。あの頃は、なにせ、新日本の思想が崩れてきてたからね。というよりも、新日本はプロレスをやりたかったかもしれないけど、猪木さんが崩れていたからね」

　武藤は、小川戦を受けるにあたり、逆に条件を出した。しかし、小川サイドから返答はなく、結果、武藤対小川戦は幻に終わった。日本でもアメリカでも、マッチメイカーの提示を拒否したことは、基本的にはなかった。プロモーターが望む条件以上のプロレスを魅せることが武藤の誇りだったが、小川戦のオファーで築いてきた美学が崩れた。

「プロレスを追求したいのに、オレの中で、普通なら考えなくてもいいようなことまで考えるようになってね。もう、それ自体がオレにとってあり得ない世界なわけでね。そういう色んなことが積み重なって新日本にもう居場所はねぇなって思ったんだよ」

　馳は武藤の心情を理解した上で移籍を打診していた。

「あの時武藤選手は、プロレスが猪木さんによって壊されて新日本に嫌気が差していました。色んなことがあって、格闘技系に流されてK－1、PRIDEも派手にやっていた時代ですから面白くなかったんですね。本当に思う存分、純粋にプロレスをしっかりやりたいと武藤選手なりに考えて決断したということですね。私の中では全日本へ行くことで面白くなるイメージがありました。やっぱり我々レスラーって飽きっぽいんですよね。海外だと3か月から半年でしょっちゅうテリトリーを普通は変えるんですが、新日本の中にいた武藤選手は、そういうことがなくなっていましたから、ここで動くのは面白いと思いました」

「格闘技の呪縛」の中「プロレスLOVE」を叫び続ける

　PRIDEが生まれる以前から武藤は、格闘技の勢いを感じていた。それは、1996年9月23日、横浜アリーナでブラジル人の格闘家ペドロ・オタービオと初の異種格闘技戦を行った時だった。試合は、馬乗りになった武藤がパンチを乱打し勝利したが、これまで武藤が築いてきたプロレスとはまったく異なる違和感がリング上にも会場にも充満した。

「やっぱり消化不良だったよ。あれは新日本側が格闘技というものを、どうにか飲み込みたかったんだろうな。飲み込むっていうか処理したかったんだよ。当時は、まだPRIDEはなかったけど、そろそろUFC、K－1が世の中でブームになるころで、それを驚異に感じたんだろうね。新日本側からしたら今までの猪木さんの歴史って、格闘技を飲み込んできたわけだから、それをせざるを得ないっていうか、その一環の試合だったんだよ」

　猪木が異種格闘技戦を行った昭和の時代では、興行として総合格闘技という分野もなく、ボクシング、キックボクシングなどの格闘家は世界王者クラスのプロボクサーを除いて、試合だけで生活することはできなかった。だからこそ格闘家は、高い報酬を得るために新日本プロレスのリングに上がった。しかし、平成に入りＵＦＣが誕生し、Ｋ－１とＰＲＩＤＥが興行的に成功を収め、テレビや巨大スポンサーが格闘技についた。格闘家は潤沢な報酬を受けられる時代になり、もはや、プロレスのリングに上がる必然性はなくなっていた。

「だからもう、格闘技を飲み込めねぇんだよ。もうそのころはＫ－１とかデカくなりすぎちゃってね。猪木さんがやった異種格闘技戦の時は、対戦相手が世間では誰も知らない『どこの馬の骨』っていう状態だったけど、Ｋ－１、ＰＲＩＤＥが民放のゴールデンやるようになって、多くの人がテレビで格闘技を見ていたから、どこの馬の骨とかどうとかっていう次元じゃなくなったもんね。時代が違うんだよ」

「プロレスＬＯＶＥ」を掲げた武藤は、とことんプロレスを追求したかった。一方の猪木にとってプロレスは、格闘技でありレスラーはまず「強さ」を追求するという根本的な思想があった。相反する猪木と武藤の思想は、もしかすると入門当初、道場でのスパーリングで、武藤がガードポジションから腕十字を取ろうとした時に猪木に注意をされ、疑問を抱いた時から始まっていたのかもしれない。ただ、スペース・ローンウルフ時代、世代闘争で無理やりナウリーダーに組み込まれ、海賊男、たけしプロレス軍団、そして、ムタとして戦った福岡ドーム、節目節目で猪木の姿を間近で見てきた武藤にとって、猪木こそが

「プロレスラーの中のプロレスラー」だった。にもかかわらず、「プロレス」を「格闘技」で染める猪木の思想は、理解ができなかった。心おきなく「プロレス」を謳歌《おうか》するため、全日本移籍を決断した。

全日本の「エース」に君臨

新日本からの離脱を決めた武藤は、２００１年、格闘技の波に抗うように「プロレス」を背負って新日本と全日本の両団体を股にかけた八面六臂《はちめんろっぴ》の活躍を見せた。

4月14日に日本武道館で全日本のエース川田利明を破ると、6月8日には同じ武道館で天龍が持つ三冠ヘビー級王座に挑戦しベルトを奪取する。10月22日には太陽ケアと組んで天龍、安生洋二から世界タッグ王座を奪い、王道マットが持つシングル、タッグの最高峰を制圧して五冠王に輝いた。

両団体を股にかける活動に伴い、馳、みちのくプロレスの新崎人生らと団体の垣根を越えたユニット「ＢＡＴＴ」を結成した。新日本マットでも、8月の「Ｇ1クライマックス」で準優勝、さらに9月23日には大阪なみはやドームでスコット・ホールを挑戦者に迎え、新日本で史上初の三冠戦を行い勝利した。10月8日の東京ドームではメインイベントで馳と組んで、ノアから新日本に初参戦した秋山準と対戦した。永田と組んだ秋山との試合は、新日本、全日本の壁だけでなくノアまで引き込む歴史的な一戦でもあった。そして、同じ月の28日に福岡国際センターでケアとの世界タッグ王者コンビで藤波辰爾、西村修が持つIWGPタッグを獲得し、史上初の六冠王となった。全てのベルトを体中に巻きつける姿も披露し、格闘技の勢いに押されるプロレスを、まさに一人で背負っていた。

武藤が輝く一方で新日本プロレスは混迷していた。4月9日の大阪ドームで、01年はPRIDEで知名度を上げた藤田がスコット・ノートンを破り、IWGPヘビー級王座を奪取した。同時にビッグマッチで決定したカードを、猪木が土壇場で覆す強権発動も繰り返し、ドームで5大会も開催したが、客席を見るとnWoブームだった1998年と比べると、明らかに空席が目立つようになっていた。

「この時、新日本での居心地が凄い悪くてね。全日本に出て新日本に帰ると、雰囲気がすげぇ暗くてさ。逆に新日本に所属しているのに、全日本へ行くと、向こうのファンもいい形で迎えてくるし、『武藤さん、武藤さん』って持ち上げられるから、居心地がすげぇよくてね。全日本にいたら気分いいけど、新日本にいたら気分が暗くなるから自然と気分は全日本へ行ったよね」

この年は全日本の聖地と呼ばれる「日本武道館」の全5大会のすべてでメインイベントを務めた。来たるべき正式な移籍を控え、武藤が全日本のエースに事実上君臨した一年となった。

全日本移籍へ

新日本と全日本の両団体でリング上を縦横無尽に駆け抜けていたが、水面下では移籍への準備が同時進行していた。元子は、馬場の悲願だった全日本の旗揚げ30周年を迎える2002年までは自らの手で会社を存続させたいという意向を持っていた。30周年を迎える2002年9月まで、自身がトップを務め、10月からは武藤を社長に据えることを約束していた。

「社長って言ったって、経営なんかしたことなかったからね。だから、新日本で経理とか、ソフト事業とか、たまたま仲良くしていた色んな人を一緒に連れて行った。後から小島《こじま》聡《さとし》とかに声かけたけど、レスラーより先にフロントを引っ張ったよ」

プロレスビジネスには、選手の立場だけで携わってきた武藤にとって、社長になり会社を経営することは未知数で、不安を覚えていた。だからこそ、経営を支える右腕が欲しかった。真っ先に声をかけたのが、当時新日本の管理部長を務めていた青木謙治だった。

青木は1982年に新日本に入社して以来、一時は営業を担当したこともあったが、一貫して経理部門で会社の金庫を切り盛りしてきた。管理部は総務と経理を統括する部門で、武藤はいわば新日本の心臓部ともいえるトップをスカウトしたのだ。青木にとって武藤は、レスラーとしての素晴らしさはもちろん、プライベートではマージャン仲間でもあり、公私共に親しかったが、武藤から全日本へ一緒に行くことを誘われた時、すぐには返答しなかった。

「武藤さんからは、全日本へ移る前年の10月ぐらいに話を聞きました。『全日本をやろうと思っているんだ』って言うから、私は『やるって何を？』ってそんな感じで聞いたと思います。新日本にいられないから辞めるっていう感じではなくて、全日本をやりたいから辞めるってそんな感じの言い方でした。聞いた時は複雑な思いでしたが、武藤さんは語る時って結構熱く語るじゃないですか。その時も『これはチャンスだよ、オレにとって絶対チャンスだよ』って多分そういうような話し方でした。『どう思う？』というような会話もあったかと思います。私としては、武藤さんの気持ちを聞いて『じゃあ、それじゃしょうがないな。夢を持って生きた方がいいよね』っていう感じにはなりましたが、私はハッキリした返事ではなくて中途半端な返事しかしていなかったと思います」

　武藤の誘いを保留した時、青木に退社の相談をした社員がいた。ソフト事業部の武田《たけだ》有《なり》弘《ひろ》だった。武田は宣伝部時代にｎＷｏ担当の広報を務め、武藤とは近い間柄だった。その後、インターネット部門などを強化するソフト事業部へ異動し、２０００年7月30日の長州力対大仁田厚戦でプロレス界初のＰＰＶ（ペイ・パー・ビュー＝課金制の視聴システム）を実現するなど、実績を上げていた。

「その時にボクが、仕事上のことで会社の幹部ともめて、色々な嫌なことが重なって青木さんに『会社辞めたいんですけど』って相談したんです。そうしたら『武田君、辞めるんだったら実は武藤さんが全日本へ行くって言っているんだよ。オレ誘われているんだけど、オレは一緒に行くことができないから、どうせ辞めるなら一緒に行って武藤さんを守ってあげてよ』みたいなことを言われたんです。それで『ちょっと考えます』って言ってたら、たまたま武藤さんと仕事で一緒になった後に、『もう一軒付き合えよ』って言われて、バーかなんかに行って、『青木さんから聞いていると思うけど、オレもう全日本行くからお前も来いよ』って言われたんです。話を聞いてすぐにやろうかなって思いました。ボクは当時ペーペーで、新日本にいても上が詰まっているから、やりたいことができるわけじゃないと思ってましたし、全日本へ行けば、上に10人も20人もいる会社にいるよりも飛び級になりますから。それに武藤さんが社長になったら『好きにやっていいよ』って言われていたので、全日本へ行けばもっと好きにやりたいことができるんじゃないかなと思ったんですね」

フロントの中で最初に全日本移籍を決断したのは武田だった。武藤は武田に、青木の説得も託した。

「武藤さんから、『青木さんが来ないって言っているから、来るように口説いて欲しい』みたいに言われたんです。それで、青木さんを説得しました」

ほどなくして青木も新日本を退社する気持ちを固めた。きっかけは、元子との対面だった。

「それまで優柔不断な態度を取っておきながら、武藤さんと一緒に元子さんと1回会ったんです。その時に、武藤さんが元子さんに私のことを『一緒に行こうと思っているんです』って言ったんです。そういう風に紹介されて同じ業界にいたら何かもう決断せざるを得ないなと思ったんです」

元子と対面したことで、動き出した時計の針を元に戻せないと青木は思った。ただ、武藤は青木が新日本を辞める背景には大きな理由があったと言う。

「あの時青木さんは、新日本の株の上場へ一生懸命に動いていたんだよ。それがどういういきさつか分からないけど消えてしまって、ガクンって来てたんだよ。青木さんも愚痴っていたからね。その時に全日本っていう話が降って湧いてきたんだよ」

株の上場計画は、ＵＷＦインターナショナルとの全面対抗戦が成功した１９９５年に、青木は専務の倍賞鉄夫を通じて筆頭株主でオーナーの猪木から検討するよう指示を受け、ナスダック、あるいは、マザーズへの上場を目指し大手証券会社の幹部と具体的な話を進めた。

青木は、新日本プロレスを持ち株会社にし、その下に興行、グッズなどの関連会社を置き、分社化することを考えていた。上場後は、市場から40億円ほど集まることを想定、その資金を元にプロレスと格闘技の総合商社のような企業へ発展させることを思い描いていた。

「夢が大きかったですから、新日本があってその下に他の団体をすべて統一したいという希望を持っていました。例えば、新日本スポーツエンターテインメントという親会社を作って、その下に新日本、全日本、インディまで含めてプロレス団体、格闘技団体すべてを子会社にするエンターテインメントの会社にしたいなと思っていたんです」

上場計画は、机上で着々と進んでいた。その間、坂口に代わって社長になった藤波辰爾も、積極的に後押ししたが、猪木から最終的なゴーサインが出なかった。

「藤波さんが社長になられた後も2001年ぐらいまで継続してやっていたんですけど、その時は2、3年ぐらいは計画は実質、止まっていました。あの時は、プロレス会社が公開なんてできるわけないだろうという声も大きかったので、そういう声があったからこそ余計、やろうという気持ちが強くなったんですが、逆に私たちが猪木さんを満足させるプランを作れなかったのも原因なのかなと思います」

上場ですべてのプロレス、格闘技団体を傘下に入れようと考えていたほどの壮大な夢を失った時、自らの夢へ進む武藤に心が動かされた。

「ちょうど、上場の話がなくなって、ちょっと夢がなくなったなぁという状態でした。そこに夢を語っている武藤さんにかけてみようかなと思ったことは確かです」

武藤と行動を共にすることを決めた12月に、社長の藤波に「一身上の都合」とだけ伝え、青木は辞表を提出した。藤波からは再三慰留されたが、意志を変えることはなかった。そこには、上場計画の中での猪木からの理不尽な要求や不信感があったのだろうか。

「それはないです。猪木会長は社員にそういうことをされる方じゃないですから。すべては私自身が考えたことです」

新日本の金庫番を獲得した武藤は、仲が良かったマッチメイクとグッズ販売の担当、さらに営業部にいた社員も誘った。加えてグレート・ムタのコスチュームなどをデザインしているデザイナーも引き抜いた。結果、新日本の社員5人が武藤と全日本への移籍を決断した。

「最初は青木さんとオレぐらいで始めた計画だったけど、当時の新日本だから社員も居心地が悪かったんだよ。スタッフの中でも普通にプライベートでも付き合うようなヤツと話している時に、愚痴の中からじゃぁ辞めようかってなってきて声をかけた。それで、徐々に集まってきた感じだったよ。それで偶然にも経理、ソフト事業、グッズ、営業、デザインとか部署がバラバラのスタッフだったから、『都合がいいじゃん』ってなったよ」

武田によると、武藤は社員に個別でアプローチしていたため、声をかけられた社員同士は会社で顔を合わせても、互いが行動を共にし退社するかどうかは知らなかった。

「全員で集まっていないから、お互いが辞めることは知りませんでした。決断するまでは武藤さんが個別で会って、辞める直前の1か月ぐらい前だと思いますけど、全員が決断してから初めて全員で会ったんですよ」

受け入れる側となった元子は、広尾の自宅マンションで武藤と行動を共にするスタッフを招き、複数回、食事を振る舞った。武田も招かれ手料理を何度もご馳走《ちそう》になった。

「元子さんとは、新日本を辞める前に会っていますね。会食は、元子さんの家で結構頻繁にありました。最初は、武藤さん、青木さんぐらいで、最後の時は全員いたかもしれないですね。元子さんの手料理が出て、それを残しちゃいけないと思ってみんなで全部食べましたよ。料理は、今まで食べたことのないようなメニューです。ハワイなのかアメリカのなのか分からないですけど、おしゃれな料理でしたよ。凄く美味しかったんですけど、量が凄かった。元子さんのご機嫌を取るみたいな食事会でしたね。仕事の話は全然なかったですね。もしかしたら青木さんが元子さんとそういう話をしていたのかもしれませんけど」

元子は、武藤と共に移ってくる社員を手料理でもてなし、親睦を深めた。会食の中で全日本の方針、経営面での指針、財務状況など仕事の話はほとんど出なかったという。

青木は「元子さんからは、武藤さんの好きなようにやってくださいっていう状況でした」と明かす。元子は武藤の社長就任と株の譲渡を約束していたというが、武田は今も「その辺はよく分からないんですよね」と正確な移籍の条件を把握していないという。

「多分、株を丸々譲渡、オーナー社長っていう条件だったと思うんですよ。ただ、今考えると、株をもらってオーナー社長って言われてもその会社の財政がどうなのかって、それによって全然違うわけじゃないですか。事前に全日本の財政状況を調査しなかったんですよね。キャッシュがいっぱいあるのかとか、不動産を持っているかとか、そういうのを全然元子さんに聞かずに『武藤さん、株をタダでもらってオーナー社長なんですね。いいですね』っていう感じでした」

「一国一城の主」への憧れ

新日本から全日本への移籍劇の実態は、明確な計画があったものではなかった。

「武藤さんが何を求めて全日本に行ったのかボクもよく分からないけど、もしかしたらただ単にリング上で自分の好きなプロレスをやりたかっただけなのか。何か、みんなあの時、そこまで深く考えてないんですよ。全員でたくらんで何かやってやろうってそんな『オーシャンズシリーズ』みたいな世界じゃなくて、みんな武藤さんに言われたからちょっと来ましたっていう感じで、ふらっと集まったっていう感じでした」

武田は、こう振り返った。青木も当時の心境を明かした。

「最初は、辞めるのは武藤さんとフロント的にはボクと武田ぐらいでしたから、何かあったら『武藤さん、引退試合をして退職金ぐらい作ってくださいよ』っていうぐらいで、『うまくいかなかったら、いかなかったでそれでいいんじゃないの』っていう気楽なところではあったんです。気がついたらフロントも選手も結構移籍したんですが……」

青木は上場計画の夢が頓挫し、武田は上司と衝突したように、武藤と仲が良かった社員それぞれが新日本への不満を偶然同じ時期に募らせ、言ってみれば勢いで会社を飛び出した。猪木との思想の違いで退団を決意した武藤自身の本心もそうだった。

「その時39歳で、そろそろ膝も動かなくなってきた。自分の中で、頑張ってもあと2、3年だなと思っていた。それと、他のレスラーも恐らくそうだと思うけど、30代後半になったら、色々と、先の人生を考えるようになるんだよ。オレも考えた。柔道整復師の資格を持っているから、骨接ぎでもしようかなとか。でも、オレの同級生も開業してるよな、こいつらとガチで戦ったら勝てねぇなとかさ。他には、名前も売れてるし飲食とかもやろうとか。だけど資本の大きいところには勝てねぇなとか。色々考えてじゃぁオレは何ができるって、行き着いたところが、たとえ、体が動かなくなってもプロレス界だったら生きていける、そう思っていたところに全日本から話が来てさ。猪木さんとの思想の違いもあったけど、よし！　一国一城の主になろうと夢を持って移ったんだよ」

昭和から平成の途中までプロレス団体は、猪木も馬場もそうだったように、レスラーが社長でありエースだった。同じ闘魂三銃士の橋本が、1年前に「ＺＥＲＯ－ＯＮＥ」を設立したことも刺激になった。プロレスラーになったからには、先人と同じように自分の城を持ちたかった。移籍を決断したきっかけは「猪木との思想の違い」だったが、本音は「一国一城の主」という野心だった。

武藤は社員だけでなく二人のレスラーにも声をかけた。一人が小島聡、もう一人が棚橋弘至だった。

「小島は、プライベートでずっと一番仲が良かったから、声をかけたよ。あいつは、内面は本当は暗いけど、ことプロレスに関わった時の陽性を感じた。暗いヤツより明るい方がいいからね絶対」

口説き文句は、猪木が進める格闘技路線だった。

「小島には、『格闘技やりたいのか？　プロレスとは違うだろ』っていう感じで誘ったと思うよ。そこが響いたんじゃないかな。特にあいつは永田とかカシンよりも不向きだからね」

小島からすぐに返事はなかったが、ほどなくして移籍する意志が届いた。棚橋は当時、デビュー2年目で武藤の付け人を務めていた。声をかけたのは小島と同じようにリング上での明るさだった。

「小島と同じようにリング上であいつの陽性を感じたからね。ただ、あいつは断ったよ。『新日本プロレスが好きで入ってきましたから、新日本プロレスで自分のプロレスをやります』とか言ったと思うよ。人生の大事なところだから、よく考えたと思う。だけど、あいつは良かったよ、くっついてこなくて」

武藤と元子との仲をつないだ馳は、独自にIWGPジュニアヘビー級王者のケンドー・カシンをスカウトした。馳は早大レスリング部にいたカシンを新日本にスカウトするなど、二人は深い絆《きずな》で結ばれていた。馳は当時をこう振り返った。

「新日本にスカウトした時から彼の人間性は素晴らしいと高く評価していました。格闘技の方ももちろん基本的にガチンコは強かったんですが、新日本でそっちの方に流されていくのは彼の本意ではないなぁと見抜いていたつもりなので、全日本で思う存分、好き勝手にやった方が彼にとってはいいと思ったんです」

馳のスカウトにカシンは応じた。2001年大みそかに、さいたまスーパーアリーナで行われた「猪木軍対K－1」で、正道会館の子安慎悟との試合を終え最終的に決断した。

「馳先生には2001年の12月24日のクリスマスイブに告白されました。先生の家に呼ばれて、それとなくそんな話が出たんです。その時は大みそかの試合があるからごめんなさい、と言いました。最終的な決断は大みそかの試合が終わって、帰る時のドクター林の車の中です。一仕事終わって、気が緩んでいたんでしょうね」

辞める理由はレスラーとしてワンステップ上がりたかったからだった。

「プロレスって事件というか意外性がないと面白くない。自分なりに考えて、もしカシンが移籍したら面白いんじゃないかって思ったんだ。新日本では決まったポジションができていて、ジュニアっていう枠が決まっていたんで、ヘビー、ジュニアの枠に関係なくやりたかった。殻をもう一つ破りたかったんでしょうね」

カシンの決断で全日本へ移籍するメンバーがすべて固まった。翌02年1月4日、東京ドームで新日本所属選手としてラストマッチを行った。移籍は、1月18日、朝刊スポーツ紙が一斉に「武藤、新日本退団　全日本移籍」と報じ、ついに公になった。新聞が報じた当日は、新日本との契約更改日だったが、席上で退団する意思を伝え、デビューから17年4

か月半にわたった「新日本プロレス・武藤敬司」の歴史を終えた。

受け入れる側の全日本では、生え抜きの渕正信も和田も武藤たちの移籍は直前まで知らされていなかった。しかし、渕は、入団を歓迎した。

「元子さんは、一切、教えてくれなかったよ。だけど、オレは、武藤たちが来ることにわだかまりはなかったよ。あのころの全日本は本当に潰れる寸前だったから、彼らが来て息を吹き返すと思ったし、これから面白くなると思ったからね」

離脱する新日本に対して武藤は入団から公私共に世話になった坂口には、事前に自らの意志を伝えていた。

「武藤はメガネスーパーへ行く時と一緒で、冗談みたいにオレに『全日本へ行きます』って挨拶に来たよ。あのころは、うちのリングに総合格闘技の連中が出て来たり、選手がPRIDEに行ったりしたから、そういう中で、このままじゃ、危ないと思ったんじゃない」

ＳＷＳへ移籍する意思を伝えられた時は引き留めた坂口だったが、社長を退き会長となり、経営から一線を引いていたこの時は違った。坂口は武藤個人の将来を考えた。

「オレは何も言わなかったよ。全日本から社長っていう話だったから、あのまま新日本に残って社長になる保証もなかったし、武藤はいい道を選んだと思ったよ」

坂口には報告したが、同じ日に入門し闘魂三銃士として苦楽を共にした蝶野には、何も言わなかった。

「蝶野の性格は、よく分かっているから。あいつに、事前に話すと絶対に引き留められることが分かっていたからね。それで自分の気持ちが揺らぐのが嫌だったし、引き留められるのが正直、煩《わずら》わしいっていうのがあったからね。そしたら、あいつ、本気で怒ってね。何年間か口も利いてくれなかったよ」

蝶野の思い

蝶野は、武藤が決別した猪木と新日本の中で戦う決意だった。

「ｎＷｏの時も武藤さんと二人で新日本を塗り変えてやろうっていう気持ちがあったし、その先のことも考えていましたから……。要は、対猪木なんです。それは藤波さんも前田日明さんもそうだったと思うんですけど、新日本で時代を取ろうとする人間は、猪木さんと戦わないといけないんです。確かにあの当時、猪木さんから『そんな楽な試合やってるんじゃねぇ』ってプレッシャーかけられていましたよ。それは武藤さんも同じでした。だけど、それでも、オレは、オレらのスタイルで時代を作りたいと思っていました。実際、もう目の前まで来ているんだから、何で飛び出すんだよ、って。何で一言相談しないのかっていう気持ちでしたね」

武藤は、打ち明ければ引き留められると想像したが、蝶野は、移籍する中身次第で行動を共にする可能性もあったという。

「オレは、新日本が軸でここは世界に通用するパワーを持っているって考えていました。だから、新日本に対して、一回寄り道をして再度刺激をかけて、オレらで天下を取るんだと、完全に乗っ取りに行くというぐらいの形だったら一緒に行ったかもしれません。それが、単に居場所を変えるだけだったら、ここまで来ているんだから最後まで一緒にやろうよと、隣に行くのは、いつでもできるって止めたと思いますよ」

蝶野は、武藤を下から支えるつもりだった。

「三銃士の中で、橋本選手が末っ子でオレが次男で武藤さんが長男という意識がいつもありました。武藤さんが、いつでもちゃんと上に立つんだったらオレは御輿《みこし》を担ぐつもりだった。だけど、あのころ、オレが勢いに乗りすぎて、どっかで武藤さんがオレに対して恐怖を感じたのかもしれませんね。武藤さんと同じように橋本選手も一国一城の主になりたいっていう野望があって飛び出しましたけど、オレは、そういうのは面倒くさいから、まったくないんですよ。誰かが上に立つんだったら、真横について頑張れって声をかけて、応援するのが好きなタイプなんです。だから、武藤さんには、せめて一言だけでもオレに言って欲しかった」

今も蝶野が無念さを露わにする武藤の離脱。一方、迎え入れる全日本の馬場元子は、喜びに満ちあふれていた。移籍が公になる直前の年末に武藤の妻・久恵に宛てた手紙にその思いがつづられている。

『今年は武藤さんに協力して頂き全日本プロレスは沈没しないで一年を通すことができ、又今後も力になって頂けるとのことで、私は武藤さんの言葉に甘えている毎日でうれしくニコヤカに過ごせる様になりました。

でも、奥様は今まで何の不安もなく毎日の生活をされていたのに急に方向が変わり何かと気がかりだと思うのですが全日本プロレスに武藤さんの力を下さい。

本当は貸して下さいなのですが武藤さんの全日本プロレスにして頂かなくてはならないので力を頂きたいのです。

どうぞよろしくお願い致します。

こんなお願いを奥様はお困りになると思うのですが、もう一度夢をみてみたいのです』

39歳の冬、武藤は野心を抱き全日本プロレスへ移籍した。レスラーから社長という一国一城の主になった新たな旅が始まった。

8章　社長の苦悩

「骨の髄までしゃぶられる」

2002年2月9日、新日本プロレスを退団した武藤敬司が、全日本プロレスの後楽園ホール大会に登場した。小島聡、ケンドー・カシンとリングに上がると、待っていたのは観客からのブーイングだった。

「今までは、全日本の救世主みたいに迎えてくれたファンが、全日本に入るってなったら『何だ、乗っ取りに来たのか』みたいにブーイングに変わったからね。シチュエーションが変わると、これほどまでにファンの心は変わるものかって改めてプロレスの難しさを感じたよね」

小島、カシン、そして新たにスカウトしたカズ・ハヤシと共に、2月26日にキャピトル東急ホテル（現ザ・キャピトルホテル東急）で行った入団会見で武藤は、「全日本プロレスに骨を埋《うず》める覚悟」と言うつもりが「全日本プロレスに骨の髄までしゃぶってもらいたいと思います」と口走ってしまった。まさか、このセリフが現実になるとは思ってもいなかっただろう。

全日本への移籍は、「骨の髄までしゃぶられる」日々の始まりだった。

武藤がファンの反応にズレを感じたリング以上に、取締役となった青木謙治は、外側から見た全日本と内実の落差に愕然《がくぜん》とした。

「会社の財政は、ズタズタの状態でした。税理士さん任せの事務所みたいな感じで、経理をきちんと見ることができる人すらいませんでした。内部留保、自己資金は、ほぼなかったですね。資産ゼロっていう会社でした」

　2000年6月に三沢光晴らの大量離脱で崩壊寸前だった全日本は、新日本との対抗戦と武藤のビッグマッチへの参戦などで、日本武道館大会こそ観客を集めていたが、地方興行の落ち込みは深刻だった。さらに収入の柱だった日本テレビからの放映権料を失い、経費削減が会社の喫緊の課題だったが、ジャイアント馬場夫人で社長の馬場元子は、亡くなった夫が貫いた経営方針を基本的に変えなかった。青木によると中でも経営を圧迫していたのが、外国人選手への手厚い待遇だった。

「テレビ中継を失った状況でも、元子さんは外国人選手にはいいギャラを支払っていました。来日する飛行機のチケットも本当に高かったですし、外国人選手への経費を見た時に、『本当にこれでよくやっていたな』と思いましたよ。会社として利益が出る体質ではありませんでした。恐らく元子さんは、自分の貯金を持ち出して運営していたと思います。社長になって意地だけでやっていたんだろうなって思いました」

　レフェリーを務めていた和田京平によると、当時、1シリーズで外国人選手の渡航費用だけで最低でも1000万円はかかっていたという。

「馬場さんは、来日する外国人選手に対して、レスラーたるものエコノミークラスでは絶対に呼ばないというポリシーがありました。全員ビジネスクラスで、三冠、NWAチャンピオンクラスはファーストクラス、これは崩せない考えだったんです。そのお金を馬場さんは、日本テレビからの放映権料でまかなっているんだって言っていました。ですから、テレビがなくなった後で元子さんが同じ待遇を続けていれば、会社のお金がどんどんなくなるのは当たり前でした」

武藤らの加入で、観客動員は上昇した。ただ、新日本で最高額の年俸だった武藤はもちろん、小島もカシンもギャラは高額で、さらに、社員が5人増え、人件費は高騰した。だからこそ、外国人レスラーの待遇を落とすことは不可避だったが、元子は馬場が目標にしていた02年10月に迎える旗揚げ30周年までは、亡き夫が守ったポリシーで団体を存続させることを変えなかった。和田は、そんな元子の姿を傍で見ていた。

「元子さんの支えは、30周年までは、何としてでも全日本を続けることでした。それは出て行った三沢たちへの意地でもあったと思います。多分、社長になってから元子さんは、自分の財産をかなり切り崩していたと思います。馬場さんは財産を遺しましたけど、あのまま続けていたら元子さんの貯金は2、3年でなくなっていたでしょうね」

裏を返せば、元子が私費を投じていなければ、プロレスリング・ノアと分裂後、間もなく全日本プロレスは潰れていた。武藤たちが移籍した時は、すでに会社の経営は自力運転ができない危機的状況だったのだ。だからこそ、青木も和田も元子の内心を「武藤さんが来ることになってホッとしたと思います」と推しはかった。

青木は、全日本へ入社してからの主な仕事は、「ほぼ毎日、金策でした」と振り返った。移籍する前に全日本の内部事情を調べなかったツケが一気に噴出した。資金繰りに奔走する日々だったが、すでに賽《さい》は投げられ、後戻りできる状況ではなかった。当時の武藤は「一国一城の主」になりたいという野心が何よりも勝っていたし、プロレスラーとして誰よりも観客を呼べる自負もあった。火中の栗を拾う移籍だったが、行動を共にしたスタッフも「武藤さんなら何とかしてくれる」と信頼もしていた。

全日本へ移ってからの武藤は、ほぼ全戦でメインイベントに出場し、02年7月20日の日本武道館大会では、「武藤敬司」「グレート・ムタ」、そして前年8月に編み出した新たなキャラクター「黒師無双」として3試合を行うなど、フル回転で団体を引っ張った。試合ではムーンサルトプレスの頻度が再び増し、同時に膝への負担は増大した。

「全日本に行った時点で小島も連れて行ったけど、やっぱりオレが先頭切って試合をしないといけなかった。だから、それなりにムーンサルトプレスも出していたよ。そりゃ、膝には悪いけど、あの時は、そんなこと言ってられなかったからね」

リング内外で心と体を切り刻みながら奮闘し、9月30日にキャピトル東急ホテルで開かれた「全日本プロレス創立30周年パーティー」で正式に社長就任が発表され、10月1日から全日本プロレス社長・武藤敬司が誕生した。

社長・武藤敬司

新社長となった武藤は、まず高額なギャラで経営を圧迫していたすべての外国人選手との契約を打ち切った。さらにグッズの売り上げで選手に入るマージンも見直した。全日本は、選手に肖像権として10パーセントのマージンが入る契約だったが、これを新日本と同じ3パーセントへ削減した。

「契約を切った外国人からは恨まれるし、グッズのマージンも引き下げたから、今度は選手から文句言われたよ。でも、削れるところは削らないと、とてもじゃないけど、もたなかったよ」

新会社のスリム化を実行する一方で新規事業にも乗り出した。全日本へ移籍した直後に新日本から共に移ってきた腹心の武田有弘へ、地上波のテレビ中継を獲得することを指令していた。三沢らの大量離脱でテレビ中継を失った全日本の、地上波のレギュラー復活は、武藤の悲願だった。武田は人脈を駆使して立ち技系格闘技イベントK－1と接触し、K－1を通じてフジテレビで放送する契約をまとめた。

ただ、番組は武藤が描いた全日本プロレスの中継ではなく、K－1が主体となった新しいプロレスイベント「WRESTLE－1」をスタートする内容だった。K－1に加え、総合格闘技PRIDEを主催するDSEが共催するこのイベントに、全日本は選手を貸し出すなどの協力関係という形で関わった。

武藤たちが描いたテレビ中継の理想は、自らが育った昭和の新日本プロレスの金曜夜8時に流れた生放送と同じような、全日本プロレスの試合中継だった。ところが当時は、K－1、PRIDEが地上波のゴールデンタイムに君臨する時代となっていた。テレビ局のプロレスへの評価は低下し、何よりスポンサーがつかなかった。そこで頼りにしたのが当時、フジ、日本テレビ、TBSと民放3局で中継するなど、テレビ局に強いパイプを築いていたK－1が持つコネクションだった。彼らの力を借りることで、ゴールデンタイムでの放送は実現した。

WRESTLE－1は、格闘技中継を担当するスポーツ局ではなくバラエティを担当するスタッフが放送を担った。同局にとって主役は「全日本プロレス」でも「武藤敬司」でもなく、この年にPRIDEとK－1のリングに初参戦し人気急上昇中だった「ボブ・サップ」だった。第1回大会は、2002年11月17日に横浜アリーナで開催され、サップ対グレート・ムタをメインに据えた試合は、フジテレビ系で11月26日午後7時から放送され、「ボブ・サップのバトルエンターテインメントショー」と銘打たれた。

結果、全日本プロレスの魅力を地上波で流す思惑は崩れ、ボブ・サップという旬なタレントがリング上で暴れ回る、バラエティのような番組構成となった。それでも地上波に「武藤敬司」の姿と「全日本プロレス」という看板が流れることで、将来大きなリターンが来ることを思い描いていた。フジテレビと交渉した武田も先行投資と考え、突っ走った。

「最初は、どうやってフジテレビをつけようかっていう話でしたが、交渉を進めていくうちに、放送してもらうために向こうの要求を飲むしかないという、逆説的な形になったんですね。ただ単に全日本プロレスを放送する時代じゃなくて、タレントパワーでサップを出せば視聴率が取れるとフジは考えて、その状況でスタートしたのがＷＲＥＳＴＬＥ－１でした。今思えば、フジ側からサップ対ムタとか要求されて『それは、できません』って終わっていれば、良かったかもしれません。だけど、あの時はとにかくテレビをつけることが第一でした。結果、全日本じゃないものをやってしまったんです。その部分で強引にやり過ぎたなと思いますよ。もしかしたらその時、武藤さんも全日本というより自分のプロレスがゴールデンタイムで放送されれば、全日本も上がっていくみたいな感覚があったと思います。でも、それは、新日本の社風で全日本は全員で持ち上がらないといけない団体だったんです。新日本は、猪木さんの時代からトップが上がれば下も上がっていく会社なんですけど、全日本はそうじゃないんですね。みんなで一致団結して上がっていく団体で、そこをファンは支持していたんです」

第1回大会の平均視聴率は8・4パーセント（ビデオリサーチ社調べ。関東地区）で目標の二けたをクリアすることはできなかった。さらに、WRESTLE－1のスタートは、全日本の経営にさらなる負担を招いた。興行自体は、K－1とPRIDEの共催で全日本は携わっていなかったが、問題は、目玉として招聘したビル・ゴールドバーグとの契約だった。

ゴールドバーグは、NFLを引退後、プロレスへ転向し、WCWで1997年にデビューした。プロレス転向後、わずか1年でハルク・ホーガンを倒し、WCW世界ヘビー級王座を奪取、一気に全米のトップレスラーへとのし上がった。来日経験がなかった超大物は、2001年3月にWCWが崩壊すると、契約がフリーとなった。この間隙を縫ってK－1、PRIDE、全日本の3社連合がWRESTLE－1の看板選手にすべく契約を結んだ。契約内容は5試合で総額1億円を超える破格の条件で、全日本はそのうちの2試合に参戦する代わりに、5000万円を負担することになった。

ゴールドバーグは、02年8月30日、31日に全日本の日本武道館2連戦で、日本マット初参戦を果たし、初日に小島、2日目に太陽ケアと戦った。いずれも圧倒的な存在感を見せ、観客動員にも貢献した。来たるべきWRESTLE－1へつながるお披露目試合は表向きには成功した。ムタとサップがメインを飾った第1回WRESTLE－1では、リック・スタイナーと対戦。翌2003年1月19日には、東京ドームでの第2回大会で、武藤と組み、ブライアン・アダムス、ブライアン・クラークの「クロニック」と対戦した。

ここから武藤とゴールドバーグのドラマが生まれるかと思われたが、WRESTLE－1自体が消滅することになる。K－1に参戦していたミルコ・クロコップをPRIDEが引き抜いたことから、大会を主催していた両社の関係が悪化、第2回大会の東京ドームを最後に、イベントは自動的に消えて、フジテレビの中継もなくなった。WRESTLE－1が軌道に乗れば、武藤、さらには全日本への注目度が上がり観客動員に返ってくるはずという先行投資の思惑も崩れ、全日本にはゴールドバーグへ支払う5000万円の巨費だけが残った。

「テレビをつけるために花火をあげようと考えて、必要だったのがゴールドバーグでした。そこは当面の利益を度外視してリングに上げた部分でもあったんです。ですから、武藤さんのテレビをつけようという考えは間違いではなかったと思います。ただ、思ってもみないことが続いて、イベントそのものがなくなって、結果、残ったあの5000万円でさらに経営的には非常に厳しくなったことは事実です」

青木が明かすようにWRESTLE－1の内情は火の車になった。余談になるが、この時点でゴールドバーグの契約は1試合残っていた。このため、PRIDEを運営するDSEが残った契約を消化する目的で始めたのが「ハッスル」と名付けた新たなプロレスイベントだった。第1回は2004年1月4日のさいたまスーパーアリーナで、ゴールドバーグはメインイベントで小川直也と対戦し、5試合の契約を終えた。

是が非でも欲しかった地上波での放送もなくなり、ゴールドバーグのギャラというマイナスだけが重くのし掛かった時、青木は、一つの決断を下した。社長の武藤と自らの給与をストップしたのだ。

「移籍して1年過ぎたあたりに、私から武藤さんにお願いして、私と武藤さんには給料を出しませんでした。武藤さんも、納得はしてくれました。後、申し訳なかったんですが、ギャラが高かった小島選手とカシン選手への支払いも2か月近く遅れるようになっていました」

青木の金策への奔走は激しさを増した。「あのころの記憶は、思い出そうとしても思い出せないぐらい辛い日々でした」。新日本時代は、銀行に借金を頼んだことはあったが、全日本では銀行は相手にしてくれず、もっぱらスポンサー筋に頭を下げて金を借りた。

「ただ、私の中で、そういう場所に武藤さんを連れて行くことだけはしたくありませんでした。どうしてもという時は行ってもらったこともありますが、エースでトップのレスラーである武藤さんに頭を下げさせるわけにはいかないと思っていました」

武藤が預かり知らないところで青木は借金を重ね、次第に二人の間に溝ができるようになった。

全日本からの給与が停止された武藤は、03年の4月に個人事務所「LEG　LOCK」を設立した。全日本から給料を受け取らない代わりに、個人での芸能活動やグッズ販売などの売り上げで、自らの収入を確保するためだった。「後は新日本から一緒に来た社員の食いぶちを作らないといけなかった」と武藤が明かすように、全日本の人件費を軽くするために、新日本から共に移ってきた青木を除く社員4人の給与をLEG　LOCKで負担したのだ。

古巣・新日の凋落

K－1、PRIDEの格闘技人気にプロレスが完全に押され、業界のトップを走っていた新日本も武藤、橋本真也の離脱で下降線を辿っていた。営業部長だった上井文彦は、武藤と橋本の離脱が大打撃だったと明かす。

「武藤と橋本が抜けたのは、大きな痛手でした。特に武藤が抜けた時は、しびれましたよ。二人は新日本にとって太陽でしたから。残った蝶野正洋にしても天山広吉にしてもみんな月でしたから。月は自分では光らないでしょ。お客さんを惹《ひ》きつける光り輝く太陽が二つもなくなれば、それは苦労しますよね」

観客動員だけでなくグッズ販売の売り上げも、武藤の不在で大きな痛手を受けた。当時の新日本のグッズ収入で、武藤とグレート・ムタが6割も占めていた。残る2割が新日本プロレスのロゴマークなどが入った団体の商品で、あとの2割が他の選手だったという。武藤の離脱は、新日本の台所も直撃した。

さらに、長州力、佐々木健介らも退団した。長州は、新団体「WJプロレス」を2002年3月1日に横浜アリーナで旗揚げするも、わずか半年で興行停止に追い込まれた。格闘技とは一線を画し、プロレスだけを追求していた三沢の「ノア」は、人気をキープしていたが、業界の盟主だった新日本プロレスで相次いだ激震は、プロレス人気を地盤沈下へと追い込んだ。

後戻りはできなかった

不況の波は深刻さを増し、全日本の社長に就任した翌年には、武藤と青木は個人の資産も切り崩して会社へ投入するまでに至っていた。

「ボクと武藤さんは財産を切り崩して全日本に資金を入れていました。給料も半年間ぐらい、もらわないでやっていました。恐らく、武藤さんはあのころ、早く全日本を辞めたいと考えていたと思います。移る前は、できれば新日本で果たせなかった株式上場もやりたかったんですが、実際に入ってあの状況になると難しいと思っていました。新日本を辞めた時は、最低でも自分たちが飯を食えるぐらいは稼ごうと思っていましたけど、それもできなかったですからね。だからこそ、あの時に見切りをつけてれば、良かったかもしれないなと思うところはあります……」

青木が今だから明かせる引き際だったが、武藤は後戻りできなかった。

「あの状況だから、給料がないのはしょうがなかった。だけど、辞めることはできないよな。個人じゃどうしようもないぐらい色んなところから会社としてのスポンサーもいたからね。確かに、見切りつけるのが早かったら小島とカシンとオレでフリーになってやれたかもしれない。ただ、フリーになってもある意味、最初はいいけど、どこの団体に出ても使い捨てにされたよ」

一方で、社長を退任した元子との間で株の譲渡を巡り軋轢が生まれていた。全日本へ移籍する条件として、元子が保有する株を譲り渡す約束を交わしていたが、一向に譲渡されず武藤は、名前だけの「社長」という状態が続いていた。「そのまま株が来なかったら、辞めてたよ」と打ち明けるように、「一国一城の主」を掲げて全日本に来た武藤は、このまま株を保有できなければ全日本を辞める決意を固めていた。

青木は、移籍直後から元子に直接、株の譲渡を急ぐよう頼んだという。

「ただ、ボクが言うと『分かっているわよ』って言うんです。『いつするんですか?』っていうと『ちょっと待っててね』ってその繰り返しでした」

煮え切らない状況だったが、それ以上、強く迫れない事情があったという。

「全日本のお金が苦しくなった時に元子さんに借金を申し込んで、貸してくれた時がありました。そうなると強く言えませんよね。そういうこともあって、元子さんから見れば、『この人たちに株を渡して大丈夫なの』っていうことも多分、考えていたと思うんです」

レフェリーの和田京平によると、元子への借金はゴールドバーグを招聘する時に頼んだという。

「ゴールドバーグを呼ぶ時に全日本にお金がなくて、元子さんに5000万貸して欲しいってお願いしたんです。それで元子さんは『誰も貸してくれないなら、じゃ私が出すよ』って言って出したんです。その時に元子さんは、その5000万円の保証として全日本の道場を『私の登記にしなさい』って言ってたんです。道場は、生前、馬場さんが『お前らのために残してやるよ』って言って会社の登記にしていたんですが、その時に名義を全日本プロレスから馬場元子へ書き換えたんですね」

そして、元子から武藤に株を渡さない理由を聞いていたという。

「全日本へ移籍する条件に武藤選手側は、約束していた資金を持ってこなくて、それで元子さんは『あの人、嘘つき』って言って渡さなかったんです」

和田が元子から聞いた話では、その金額は「6億円」だったという。いわば移籍に伴う持参金で、確かに武藤は、後に全日本プロレスの社長になる白石伸生から資金援助を受け数千万円を全日本へ投資したという。しかし、「6億」という和田が明かした金額は否定した。

「6億なんて金がオレに用意できるわけないよ。そんな話、事実じゃないよ。6億用意できたら自分で団体を作ってやってるよ」

元子は2018年4月14日に肝硬変のため78歳で亡くなった。武藤と和田のどちらの話が真実なのかを尋ねることはできない。ただ、武藤と元子の間に事前の約束と何らかの齟《そ》齬《ご》があったのだと推測するしかない。そして、株の譲渡を巡る攻防に楔《くさび》を打ち込んだのが和田だった。

「武藤さんが元子さんから株をもらえない時に『京平さん、株がないからどうにもならねぇよ』って泣きついて『オレ、全日本を辞めるよ』って言ったんです。それを聞いた時に、このまま行けば、また三沢と同じになっちゃうから、これはマズイって思ったんですね」

和田が明かした「三沢と同じ」とは、馬場が亡くなった後に全日本の社長に就任した三沢光晴に元子が株を渡さなかったことを指す。結果、元子は、オーナーとして団体の運営などについて社長の三沢へ意見し、両者の対立が深まった結果、三沢は「プロレスリング・ノア」を旗揚げした。この時、一般週刊誌は老舗プロレス団体のお家騒動と報じ、元子を「女帝」と批判する記事が数多く書かれた。株の問題で武藤が辞めれば、再び三沢の時と同じように元子への批判記事が集中することを和田は想像した。

「あの時オレが考えたのは、全日本じゃなくて、元子さんを守ることでした。株の問題でもめて武藤さんが辞めれば、『なんだ三沢の時とまた同じじゃないか』って馬場元子という人がまた女帝みたいな形で悪く書かれて『やっぱり悪いのは、馬場元子じゃないか』って世間は捉えると思ったんです。確かに元子さんに悪いところがあるのかもしれないけど、そうならないようにオレは守ろうと思ったんです」

株の譲渡が決着すれば、武藤は全日本に残るため内紛が表沙汰にはならない。元子を守るため、和田は、武藤サイドにつくことを決断した。

「武藤さんに『株をもらって本当の社長になってくださいよ』って言いました。武藤さんからオレは元子さんのスパイみたいな感覚で見られていたから『京平さん、元子さんから離れられるの？』って聞かれたから、『いや、いや、オレ別にそういうのないよ、武藤さんの方に行くよ』って言ったんです。それで全日空ホテルに当時の役員が集まって、元子さんは、ハワイの別荘にいたんで、ハワイにファックスで取締役全員の辞表を送ったんです」

取締役全員の辞任は、武藤の退団だけでなく、全日本プロレスの、会社としての機能が停止することを意味していた。辞表を受け取った元子は、保有していた株を武藤に渡すことを決断した。

リング上でも苦戦が続く

正式にエース兼オーナー社長となった武藤は、リング外では難局の連続だったが、リング上では橋本の「ＺＥＲＯ－ＯＮＥ」との対抗戦を仕掛け、熱気を呼んでいた。２００３年2月23日の日本武道館では、グレート・ムタとして保持していた三冠王座を橋本に奪われたが、新日本の東京ドーム大会の同日に開催した5月2日のZERO-ONE後楽園ホール大会では、小島と組んで橋本、小川直也のOH砲と対戦、試合後にケガから復帰したばかりの川田利明が乱入し超満員の後楽園にサプライズを起こした。三冠王者の橋本に全日本勢が挑む構図で活気を生んだが、今度は橋本がケガに倒れてしまった。7月6日のZERO-ONE両国国技館大会で小川と組んで武藤、川田組と対戦した試合後に「右肩の脱臼及び、右腱《けん》板断裂の疑いで全治3か月」、さらに右足も「膝の前十字靭帯断裂及び脛《けい》骨《こつ》骨折で全治2か月」と長期欠場に追い込まれた。

全日本へ移籍してからは、リング上で歯車が回転し始めると、その寸前で挫折することも連続した。橋本の欠場に加え、武藤が社長に就任後に発掘した外国人選手のギガンテスが12月5日の日本武道館大会翌日の6日に、成田市内のホテルで急性心不全のため36歳の若さで急死してしまったのだ。ジャイアント馬場時代の外国人選手との契約を打ち切り、新たに結成した外国人軍団「RO&D」の中心で活躍していた、身長2メートル、体重150キロの体格を持ち、人気も上昇中だったギガンテスの急逝は、あまりにも無念だった。そして、この年の12月には経費削減の一環で、事務所をジャイアント馬場が会社を設立した場所である六本木から九段へ移した。

年が明けた04年、武藤はデビュー20周年を迎えた。記念の年は、他団体へ激しく出撃した。まずは、新日本へのUターン参戦が実現した。1月4日の東京ドーム大会に、ボブ・サップと組んで参戦。蝶野、天山と対戦した。ボブ・サップは、4日前の大みそかにナゴヤドームで行われた「K－1 PREMIUM 2003 Dynamite!!」で、大相撲の元横綱曙《あけぼの》のK－1デビュー戦の相手を務めKO勝ちをするなど、話題性は抜群だった。オファーしたのは、営業部長からマッチメイカーに抜てきされた上井だった。

「あの時、戻って来てくれってオファーした理由は、武藤が出て来てくれたらお客さんが入るからです。それ以外に他意はありません。猪木さんからも『何で武藤を戻すんだ？』って聞かれましたけど、ちゃんと事前に理由を説明して承諾を得ていました」

一方の武藤は、新日本からのオファーにある交換条件をつけた。

「グレート・ムタの肖像権が新日本にあるから、新日本は偽物のムタを作ったりしてさ。だけど、話題になったから、その展開はオレからしたらいいことだったんだけど、ただ、いつまでもそのままっていうわけにはいかないから、新日本に出る時に交換条件で肖像権を返してくれって言って、OKしてくれたから出たんだよ。それでムタのコスチュームもみんな新日本の倉庫に置いてあったから、そういうのもみんな戻って来たよ」

7月10日にはノアの東京ドーム大会に参戦し、三沢との夢の対決が実現した。試合は太陽ケアとのタッグで、三沢と小川良成が持つGHCタッグ王座に挑戦するという試合だった。同大会は、旗揚げから4年目となるノアにとって初めてのドーム興行で、ノアからの参戦オファーは、全日本時代に和田と共に馬場のマネージャーとして仕え、フロントトップでリングアナウンサーの仲田龍から和田へ持ち込まれた。和田によると仲田の希望は、当初、武藤ではなく川田の出場だったという。

「ただ、提示された条件を川田が断ったんです。それで、武藤さんに話をしたら、『いいよ。じゃぁオレが出るよ』って即答でしたよ。あの辺のレスラーとしての嗅覚はさすがですよね」

武藤にとって三沢との初対決は、社長としての判断だった。

「バーターですよ。オレがノアに出て、その後、三沢さんにウチのリングで小島とやってもらって、オレの記念試合に出てもらったからね。そういうすべてがワンセットのバーターだったよ」

参戦の見返りとして今度は三沢が7月18日の両国国技館大会に登場した。離脱からおよそ4年を経た三沢の全日本マット復帰は話題を呼び、試合も小島との一騎打ちという好カードで、国技館を超満員の観客で埋めることに成功した。さらに10月31日に両国国技館でのデビュー20周年記念大会で三沢と初タッグを結成、佐々木健介、馳浩と対戦し記念のムーンサルトプレスで馳を破った。様々な側面があった夢の対決だったが武藤にとって、三沢はプロレスラーというよりも社長のイメージを強く抱いた。

「三沢さんは、存在そのものがまさに社長で重みがあったよ。レスラーからもお客さんからも信頼されて、支持されているのを凄く感じたよ。それは、プロレス道の中でも若い時に2代目タイガーマスクになったり、その時に長州さんたちのジャパンプロレスが全日本に来たりして、きっと苦労をされてきたんだよね。そういうプロレスラーとしての道もお客さんと一緒に歩んで、プラス社長になった姿も見ているから、お客さんが信頼して支持していたんだと思うよ」

レスラー三沢光晴は、どんな印象だったのだろうか。

「これは、どっちがいいとか抜きにして、オレとはプロレスを作り上げるセンスが違ったよ。育った環境が違うんだから、しょうがないよ。やりづらくはなかったけど、プロレスの技術っていう部分では、オレの中ではちょっと分からないところがあったよ」

新日本へのUターン、そして三沢との初対決、とプロレスラーとしての輝きを放った04年は、WRESTLE－1で挫折した地上波のテレビ放送を獲得した。4月5日からテレビ東京で毎週月曜深夜2時から「プロレスLOVE 夜のシャイニングインパクト」の放送が決まった。30分間の番組は、深夜帯だったが全日本プロレスの情報だけを伝える内容で、日本テレビが中継を撤退した2000年6月以来、全日本にとって3年10か月ぶりの

2004年7月10日東京ドーム。三沢との夢の対決が実現した。

地上波でのレギュラー番組復活だった。

この年は、2月22日を最後に聖地といわれた日本武道館での開催から撤退するなど、会社の苦しい状況がファンにも周知されることになった。それだけに地上波復活は表向きには朗報だった。しかし、青木によると結果としてこの番組がさらに全日本を苦境に追い込むことになったという。

「興行の流れをつなげるために、テレビは必要だったんです。ただ、テレビ東京の放送は、全日本が金を払って放映していたんです。あれで一層、厳しくなりました」

新番組はテレビ東京から放映権料が発生せず、全日本が30分の番組枠を買い取る形で放送する契約だったのだ。ただ当初は、スポンサーを請け負う企業があった。ところがこの会社は、テレビ東京側のスポンサーとして相応しいか否かの審査に通らず、やむなくスポンサー不在のままの放送を余儀なくされたのだ。ただでさえ経営危機に陥っている現状で見切り発車となった新番組だったが、武藤の中ではテレビの力は絶対に欲しかった。

「スポンサーになってくれるって言った会社がテレ東の査定に通らなくて、直前になってオレたちが持ち出さなきゃいけない状況になっちまって本当に参ったよ。だけど、その時代はやっぱりテレビが絶対だと思っていたんだよね。どれだけいい試合をやって流れを作っても、世間に伝わらないとマスターベーションになっちまうもんな。今ならネットの動画サイトとか、色々告知できる方法はあるけど、あのころはやっぱり、まずはテレビっていう頭しかなかったよな」

全日本のPRを狙った番組だったが、枠を買うための支払いは、毎月滞《とどこお》った。結果、番組は1年間で終了した。滞納金は約8000万円にまで積み重なり、会社にさらなるダメージを与えた。

あまりの苦境にレスラーも去って行った。7月2日に青木が会見を開き、1日付で武藤と共に新日本から移籍したケンドー・カシンを「解雇」したことを発表した。しかし、青木によると実際は、「解雇」ではなく、カシン自らが申し出た「退団」だった。

「カシン選手が会社の苦しい状況を見て『そんなに苦しいんだったらオレが辞めます。オレの固定給は高いから、支払わなくていいですから、フリーにしてください』って会社を救うために自分から辞めてくれたんです。ただ、発表は、解雇にしてくれって言われて、そこは、プロレスラーとしての判断だったと思います」

カシンは、高額の給料をもらっている自分の存在が、会社の負担になることを考えた末に退団を決意した。表向きに解雇と発表したのは、今後、プロレスラーとして活動する上で「全日本がクビにした」ことを話題として使うための判断だった。当時、カシンは新日本の永田裕志とのコンビで世界タッグ王者だったが、解雇されてもベルトを返さなかった。

カシンにとってリング上で話題を呼ぶための手段だったが、再三の要求に応じなかったことで全日本がベルト返還を求め東京地裁に提訴する事態に発展してしまう。カシンは当時をこう振り返った。

「世界タッグは、たまたま凛々《りり》しい顔の永田君が新日本でのポジションが危ういから、全日本で話題を作って新日本でもうひと花もふた花も咲かせたいというところがあったみたいで、彼へのボランティアみたいなものでタッグを組んだら世界タッグを取っちゃったんです。その後、辞めることになって、ベルトを返すの？　っていう話になったんで、試合を組んでくれれば、それで良かったと思うんだけど、試合は組まないっていう話になったから宙ぶらりんになって訴えられました。訴状が届いた時に、弁護士を雇わないといけないんで、面倒くさいなぁって思ったよね。金もかかりましたけど、裁判の仕組みとかいい経験になりました、ハイ」

結局、裁判で和解しベルトは全日本へ返ってきた。カシンは若手時代に武藤の付け人を務め、その存在感とレスラーとしての才能に圧倒されてきた。しかし、全日本へ共に移籍した後の社長・武藤敬司には別な思いを持っていた。

「経営者よりも一レスラーとしてやっていた方がより輝いていたんじゃないかな。どうしても、人の好き嫌いがあって、それは例えば自分を裏切った人間は許さないっていうところがあったよね。猪木さんとか大仁田さんとかは、人間関係を度外視して、商売になるんだったらリング上では何でもやる。猪木イズムって、ビジネスになるなら何でも受け入れることだと思うんです。商売だと思ったら個人的な感情とか関係ないよね。武藤さんもそこがあれば、お客さんをもっと惹きつけられたと思うよ。ベルト返還も猪木さんだったら、裁判しないでリング上に反映させていたはず。ただ、今思えばゴールドバーグを呼んでガクッと傾いて、武藤さんも自分がそれを背負わないといけなくなったから、どうしても視野が狭くなったのかなって思う。選手にギャラも払わなければいけなかったし、目先のことばかりに頭が行ってしまったのかも。移籍した時に新日本から社員を5人連れて行ったけど、いくら能力のあるフロントがいても結局、試合とかレスラーの商品が良くなければ、プロレス団体は商売になりません。新日本は、色んな素晴らしい商品があったからフロントの人たちも動かせていたと思う。会社ってやっぱり人が動かすものだから、うまく行く時も行かない時もある。あのころ、オレから『経営に関して選手みんなが心配しているから一言言ってくださいよ』みたいなことを言ったことはあるけど、『そんなの知らねぇよ』みたいな感じで言われたこともあったり、結構焦っていたんじゃないのかな。だから、新しい会社ってみんなで育てていくものなんじゃないかな。もともとあるものを持って来てそのままやったからって、うまくいくものではないなと思ったよね。ただ、オレ自身は全日本へ行ったおかげで色んなことを俯瞰《ふかん》して見ることができた。あの時代の経験が今でも生きているよね。あれがなければもうとっくの昔に廃業していたんじゃないの。全日本、PRIDEとかやって、あの当時は色々問題もあったけど、今になって思えばやってマイナスじゃなかったよね、すべてプラスでした。ありがとう武藤夫妻です」

盟友「破壊王」の死

カシンに続き、翌2005年3月には、生え抜きで看板選手だった川田利明も退団し、フリーとなった。社長就任から団体を支えたレスラーが離れていく中で永遠の別れが何の予告もなくやってきた。

橋本真也の死だった。

05年7月11日、午前10時36分、横浜市南区の病院で脳幹出血のため急逝した。40歳の若さだった。

「最初に聞いた時は、信じられなかった。この業界は、デマが飛ぶからね。思い出？　いっぱいあるよ……何かいっぱいあるよ……」

同じ1984年4月21日に新日本プロレスに入門し、合宿所で共に生活し道場で汗を流した若手時代。闘魂三銃士としてドームツアーを支えた黄金時代。そして、橋本が新日本を解雇されＺＥＲＯ－ＯＮＥを旗揚げし、武藤も全日本へ移籍し共に一国一城の主として交わった時代。プロレス人生のすべてを破壊王と共に歩いてきた。溢《あふ》れるほどの思い出は、一言では語り尽くせない。だからこそ「いっぱいある」という言葉にすべてを込めていた。

橋本の通夜は、急逝から4日後の7月15日に横浜市内で営まれた。当日、全日本プロレスは後楽園ホールで試合があった。メインイベントを終えた武藤は、リング上でマイクを持った。

「健介、小島、嵐。橋本、死んじゃったよ。ちょっと、追悼試合やろう。10分」

佐々木健介、小島、嵐に呼びかけ、急きょ武藤、嵐組と佐々木、小島組による10分一本勝負の追悼試合を行った。武藤が、破壊王の必殺技のケサ切りチョップ、ツバメ返しを繰り出すと、場内は涙を流したファンが奏でる橋本コールに包まれた。最後は小島へ橋本の必殺フルコースとなるＤＤＴから三角絞めを極めたところで、制限時間の10分を終えるゴングが鳴った。追悼セレモニーでは遺影を抱き10カウントゴングを捧《ささ》げた。汗に混じって両目から涙が溢れていた。

遺影を手にしたバックステージでは感傷的な言葉は封じた。

「追悼試合、しんどかったよ。橋本、生きてるってしんどいよ。今更何も言うことねぇや。早くあの世へ行ったら団体作って待っててくれよ。その時は絶対、オレをエースに迎えろよ」

生きてるってしんどいよ——遺影に向かって語りかけた言葉に、当時の武藤の本音と苦境がにじみ出ていた。あれから14年、今、橋本真也へ何を思うのだろうか。

「彼も時代が作り上げたレスラーだったよ。あんなデブで、瞬発力すげぇあったもんな。今いたらあの蹴りはみんな嫌がっただろうな。ただ、オレが好きなのは、新日本時代に猪木さんの後継者とか闘魂伝承とか目指していたころの橋本でさ。それ以後のハッスルとかZERO－ONEで何かお笑いみたいなキャラクターでふざけたのは、あんまりセンスのいいプロレスには感じなかったよ。やっぱり破壊王で、猪木さんの背中を追って闘魂伝承を貫いて、ずっとそこで勝負していれば良かったと思うんだけど、ある意味、ZERO－ONEを作ってからは、そこを貫かないで、ちょっと逃げに行ったのかなと思ったりもするよね。体力的にそうだったのか、しんどかったのかも分からないけど。結論を言ったら、そういう練習不足だとか不摂生とか、その延長で死んじまった感じがするもんね」

遠くを見つめるように橋本への思いを吐き出した。途中、「ただ」と強い口調で話を変えると、こう続けた。

「これは、今もそうだけど、オレの中では、あんまり橋本を使って商売をしたいと思わなかった。橋本の追悼を掲げて集客はやりたくなかったよ。そこは、意地というか……っていうより、そういう大事な部分もあるしね。ビジネスに彼を結びつけたくなかった」

橋本は、亡くなる前年の11月に自らが設立したＺＥＲＯ－ＯＮＥの経営悪化の責任を取って団体を追われていた。武藤にとって共に野心を持って独立した同志の挫折だったが、プロレスに夢をかけた破壊王を興行に利用することには、その人生を汚すような思いがあった。だからこそ、通夜の日に捧げた追悼試合も事前の予告なしに行った。

度重なる苦境

この年の8月に、新日本への移籍を真っ先に相談し声をかけた青木が会社を離れる。経営不振の責任を取らされた事実上の解任だった。11月には新日本から共に来た社員も退社した。野心を抱いた移籍は、3年8か月を経て小島だけが残る状況となった。

青木に代わって経営を司る取締役に就任したのは、前年から執行役員として経営のアドバイスを行ってきた内田雅之だった。

内田は、北海道で医療コンサルタント会社を経営していた実業家で新日本時代から武藤とは旧知の仲だった。執行役員になったのは、テレビ東京の番組で滞納した８０００万円の支払いを広告代理店から迫られた時に、青木から交渉人を依頼されたことがきっかけだった。この時、一括での返済を求める代理店側を説得し、全日本の負担が少なくなる方法で交渉をまとめ、こうした実績により武藤から信頼され、青木が退社した後に副社長として会社の経営を託された。

内田が全日本プロレスの中に入った時、当時、年商は5億円ほどだったが、積み重なった借金が3億円ほどあったという。入社後すぐに債権者を回り、返済の猶予を含めた交渉をした。経理担当者も新たに外部から迎え、武藤の妻・久恵も会社に入り経理を担当した。さらに経営を立て直すため選手、社員の給料を大胆にカットした。

「武藤さんたちが移籍した時の年俸を基準にすれば7割ぐらいまでカットしました。一般のサラリーマンと変わらないぐらいの年収になってしまいましたが、ここを削らないとどうしようもない状況だったので、納得してもらいました」

内田が会社の中に入って初めて分かったことがあった。それは、武藤が全日本へ来る以前にあった税金の滞納だった。

「馬場さんの時に源泉所得税が未納だったんです。武藤さんが社長になってから千代田税務署に指摘されて、この滞納していた税金を、ずっと毎月ローンのように税務署に返済していたんです。金額にして毎月１００万円ぐらいでしたが、これは、キツかったですね」

滞納した税金をローンで返済すると、利息にあたる延滞税も加わり、武藤も「この税金の滞納が最後まで首絞めた。税金からは逃げられないからね。それに苦しんだ」と明かした。

　当時、武藤は42歳だった。小学校卒業時に書いた30年後の未来にいた。10年後には「プロレスラーのほけつ」、20年後は「プロレスラーで世界一」と描いた通りの道を歩いてきた。42歳を「プロレスをやめてうえきや」と想像していた。両膝の負傷、経営の苦しさ、同志の死……。度重なる逆風を考えると、もしかすると引退する時期だったのかもしれない。しかし、少年時代に描いた未来予想図とは違う道を武藤は選び、リングに上がり続けた。

「確かに32歳までは、子供のころに思い描いた通りに来てたけど、子供のころ見てたプロレスって表面的なところしか見てないわけだからさ。40歳過ぎてから違う方向へ行ったけど、プロレスの世界は表面だけじゃないわけだからね。ある意味、違う道へ入っていってからさらにドップリとプロレスへ浸かっていったよ」

　会社の苦境とは反対に全日本プロレスのリングは明るさと輝きが増していた。2004年にはWJの崩壊で路頭に迷っていた佐々木健介を参戦させ、妻の北斗晶がセコンドにつき「健介ファミリー」として息を吹き返し、リング上で躍動した。翌05年には大相撲からK－1へ転向したが、不甲斐《ふがい》ない試合を繰り返していた曙を招聘し、プロレスラーとして自立させた。この年は、自らの後継者に考えていた小島聡が、三冠ヘビー級王座とIWG

P王座を同時に奪取し四冠王となる活躍もあった。さらに06年には鈴木みのるが登場し、ヒールとしての存在感を思う存分、発揮させた。その他TAKAみちのくが率いる「RO&D」、「DRAGON GATE」を退団したTARUが率いる「VOODOO-MURDERS」が個性を発揮した。当時の全日本は、一つの興行でシリアスもあれば、ルチャ・リブレもあり、お笑いも提供し、悪役が暴走するなど、あらゆるスタイルが見られる「パッケージ・プロレス」を掲げ、ジャイアント馬場の王道プロレスから脱し、武藤敬司の色が定着してきた時代だった。

「あの時は、WRESTLE-1の反省を生かしたんだよ。WRESTLE-1って、名前が知られている格闘家がプロレスをやったんだけど、実際にやって見て、やっぱり難しかったよ。だから、その時に、『プロレスは、無名でもいいから職人を集めた方がいいよな』っていう発想になったんだよ。あのころは、外国人もみんないい選手でよく頑張ってくれたと思っているよ」

さらに、06年3月21日に後楽園ホールでの「ファン感謝デー」で物まねタレントの神奈月とタッグを組んで小島、タレントのイジリー岡田と対戦した。その後も、レスラーの物まねをした芸人の上島竜兵、原口あきまさらをリングに上げて、「偽物」を意味する「FAKE」の「F」を取って「F-1タッグ選手権」を制定、完全バラエティの試合も行った。いずれも会場は超満員だった。あの昭和末期、ビートたけしが新日本のリングに上がって両国国技館で大暴動が起きた当時を考えると隔世の感がある出来事で、F－1の成功は、昭和から平成へ時代が移り、ファンの間でプロレスへの見方が劇的に変わったことの象徴でもあった。

「全日本へ行ってからオレは攻めたよな。攻めないと負けちまうと思っていたからね。テレビも欲しかったけど、テレビもなくなった。じゃあ、どうやって団体をアピールするかって、色んな分野とコラボしたり。その中で、よしっ、お笑い芸人を上げようって芸人とやったりとかね。芸人の方々はみんなプロレスに理解があったよ。そういう人じゃなきゃ上げなかったし。みんなプロレスをリスペクトしてくれていたよ。とにかく、何でも挑戦したよ。時代が許してくれたのかもしれないけどね。昔だったら何やってんだこの野郎ってファンからも怒られてたよ。その攻めたプロレスをオレがやったことが走りになって現代のプロレス界になっちゃったよな。長州さんに言われたよ。『敬司、お前がプロレスを崩したんだよ。お前があんなことやったから、今のプロレスはこんな風になったんだぞ』って。確かに一番、最初にプロレスを崩したのは、オレだからな」

長州から「崩した」と言われたが、この場合の「攻め」とは、すべてのスポーツ、あるいは「格闘技」では味わえない「プロレス」だけが持つあらゆる可能性の追求だった。結果、自由な空間が生まれ、「格闘技」に疲れた曙や鈴木、さらには「幻想」に行き詰まった佐々木らが武藤の下に集まり、輝きを取り戻した。「全日本」という看板のバックにあったジャイアント馬場、あるいは王道というイメージを、完全に払拭して武藤敬司の世界に染めていた。

「団体は苦しかったけど、選手はよう育てたよな。曙なんかも、凄く頑張ってくれたよね。彼は、なんたって横綱だからね。プライドもあったと思うけど、運動神経も良かったし順応性もあったし、アメリカ人だからプロレスのことをよく理解してくれてましたよ」

若い選手にも「プロレス」を教えた。

「オレが選手を育てる上で大切だと思っているのは、基本なんですよ。技術も体力もベーシックがないとダメだと思ったから、そっちも仕込んだつもりだったんだけど、といって応用編ばっかりに走っている輩《やから》が多いよな。基礎を身につけないと、いきなり応用編から行ったら戻れないからな。応用編で行き詰まったら基礎に戻れるけど、基礎がないと戻るところがなくなるからね。そこは、業界全体がしっかり考えないといけない部分だよな」

様々な個性が輝いた武藤全日本は、観客動員も伸び、年商も7億円を超えるまでに上昇した。一方でリング外では、相変わらず「ゴタゴタ」が続いていた。信頼していた弁護士に裏切られ、預けていた株の返還を求める訴訟を起こしたり、タッグパートナーに抜てきし、世界タッグ王座も獲得した嵐が大麻所持で逮捕される不祥事も起きたりした。退社した社員からは未払いの給与の返還を求め提訴された。歯車が回り始めると落とし穴にはまる連続だったが、副社長として武藤全日本を支えた内田はこう振り返った。

「あれぐらい厳しいことが続くと、普通は、暗くなるんですよ。だけど、試合会場に行くと、控室でみんな選手が明るいんですよね。あの明るさは何だろうなって不思議な感じでしたよ。それぐらい、みんな前向きに頑張ってましたよ。あれは武藤さんの明るさなんでしょうね。あの人自身が、どんなに厳しくて苦しくても、リングに上がったらそんな空気を一切ファンに感じさせませんでしたよ。あれは、さすがプロだな、すげぇな武藤敬司って痛感しましたよ」

再び王者へ

リングでの輝きを失わなかった武藤は、2008年にプロレスラーとしての野心が再び頭をもたげてきた。新日本プロレスへ参戦しIWGPヘビー級王座の奪取に成功する。4月27日に大阪府立体育会館で中邑真輔を破り、1999年12月10日に天龍源一郎に敗れて以来、8年4か月ぶりに新日本の最高峰を獲得した。さらに全日本マットでは、グレート・ムタとして9月28日に横浜文化体育館で諏訪魔《すわま》を破って、三冠ヘビー級王座を奪い、事実上の四冠王となった。IWGPは、8月31日に全日本の両国国技館大会で後藤洋央紀《ひろおき》と防衛戦を行うなど、全日本の興行にもプラスαを与え、IWGPヘビーと三冠ヘビー奪取で東京スポーツ制定の「プロレス大賞」で4度目のMVPを受賞した。初受賞が髙田延彦を破った1995年、2度目がnWoジャパンを背負った99年、3度目は、新日本と全日本の両団体を股にかけ史上初の六冠王に輝いた2001年以来となる7年ぶりの受賞だった。

「IWGP挑戦は、プロレスラーとして自分のステイタスを上げたかったんだよ。同時に全日本にも還元しようと思ったしね。ステイタスと還元の両方を狙ったんだよね」

史上最年長となる46歳でのMVPは、社長としての苦しみを忘れプロレスラーとしての欲望をむき出しにした狙い通りの栄冠だった。IWGP王座は翌09年1月4日、新日本の東京ドーム大会で棚橋弘至に敗れ、三冠も3月14日の両国国技館大会で高山善廣に敗れたが、ステイタスを十分に上げて四冠王に別れを告げた。

三沢の死が示した「プロレスの過酷さ」

デビュー25周年となったこの年、さらなる激震がプロレス界を襲った。6月13日に広島グリーンアリーナで、ノアのエースであり社長の三沢光晴が46歳で急逝した。

直接的な原因は、試合中にバックドロップを受けたことによる頸髄《けいずい》離断だった。橋本真也の急逝からわずか4年後に今度は三沢光晴という宝をプロレス界は失った。トップスターの相次ぐ死は、長期にわたる人気低迷に一層の影を落とした。

「これは、変に受け取って欲しくないんだけど、ある意味、橋本も三沢さんも、いい時に死んだのかなって思うこともあるよ。ファンの中では二人の姿は、美しいメモリーのままだからね。もし、二人が生き残っていたら、ZERO－ONEってどうなっていたんだろう？　とか、ノアは、違った道に行ったのかとか、もっと波に呑《の》まれていたのかとか考えることがあるよ」

橋本の死から三沢の悲報までの4年間は、プロレス界が最も厳しい時代だった。新日本プロレスは、2005年に筆頭株主の猪木が保有していた株をゲーム開発会社「ユークス」へ売却し、オーナーが変わった。その前後に、昭和の黄金時代から支えてきた藤波辰爾ら選手、田中秀和リングアナウンサーら社員、スタッフが大量に退社した。年商もnWoブームで頂点だった1998年の39億3000万円から13億円（東京商工リサーチ調べ）へと3分の1まで減収となった。三沢が亡くなる前の2009年3月には、1954年から一時的な中断はあったが55年間にわたりプロレス中継を続けてきた日本テレビが3月限りで「プロレスリングNOAH中継」の終了を決めた。マスコミでも「週刊ファイト」「週刊ゴング」といった専門誌が休刊となり、プロレス関連の出版物は暴露本が溢れ、幻想が崩れてイメージは悪化した。先行きが見えない暗黒時代。「いい時に死んだ」と漏らした武藤自身、いつ同じ状況に追い込まれてもおかしくないほど追いつめられていた。

「オレは全日本に来てからは、ずっとマジで崖っぷちだったよ。ようもったと思うよ。ぶっちゃけ、生き延びられたのは運だけだよ。ただ、生き延びるためなのか、そうなのか分からないけど、次から次へとオレの前にテーマがやって来たよな。全日本をどうする、次はWRESTLE-1がやってきて、その次は別の問題が来てという感じで、そのテーマにチャレンジしているうちに生き延びてきたっていう感じだよね。あのころはリングに救われたよ。嫌なことは、プロレスがすべてを洗い流してくれたよな。社長としては大変だったけど、プロレスへのLOVEは、高まっていったよな」

断崖絶壁を歩く武藤は、2009年8月30日に両国国技館でデビュー25周年記念興行を開催した。記念試合は、プロレス復帰戦となった船木誠勝と組んで、蝶野、鈴木みのると対戦、超満員札止めのファンを集めた。そして、この試合が全日本プロレスの武藤敬司として最後の絶頂となった。3度の手術を行った膝の痛みが限界を超えていたのだ。

「本当は、痛みが苦痛で苦痛でどうしようもなかった」

ムーンサルトプレスの衝撃で傷ついた両膝は、新日本に在籍した18年間で3度も手術を行ったが、全日本の8年間で1度もメスは入れなかった。両膝が回復していたからではない。ただでさえ、経営が苦しい団体にあって社長兼エースの自分がメスを入れれば、長期欠場を余儀なくされ、さらなる興行の落ち込みを招くことが必至だったからだった。しかし、それも限界を超えていた。日常生活では車椅子が必要となり、障害者手帳も交付されるまでになった。リング上では、立ち続けることすら辛くなってきた時、ついに手術を決断した。２０１０年3月9日、記者会見を開き右膝を手術するため、3月12日の千葉・銚子《ちょうし》市体育館大会から無期限の休養を発表した。ケガは「変形性膝関節症」で、4月5日に右膝の関節の中にある遊離体と呼ぶ軟骨を取り除く手術を受けた。

3時間にも及んだ手術で約20個もの軟骨を除去した。欠場から半年後の9月10日の後楽園ホールで、船木とのシングルマッチで復帰したが、以降、シリーズ全戦に出場することが難しくなり、試合はビッグマッチ限定になった。欠場中の5月には、一時は後継者として考えていた小島が退団した。武藤の不在によって、地方興行では目に見えて観客動員が減少し、徐々に業績を伸ばしてきた全日本に再び多大なダメージを与えた。

「一時は年商7億を超えてよくなってきたんだけど、膝を手術して本当に足が動かなくなってね。復帰したけど、それからは、ほぼビッグショーしか出ることができなくなった。オレの比重が大きかったから、出ないと地方は興行成績が悪くなってね。本当は、手術が終わった後も痛みが苦痛で苦痛でどうしようもなかったから、その手術の後に人工関節を入れようと思った。引退こそ明言しなかったけど、もう、そろそろかなって頭をよぎったこともあったからね。ただ、その時に全日本がまた厳しくなって、人工関節入れて長く休むことを許される状況じゃなくなった」

２０１１年の東日本大震災も会社を直撃した。3・11当日は、被災した宮城県石巻で興行の予定だったが中止。以降、予定していた東北地方での大会が全て開催できなくなり、大きな打撃を受けた。

副社長の内田は「武藤さんの膝の悪化と共に、全日本も落ち込んでいきました。武藤さんの膝と全日本は運命共同体でした」と振り返る。デビュー直後から日米でステイタスを上げたムーンサルトプレスが両膝を追い込み、団体の命運をも左右した。月面水爆は、武藤にとって人生をかけた両刃の剣だったのだ。

前代未聞の不祥事

興行が落ち込んだ時、最悪の事件が起きる。2011年5月29日、神戸サンボーホール大会にスーパー・ヘイトのリングネームで上がっていた平井伸和が、バックステージで嘔《おう》吐《と》し意識不明に陥った。すぐに救急搬送され神戸市内の病院で急性硬膜下血腫で開頭手術を受けたのだ。

この問題は、試合翌日の5月30日に発売された東京スポーツが「全日レスラー試合後開頭手術」と1面で報じた。実は、この試合前に控室でTARUが平井を暴行していた。この事実は、6月1日に東スポが1面で「開頭手術レスラー密室暴行だった　刑事事件に発展も」と報じ、明るみになった。全日本は同日、会見を開き控室での暴行を認め、TARUが無期限の出場自粛を申し出た。会見は専務の内田とTARUが出席し武藤は姿を現さなかった。こうした対応に団体トップとしての責任を問う声が高まり、7日に社長辞任を表明した。前代未聞の不祥事で02年10月1日の就任から8年8か月で社長の座を降りることになった。

「色々あって結果的にオレは社長を降りたけど、言えることは平井が亡くならなくて良かったということだけですよ」

暴行が起きた時、武藤は内田と共に別の控室にいた。

「違う控室にいたから、何か起こっているなぐらいしか分からなかった」と武藤が明かせば、内田も「声は聞こえたので、何かもめているんだろうとは思いましたけど、殴っていることまでは把握していませんでした」と振り返る。

こうした対応に真っ向から異議を唱えたのが、レフェリーの和田京平だった。和田は、暴行が起きた時、別の控室にいたが、騒ぎを聞きつけ仲裁するために現場の部屋に入った。

「ケンカしている最中に本当は止めなきゃいけないのは、隣の部屋にいた武藤敬司と内田さんでしょ。団体の責任者なんだから、止めるのは普通、あなたたちでしょって思いましたよ。何もしないから、仕方ないからオレが入って止めたんです」

和田によると、当時、TARUが明かした暴行の原因は、日頃の平井の態度に対する積み重なった鬱憤だったという。

「オレが入った時、殴るのは止めてました。そこで理由を聞いて、平井の顔が血だらけだったんで、顔を洗ってこいって言ってトイレへ行かせたんですね。顔を流してオレとすれ違った時に、平井は『京平さんありがとうございました』って言ってね。それで、オレも『いいよ。お前も無茶すんな』って声をかけたんです。その後、TARUからも『京平さんが止めてくれて助かりました』って言われましたよ。だけど、倒れてしまった。オレが思うのは、倒れたのはあの暴行だけが原因じゃないかもしれないんですよ。その前の試合の時に椅子を投げられて頭を切っているんです。その時に脳に衝撃を受けているのも確かなんです。その時におかしいなと思ったんですけど、そのまま試合をやっていたんですね。色んなことが重なって、あの試合後に一挙に爆発しちゃったんじゃないでしょうか」

和田は、暴行問題で東スポの取材を受け、武藤が表に出て対応をしないことに「管理（責任）に関して、まず（社長の）武藤敬司が頭を下げるべきだと思う」とコメントし、6月3日発売の同紙に掲載された。

「あの記事は、オレも記者に言って『オレの名前隠さなくていいよ』って伝えたんです。『いいんですか？』って聞かれたけど、オレ別に悪いことしてないし、あの時は、社長が出て来て一言、頭下げて『申し訳ございません。私の責任です』ってまずは謝罪するべきでしょう。これはどこの世界へ行ったってそんなの当たり前のことですよ」

数日後、巡業先の島根県内で、和田の携帯電話に武藤から電話が入った。

「電話で『京平さん、身内であんなことを言われたらオレの立場ねぇよ。京平さん申し訳ないけど解雇だよ』って言われて、オレも『分かった。いいよ』って、それでガチャンですよ。だけど、オレは当たり前のことを言っただけで。会見でＴＡＲＵが謝った時に『この度はうちのレスラーが申し訳ないことしました。私の責任です』って一言謝るべきって記者に言っただけなんです。それは、世間の常識でしょ。常識の話をしたのに何でオレが解雇になるのか分からないですよね」

武藤からの解雇通告を受けた和田は、6月19日の両国国技館大会を最後に全日本プロレスを退団した。一方で辞任するまで謝罪しなかったのは、武藤の後任の社長となった内田の考えだった。

「武藤さんは、社長ですけど、全日本のエースでありトップレスラーなんです。そのトップ選手が会見で頭を下げる姿は、プロレスラーとしてのイメージを損なうと考えたんです。ですから、ボクが会社に入ってから、嵐が大麻で逮捕された時もそうですけど、武藤さんに頭を下げさせたことはないんです。何で謝らないんだって批判されましたけど、あれはボクの考えだったんです」

暴行問題は刑事事件となり、11月22日に兵庫県警葺合《ふきあい》署にTARUと、事件当時同室にいたMAZADAが傷害の疑いで逮捕された。12月13日、神戸簡易裁判所に暴行罪で起訴され、TARUに罰金30万円、MAZADAに罰金20万円の略式命令が下された。

両膝の悪化、そして暴行事件……。負の連鎖で興行成績は、悪化の一途を辿った。リング外で社長を辞任した最悪の時、レスラーとして最高のムーンサルトプレスを舞った。2011年8月27日、日本武道館での「ALL TOGETHER 東日本大震災復興支援チャリティープロレス」だった。

東京スポーツが東日本大震災への復興支援として新日本、全日本、ノアのメジャー三団体に合同興行を呼びかけて実現した大会で、武藤は小橋建太と夢の初タッグを結成、新日本の飯塚高史、矢野通と対戦した。共に月面水爆を必殺技に持つ武藤と小橋。交わることがなかった二人の初タッグに超満員の武道館は期待で膨れあがった。試合は、武藤が矢野へ、続けて小橋が飯塚にムーンサルトプレスを極める月面水爆リレーでフィニッシュした。この時に矢野に極《き》めた月面水爆が「人生最高のムーンサルトプレスだよ」と明かした。

「プロレスは、どれだけ多くの人に影響を残したかっていうことが重要なんですよ。そう考えるとやっぱり、ＡＬＬ　ＴＯＧＥＴＨＥＲになる。東日本大震災の被災者の皆様への思いを込めて舞ったんだ。それは、きっとやった時点で希望と夢を与えることができたと思うんですよ。小橋と初めてのタッグで、小橋もムーンサルトプレスを多用しているわけだから、比較対象にもなって、オレ自身も負けられないっていう気持ちもあったし、そこに復興という思いが入って、二人でムーンサルトをやったということに価値があったよね。やっぱり、あの時のムーンサルトプレスは、忘れられませんっていうお客様の意見が多いもんね。そういう意味でＡＬＬ　ＴＯＧＥＴＨＥＲが最高だった」

震災で日本中が傷ついたあの時。武藤は背中に目に見えない祈りを感じたという。観客の思い入れを全身で受け止めた復興のムーンサルトプレスが人生最高の作品だった。リング外でどれほど傷ついても、リングに上がれば最高の輝きを放つ。震災の年に日本武道館で魅せた月面水爆は、プロレスラー武藤敬司の真骨頂だった。

ただ、負の連鎖は終わらなかった。2013年には、イメージダウンに拍車をかける事態が発生する。1月26日の大田区総合体育館でのビッグマッチに、リック・フレアーが参戦、武藤と組んで藤波辰爾、真田聖也（現・SANADA）と対戦することが決定していた。ところが、試合当日になりフレアーが左足に異変を訴え、試合開始5分前に欠場を発表し、代わりに息子のリード・フレアーが武藤と組んで試合は成立した。この異常事態に、フレアーを目当てに切符を買ったファンは激怒、ネット上には「詐欺」などの批判が多く書き込まれ、築いてきた信頼が損なわれる事態となった。まさかのドタキャン騒動だが、一番頭を抱えたのは当事者の武藤だった。

「会場に着いたら、フレアーに『左足が痛くて試合できない』っていきなり言われてさ。どうにかならないかって何度も交渉したんだけど、試合道具をホテルに置いてきて試合するつもりはなかったんだよ。ギャラはいらないから、欠場するって言ったんだけど、あいつセコンドで出て来てね。場外でチョップやってさ。終わったら、『チョップやったから、やっぱりギャラくれ』って言ってきてさ。本当、冗談じゃなかったよ」

　フレアー事件の裏側では、会社の経営権を譲渡する交渉が進んでいた。内田は「もう、バンザイしてしまったんです。どうにも経営が立ち行かなくなって買収先を探していました」という。名乗り出たのが、武藤の旧知の投資家で、当時、企業再生支援会社「スピードパートナーズ」を運営していた白石伸生だった。株を取得した白石は、全日本のオーナーになった。すると、白石は自身のフェイスブックで「ヤラセの無い力と力、心と心、技と技の限界値を極限まで追求する」など、オーナーとしての方針を発表し始めた。自らが理想とするプロレスとはまったく違う白石の理解できない一方的な表明に、武藤は愛想を尽かして退団を決意した。

「白石は投資家で、新日本にいた時から知り合いで古い付き合いだったんだけど、あそこまでの男だとは思わなかったよ。結果的に白石に譲って任せたんだけど、合わなくなってオレの全日本は終わりだよ」

　5月31日に全日本を退団。武藤と行動を共にするレスラーと、7月10日に新団体「WRESTLE-1」を設立し、9月8日に東京ドームシティホールで旗揚げ戦を行った。WRESTLE-1では、社長から現在は会長となった。

　衝撃的な全日本プロレス移籍で一国一城の主になった。武藤は全日本に何を残したのか。和田京平は、厳しかった。

「武藤敬司が全日本に残したもの？　借金だけじゃないですか。社長としては最低でしたよ。経営なんて分かってなかった。ただ、レスラーとしてはさすがでした。色んなことにチャレンジしてたからね。そこは天才。リング上は確かに天才だけど、社長としては失格。それが本当のところです」

和田の言葉に武藤は「しょうがないよ。オレがクビにしたんだからさ。そりゃ、いいこと言わないわな」とつぶやいた。

プロレスラー武藤敬司と社長武藤敬司で分かれる正反対の評価。ただ、内田はこう言った。

「武藤さんがレスラーとして看板を背負ってなかったら、とっくに全日本は潰れてました。武藤敬司という名前があったから、全国どこへ行ってもお客さんを何とか集めることができましたし、スポンサーも確保できたんです」

新日本時代から公私共に武藤を見てきた坂口征二はこう言った。

「この世界は、お客が入っていれば、すべてうまくいくんだよ。悪くなるのはすべて客が来なくなった時。武藤も社長という一面では、そこで苦労したんだと思うよ」

プロレスラーとして輝くことだけを考えれば良かった新日本時代。社長となった全日本では興行と経営の現実を目の当たりにした。

「無責任って言われるかもしれないけど、オレ自身はやっぱり全日本に移籍したのは、一国一城の主になりたいっていう野心しかなかったんだよ。最初から経営は興味もなかった」

全日本時代は、苦しいことばかりの日々だったと映る。そう尋ねると武藤は「ただ」と強調し胸の内を吐き出した。

「色々あったけど、後悔はないよ。なぜなら、今、オレは生きているからね。死んでたらダメだけどさ。崖っぷちで踏み外して落ちてたら、すげぇ後悔の塊だけど、オレは生き残っているから。それで満足だよ。だいたいさ、人生だから色々あるよ。今、インタビューを受けているこの本だってさ。栄光ばっかりだったら本にならねぇじゃん。いいことも悪いことも色々あるから、読む方も面白いんだよ。それでいいじゃない」

すべては命があればこそ。

栄光と挫折を経て武藤は「天職」と言い切る「プロレスラー」を貫く覚悟を固めた。生涯プロレスラーになるため、両膝の人工関節手術を決断した。

代償は、ムーンサルトプレスへの「さよなら」だった。

9章　決別と決意

人工関節設置手術

２０１８年3月30日、武藤敬司は、東京・足立区の苑田《そのだ》会人工関節センター病院で両膝の人工関節設置手術を行った。

執刀した杉本和隆は、手術に至るまで武藤の膝に合う人工関節を見つけることに苦労したという。

「武藤さんの骨は、普通の人の倍ぐらい異常に大きいんです。ですから、人工関節の大きさも、例えばTシャツのサイズで言えばMが標準だとすると、トリプルＸＬぐらいの大きさでした。私は、過去にＮＢＡの選手の手術もしているんですけど、身長が2メートルある選手と同じぐらいの大きさでした」

人工関節は、個々の患者に適合するよう約70種類あるという。大きさも洋服のようなS、M、Lという単純な区分けでなく「２ミリ」単位で違う。それぞれの患者に合う人工関節を作るためには、まずＭＲＩ（磁気共鳴画像）、３次元ＣＴで関節を撮影し、３Ｄプリンターでモデルを作り、セミオーダーのような形で専門の病院に発注する。

ところが、あまりにも骨が大きかった武藤には、日本国内に適合する人工関節はなかったという。さらにアメリカにもなく、ようやく2か月をかけてオーストラリアで武藤のサイズに合う人工関節を探し出し取り寄せた。

「これだけ、骨が大きいというのは、やっぱり成長期にどれだけ鍛えたかですよね。あとは、武藤さんの持っている遺伝子の影響が大きいと思います。なかなかこれだけ太い骨は、ありませんよ。ボクは、横綱白鵬《はくほう》関を始め、お相撲さんもたくさん手術しているんですけど、お相撲さんより武藤さんの骨の方が大きいですよ。白鵬関と比べても、武藤さんの方が全然大きいですよ」

2か月をかけてようやくオーストラリアで見つかった人工関節だったが、手術をして再び驚きがあった。

「骨がものすごく固かったんです。ボーンソーっていうのこぎりみたいなカッターで骨を切るんですが、このボクらの使う刃って、すごい高級でものすごい切れ味がいいんです。これで切られた人は、多分、切られたことに気づかないぐらい刀より切れるんです。値段も、1枚2万円もするぐらい高いんです。それぐらい切れ味が鋭いので普通なら、1枚のブレードで両足に対応できるんです。ところが、武藤さんは、骨が固くて片方の足だけで3枚も刃こぼれをしました。ですから、両足で合計6枚も使いました。今まで6枚も使った人はいませんよ（笑）」

1枚2万円の刃を6枚も使った手術は、時間も大きく費やした。杉本は、通常の人工関節手術は40分ぐらいで終えるというが、武藤の場合は3時間を要し「終わった後は、もう、へっとへとでした」と笑った。

人工関節の世界的権威を驚かせた武藤の膝だったが、手術は無事に成功した。

武藤敬司の真実

力道山の空手チョップから始まった日本のプロレスは、ジャイアント馬場、アントニオ猪木に受け継がれ、ジャンボ鶴田、藤波辰爾、長州力、前田日明らがリングを彩ってきた。ヘビー級のメインイベンターが相手を倒す必殺技は、打撃、投げ、関節技など、観客に痛みが伝わる説得力を持つ技だった。

ムーンサルトプレスは違った。トップロープから空中でバック転を極《き》める、まるで、SF映画を見るような幻想的なフォルムは、絶対にプロレスでなければ表現できない世界だった。

力道山から猪木まで、プロレスは格闘技と考えられてきた。観客は、レスラーに強さを求め、実際レスラーもそう考え、佐山サトルを始め、髙田延彦、船木誠勝らはUWFから格闘技へ戦いの場所を移した。

ところがプロレスは、格闘技でもなければ、スポーツでもなかった。プロレスは、その中に格闘技的な色彩もあれば、ストロングスタイルもあり、ルチャ・リブレやお笑いもデスマッチもある、完全に独立したジャンルで、何より観客の想像力と好奇心、さらに猜疑《さいぎ》心《しん》に至るまであらゆる感情をかき立てるファンタジーの宝庫だった。

世間が決めた全ての枠組みからプロレスを解放した礎が、武藤敬司とムーンサルトプレスだった。

プロレスを格闘技と信じていたファンが大多数だった、あの昭和末期の新日本プロレスで、武藤は無意識にムーンサルトプレスを繰り出し、格闘技から「さよなら」を告げていた。天賦の才と月面水爆を武器に「グレート・ムタ」でリングを自由に彩り、足4の字固めで「ＵＷＦ」の幻想を砕き、「ｎＷｏ」でファッションに昇華させ、「プロレスＬＯＶＥ」でプロレスにまとわりついたあらゆる呪縛を解き放った。代償として両膝は、崩壊した。それは、新しい時代を切り開くための犠牲でもあった。

武藤の背中とメッセージに共感した、棚橋弘至や内藤哲也ら新しいスターがリングで躍動し、平成から令和に移った今、もはや観客も、他の格闘技と比べて最強論を戦わせることもなければ、八百長論争をすることもなく、プロレスをプロレスとして純粋に楽しむ時代になった。

「武藤敬司前」と「武藤敬司後」で世間がプロレスを見つめる視線は、劇的に変わった。

プロレスをプロレスとして解放した男、それが今回の取材で分かった「武藤敬司の真実」だった。

ムーンサルトプレスが次世代への懸け橋となり、プロレスは今、新たなステージへ進もうとしている。

「これからのプロレスは、バーチャルみたいになってくると思うよ。昭和のあのころは、我々の先輩方は、プロレス八百長論っていうものと戦ってきたよな。それは、例えて言えば昭和は、当然ダメなことなんだけど、今よりも飲酒運転なんかに対して、ゆるかった。だけど、今は、そんなことしたら一発でアウトだよな。許されないよ。世の中がそうやって変わっていったように、プロレスも一緒で、昭和はプロレスなのか格闘技なのかビシッと決まってなくて適当だったよ。だけど、平成に入って時代が変わって、システムがカチッと決まっちゃったよな。良いものは良いし、ダメなものはダメなんだよ」

「令和」のプロレスは、バーチャル化がさらに進むと予言した。

「オレたちの時代ってやっぱり梶原一騎なんだよ。『巨人の星』でも『空手バカ一代』でも『タイガーマスク』でも、主人公にライバルがいて、そのライバルと戦うために努力するドラマがあったよね。それが、カッコ良くてみんな憧れたんだよ。だけど、平成のアニメは『ポケモン』だよ。主人公は、自分で戦わないいんだよ。プロレスもそうなって来るんじゃないかな。まるでゲームをやる感覚でレスラーを見るっていうかね。そこには根性とか努力、もっと言えば感情なんて入る余地がなくなってくるんじゃないのかな。オレは、アナログが好きなんだけど、令和の時代は、見る人がバーチャルを求めると思う。心さえオレたちと現代では考え方が違うような気がする」

プロレスラーがまるでゲームのキャラクターのように動き、燃える闘魂や王道やＵＷＦなど、思想もイズムも観客の感情移入をも一切排除したリングは、いわば仮想空間と化していくのだろう。

「プロレス自体が、そんな思想とか何とか、そこまで深いものじゃなくなると思うよ。ファッションであったり、もしかしたらレスラーもジャニーズ化したり、もっと軽くなるんじゃないのかな。方向性としては、ジャニーズのショーみたいなところへ行くのかもしれないよね」

抜群のルックスとスタイルで観客を魅了し、感情移入を許さないほどの速度で技が連続して展開する——「令和」には、昭和、平成では見たこともないリングが現実になるかもしれない。

「ただ、オレが好きなのは、ゲテモノだからさ。オレはあくまでもそこを追求したいよ」

ゲテモノとはグレート・ムタに代表されるプロレス独特の世界観を意味する。武藤は、時が進みバーチャル化するなら、敢えて過去を背負うことを選択した。それが「PRO－WRESTLING　MASTERS」だ。2017年2月8日に後楽園ホールでスタートさせたイベントは、平成のプロレスを作った男だけが許される「ノスタルジー」だろう。

かつて武藤は、新日本を退団する直前に、猪木の功績と人気が高まり、過去と今の自分たちのプロレスを比較される風潮が押し寄せた渦中で「思い出と戦ったって勝てないんだよ。そんな意味のない戦いはオレはやらねぇよ」と発した。

思い出と戦っても勝てないと言った武藤だが、今、「思い出」と戦う道を選んだ。

「今はオレ自身が思い出になっている自覚はあるよ。だけど、思い出って誰でもなれねぇよ。そこには積み重ねてきた信頼感ってものがあるからさ。あと、オレの一つの自慢は、恐らく世界中のどのレスラーよりもいろんな選手とメインを張ってきたことだよ。猪木さん、ホーガン、藤波さん、フレアー、長州さん、スティング、天龍さん、前田さん……ってこれだけのレスラーと戦ってきたのは、プロレスの歴史を振り返っても、世界広しといえどオレぐらいだよ。そんなオレの中にある財産を、みなさんと共有したいんだよ」

心の中に刻まれている思い出は、例えば初恋のように時が経てば経つほど美しくなっていく。武藤に20代、30代のパフォーマンスを望むことはできないだろう。

「それはそうだよ。だけどね、本当のことを言うと思い出と戦っても勝てるんだよ。だって、思い出って忘れちまうもんだからね。そんな思い出を忘れさせるぐらい、毎日、オレ自身、必死ですよ。オレのモットーは、『昨日の武藤敬司に今日は勝つ』なんですよ。例えば毎日の筋トレで、それは数値に表れるじゃん。昨日よりも今日は、1キロでも、1回でも多くこなせるように戦っていますよ。だから、毎日がオレにとって新しい武藤敬司のバースデーなんだよ」

思い出と戦いながら今を見せる。すべては観客との勝負だ。

「オレの理想は、リングに出てくるだけで観客が納得する存在になることなんだ」

伝説という果てしない旅へ、武藤敬司は驀進《ばくしん》する。

18年3月14日に後楽園ホールで「武藤敬司」として、25日にDDTの両国国技館大会で「グレート・ムタ」として、最後の月面水爆を披露した。

「今は、昔の信用だけでやっている。進化していることは何一つないよ。その中でもムーンサルトはお客様の信用を勝ち取った技だった。ムーンサルトプレスがあるから自分がある。まさしくそう思う。最初から足4の字固めとシャイニング・ウィザードだったらプロレスラーとしてここまで来なかった。言えることは、どっかしらムーンサルトプレスってはかないんだよ。膝が悪いってお客様も分かっているから、若干、見ている側もそんなはかなさも感じたりとかね。そうなると気持ちが食い込んでくる。ここ数年はそんな思いを

った。

両膝が動かなくなったハンデがあることで、逆に観客の思いを敏感に感じ取ることにな
感じていたよ」

どんなに素晴らしい戦いも白熱の攻防も観客がいなければ、プロレスは作品として成立しない。最高の作品は、観客の思い入れと自らが一体化した時に完成する。

「オレに付いてきてくれているファンって本当に神様みたいに思ってくれている時があってね。『妹が武藤さんのファンで今度、手術をするので、メッセージを書いてください』とか、『今、受験生で合格祈願のお守りの代わりにサインください』って言われるとプロレスラー冥利につきるよね。そんな風に崇めてくれるファンがいること自体、膝はボロボロになっちまったけど、プロレスラーで良かったな、ムーンサルトプレスをやって良かったなって思うよね」

スペース・ローンウルフもグレート・ムタも、新日本もＵＷＦも、ｎＷｏも全日本も。昭和から平成のマットで武藤は、観客のためにムーンサルトプレスを舞っていた。歩くことさえ困難になった両膝が、ファンの感情をすべて背負ったことの象徴だった。そこに本当の武藤敬司がいた。

受け継いだもの

2019年4月6日、ニューヨーク。新日本プロレスが初めて進出したマディソン・スクエア・ガーデン（MSG）にグレート・ムタが出現した。第0試合の「1分時間差バトルロイヤル～HONORランボー～マッチ」。30選手が1分ごとに入場テーマソングと共に次々と登場するバトルロイヤルで、大トリにムタが登場したのだ。

それは、ビッグサプライズだった。エイリアンをイメージした仮面とコスチュームに身を包んだムタが花道に出現すると、超満員の観衆は、総立ちで迎え入れた。スマートフォンで写真を撮り、喝采と拍手を送る光景は、ムタが、生きるレジェンドとしてアメリカのファンの記憶に刻まれていることの証明だった。バトルロイヤルでは、最後に獣神サンダー・ライガーと二人が残された。20年1月の東京ドーム大会で引退するライガーとMSGで対峙するシチュエーションは、新たな伝説で、二人が歩んできた歴史への最高のリスペクトだった。

同じ日の昼に、ムタはニューヨークで「HOG（House Of Glory）」という団体に出場し、人工関節設置手術前の2018年3月25日以来となる復帰戦を行った。1日2試合のニューヨークでのムタ復帰は、1年に及ぶ長期欠場の沈黙を破るには十分なインパクトだった。根底にあったのは、一貫して変わらない「カッコ良さ」を追求する姿勢だ。

「海外で、しかもダブルヘッダーで復帰ってカッコいいじゃん。ライガーとは、海外で初めて試合をしたよ。オレたちの歴史を考えると、ナチュラルなストーリーで対戦できて新日本にも貢献できたんじゃないかな。ただ、辞めていくライガーを見て、オレは辞めたくないなと思ったよ」

やむことのないプロレスへの情熱を再確認した復帰戦は、人工関節を入れて初めての試合だった。最後にWCWに参戦した2000年以降、試合前は1時間もかけて両膝にテーピングをしてリングに上がっていたが、復帰戦からはテーピングの世話にはならず、代わって特注のサポーターをはめて試合に臨んだ。ただ、リングに上がった感触は、正直、違和感があったという。

「もう親から頂いた膝じゃないからね。これからはこの膝で生きていかないといけないわけで、あとは妥協点の見つけ合いだよ。膝は痛みもないし、治っているって言えるんだよ。ただ、可動域も限られているし、人工関節は、左右非対称だからバランスも悪い中で、股関節が痛かったりふくらはぎが痛かったりとか正直、あるよ。でも、逆に言ったらそのズレた感覚がオレの中に生まれた新たな可能性なんだよ。課題が残ったことで、まだまだ進化できるって感じたよ」

どんな逆境に立たされても、すべてをプラスに考えるマインドは、人工関節になろうが不変だった。そして、令和元年となる2019年6月26日、後楽園ホールで行われる長州力の引退試合で「武藤敬司」が復活した。

「長州さんが去って行く時に復帰するっていうシチュエーションが、何か面白いなって心に響いたからさ」

革命戦士の引退という観客の感傷をすべて奪い取ってやろうという野心、同時に長州の思い出をすべて背負う覚悟も言葉からは感じられた。

「この年齢になってくると、もう意味のない試合は、やりたくないんだよ。オレにとって一つ一つ意義のあるものを残していきたいんだよ」

あの小学校卒業時、書いた未来予想図では、50年後の62歳は「死」と書いた。

「そんなことになっちまったら、大変だからさ。だいたい、42歳からは違った方向に進んでいったから、そんなことにならねぇよ。とにかく、オレは生きるよ。そう、リングの上で生き様を見せる。生きる姿をリングで見せていく」

1試合たりとも無駄にはできない。できれば、すべての試合で語り継がれる「伝説」を築きたい。強い思いは、一人の先輩レスラーを見送った時に意を新たにした。

マサ斎藤だった。

明大レスリング部で東京オリンピックに出場した実績を引っ提げ、日本プロレスに入門したマサは、アメリカマットでヒールとしてトップを極《きわ》めるなど日米で活躍した。

武藤は、自分と同じようにアマチュアで格闘家としてキャリアを積み、プロレスラーとしてアメリカで認められた実績と温厚な人柄のマサを心から慕っていた。膝の治療のためミネアポリスの医師を紹介してくれたのもマサだった。マサの妻の倫子《みちこ》が新日本プロレスのオフィシャル通訳を務めていたこともあり、家族ぐるみでの付き合いもあった。大先輩であり友のようでもあったマサは、18年7月14日、パーキンソン病で75歳の生涯を閉じた。

武藤は、7月22日、港区の寺・梅窓院で営まれた告別式に参列し、弔辞を捧《ささ》げた。

「尊敬するマサ斎藤さんが亡くなられて今、悲しい気持ちでいっぱいです。

マサさん、時代は違えどマサさんとオレはお互いにアメリカマットで活躍した経験もあって、出会ってすぐ意気投合しましたよね。

オレにとってマサさんは、一番、話の合う大先輩でした。昔、熊と闘った話やアメリカのバーにミスターサイトウという自分の名前のカクテルがあることを自慢げに話してくれたことがありましたね。アメリカで警察官をたくさん殴って刑務所に入れられた有名な話がありますが、本当はきっと刑務所の中の生活は大変だったはずなのに、そういったことさえもマサさん流に面白おかしく聞かせてもらったことも今では懐かしい思い出です。

　豪傑な中にも繊細な心を持つマサさんは、優しくてとてもチャーミングな方でした。うちの長男坊がまだ小さかったころ、とても可愛がってくれて、マサさんのことを『バイキンマン』と呼ぶ度にマサさんは『ハヒフヘホ。バイバイキン』と笑って答えてくれてましたね。その息子も今では21歳になり、オレより体が大きくなりました。

　オレの膝のことを、一番親身になって心配してくれたのもマサさんでした。アメリカで腕のいいドクターを紹介してくれて、マサさんと一緒にミチさんを通訳としてオレたち家族とずっと傍《そば》に寄り添ってくれたり、マサさんの人柄が日米の多くのレスラーに慕われていました。本当はもう少し元気になられたら、オレがプロデュースする古き良きプロレスを再現した『PRO‐WRESTLING　MASTERS』にも参加してもらいたかった。それだけに残念で悲しいです。

　マサさん、オレはこれからマサさんの座右の銘である『GO　FOR　BROKE』の精神を引き継ぎ頑張っていきます。だから、マサさん、これからは最愛の妻・ミチさんのことを天国で見守ってください。

2018年7月22日　武藤敬司」

マサは、1999年2月14日に現役を引退した直後にパーキンソン病を発症し、長い闘病生活を送っていた。全国の病院を転々としていた2016年、徳島県内の病院を見舞いに訪れたかつて新日本の執行役員だった上井文彦にこう訴えた。

「上井、頼むからもう1回だけリングに上がりたい」

思いもよらない懇願に上井は当惑した。興行をやる力は、今の自分にはないし、病気を考えてもリングに上がることはどう考えても無理だと思ったからだ。それでも一つだけ質問をした。

「誰とやりたいんですか?」

マサは即答した。

「武藤敬司」

夫人の倫子は、マサが武藤を指名した理由に思い当たることがあった。新日本の通訳になったばかりのころ、選手の名前と特徴を学ぶため自宅で試合のビデオをマサと一緒に見ていた。画面に武藤の姿が映った時、倫子は「武藤さんってどんな人?」と尋ねた。答えはたった一言だった。

「天才よ」

倫子によると、あらゆる選手の中でマサがそう表現したレスラーは武藤だけだったという。

「マサさんは、余計なことを言わない人で、私の質問に対する答えはいつも簡潔で短いんです。あの時もたった一言、『天才よ』。それだけでした。マサさんがそう表現したレスラーは他にいません。だからあの時、武藤さんを指名したのも天才だからじゃないですか。今の自分を相手にできるのは武藤さんしかいないと思ったから。彼は、闘病中は地獄でした。だけど、一番目が輝くのは、プロレスでした。プロレスの話をすると水を得た魚みたいになった。唯一の薬だった。私もあの時、マサさんがリングに上がることで病気がよくなると思っていた。プロレスしかない、プロレスが命、プロレスというと目が輝く人、この人の願いをかなえてくれる人がいるなら、ぜひと思った」

武藤にマサの「天才よ」の言葉を伝えると、今回のインタビューの中で唯一、絶句した。10秒あまりの沈黙の後、言葉を絞り出した。

「うれしいよね」

マサへの特別な思いがこみ上げてきたのだろう。心なしか両目が潤んでいるように見えた。

上井はマサの思いに突き動かされるように、16年12月2日、大阪の城東区民ホールで「STRONG　STYLE　HISTORY」と題し、マサ斎藤が復活するイベントをプロデュースした。

武藤へは「マサさんが敬司とやりたいって言っているんだ」とだけ訴えた。条件は、大阪までの往復の新幹線代だけを支払うという、事実上ノーギャラだった。絶対に断られると覚悟したが、武藤はすべてを受け入れた。

「マサさんがオレに会いたいって言っているって聞いたからさ。だったら会いに行かないといけないじゃん。そこに理由なんてないよ」

試合当日、上井は武藤に、あの大暴動が起きた1987年3月26日、大阪城ホールでの猪木との試合で、マサに手錠をかけた因縁がある「海賊男の仮面をかぶって、リングに上がって欲しい」とだけ伝えた。すべての試合が終わり、マサがマイクを持って挨拶をした時、花道で「マサ斎藤！　KILL　YOU!!」と叫びながら、リングに乱入した。手には海賊男のステッキ代わりにビニール傘を持っていた。

傘で突き、蹴りを浴びせ、マサはコーナーに尻餅をついた。観客だけでなくリングに上がった選手も知らされていないサプライズに、日本プロレス時代からマサを慕う北沢幹之が、身を挺《てい》してマサを守ろうとした。

その時、妻の倫子は奇跡を見た。

コーナーで尻餅をついたマサが体を前後に動かし、片方の膝をついて立ち上がろうとしたのだ。全盛期のマサが相手の技に耐え、反撃する時の動作だった。

「パーキンソンになって18年間で、尻餅ついてから誰かがサポートしないで立ち上がったのは初めてでした。膝を立てたのも初めてです。あの時、前後に体を振ってバランスを取り始めたんです。あんなことできるはずがないと思っていましたから、一番感動しました、あれが一番印象に残っています。彼は最後の最後で力を振り絞ったんです。負けず嫌いですからここで立ち上がらないと彼のプライドが許さない。必死だったと思います、ここで立ち上がらなかったら終わりだ、ぐらい思っていたはずです。あの時、彼は自分のプロレス人生のすべてをかけたんです」

立ち上がったマサのチョップを浴び武藤は倒れた。そして仮面を脱ぎ捨て、マサを抱きしめた。

「マサさんは、起き上がってこないと思ったよ。倒れた時は、やべぇと思ったよ。だけど、あの時、オレとマサさんが感じ取る時間軸が全然違うと思った。時間の進み方がマサさんは、ゆっくりだったんだよ」

マサを倒してからの数秒間で武藤は、闘病中のマサと自分との間で流れる時間が違うことを感じ取っていた。立ち上がることを待っていたのではなく、武藤は、マサの時間軸に合わせるための言わば、受け身を取っていたのだった。

倫子は武藤と抱き合った時のマサの表情が忘れられない。

「抱き合ったときの表情を見ると我に返っていないような、感無量みたいな表情をしていました。あの時のマサさんの姿を見て教えられたことがあります。武藤さんのプロレスLOVEじゃないけど、本当にプロレスを愛して一生懸命にやっているレスラーにとってリングはパワースポットなんです。あの中に入ったら奇跡が起きるんです」

大阪での再会から2年後にマサは亡くなった。悲しみを乗り越えて武藤は、またプロレスが好きになった。

「マサさんの存在は、オレにとって本当に大きかったんだよ。あの時にマサさんと会って新しい発見とかこれから何かにつながるものは、もしかしたらないと思うけど、プロレスがもたらした友情、感動を与えてくれたことがオレの中での喜びになったよね。だからこそ、あの試合をやって良かったたし、オレを指名してくれて光栄だし、マサさんと出会えて良かったなって。そういうプロレスを通じた色々な出会いが、今、オレの人生の糧《かて》になってる」

マサのモットーは「GO　FOR　BROKE（当たって砕けろ）」だった。倫子は語る。

「私と出会う前からからモットーにしていました。今、思うと彼の人生すべてがゴー・フォー・ブロークですよね。七転び八起きじゃないんですもん。地獄を這って、何回も蹴落とされて蹴落とされても立ち上がって向かっていった。彼の人生まさにそうでした。本当に彼は完璧に最後の最後まで一番過酷な状態で見事にゴー・フォー・ブロークしました」

当たって砕けろ！　マサが最後に刻んだ奇跡のバトンを武藤は受け取った。

「プロレスは、エンターテインメントだけど一方通行の試合ってないんだよ。どんなレスラーでも、やられたら立ち上がる姿勢を見せるんだよ。だからこそ、見ている人は感情を傾けるし、感じ取りやすいんですよ。一試合の中でも耐えるところが絶対にある。だから、これからもオレは、リングで耐える姿を見せていくよ。プロレスを生涯やっていくことを決めたからね。人生って沈む時があれば、必ずそこから、はい上がっていくからね。プロレスって人生だよ。そのつもりでオレはやってきたし、これからもやっていくよ」

＊

これが「武藤敬司」の２０１９年６月までの物語だった。

あれから３年あまりが経った。次章から２０２２年10月までの「武藤敬司」を描く。

最終章　ギフト

アントニオ猪木の訃報

武藤敬司が人工関節手術から復帰し3年あまりが経った。年齢は56歳から59歳になった。リングへ戻る直前の2019年春に私の取材に「リングの上で生きる姿を見せていく」と目を輝かせた男は、3年後の22年6月12日に引退を発表した。

そして、2023年2月21日、東京ドームでの引退試合が決まった。あれからここに至る時間の経過は、あまりにも早く濃密だった。ただ、時の流れは残酷で現実は容赦なく襲ってくる。

22年10月1日午前7時40分、アントニオ猪木が亡くなった。79歳だった。

18年に難病指定の「全身性アミロイドーシス」の発症を告白してから動画サイト「YouTube」で痩せた姿を公開し、病と闘う姿を見せ続けた。

訃報はテレビのニュース速報で流れ、NHK、各民放テレビ局はトップニュースで伝えた。新聞もスポーツ紙5紙が1面トップで掲載、一般紙も社会面で報じるなど、プロレスラーだけでなく参議院議員を2期務めた政治家としても活動した猪木の絶大なカリスマ性が亡くなって改めて浮き彫りになった。

武藤は、亡くなった朝にインターネットの記事で訃報を知った。数時間後、ツイッターを更新し猪木への思いをつづった。

〈猪木さんが亡くなった。

走馬灯のように数々の思い出が溢れてくる。

きっと俺の中にも猪木イズムが流れている。

「来年の引退まで精一杯頑張っていきます！」

心よりご冥福をお祈りいたします。〉

ツイッターにアップした写真は、恐らく1985年6月の「IWGP&WWFシリーズ」だと思う。猪木が同シリーズのTシャツを着ているため推測でしかないが、どこかの会場で試合前の練習中に武藤を見つめる猪木を写した一枚だった。猪木の鋭い目が印象的な写真だった。

「猪木さんってあの目だよ。あの目だけは誰もマネできねぇよ。あそこにアントニオ猪木がアントニオ猪木たる所以《ゆえん》が詰まっているよな」

亡くなったその夜、テレビ朝日系「サタデーステーション」に出演し師匠を偲んだ。そして、10月7日、プロレスリング・ノアの後楽園ホール大会で、試合の予定はなかったがリングで遺影を抱き追悼の10カウントゴングを師匠へ捧げた。黙禱を終えると猪木のテーマソング「炎のファイター」が流れた。

1週間後の14日。西五反田の桐ヶ谷斎場で営まれた告別式に武藤は参列した。棺の師匠へ真っ赤な薔薇を手向け、藤波辰爾、蝶野正洋、棚橋弘至、オカダ・カズチカらと共に真っ赤な闘魂タオルを首にかけ霊柩車まで棺を運んだ。

永遠の別れ。師匠からの教えに思いを馳せた。

「よく『常識に捉われるな』って教えられたよ。あと『一寸先はハプニング』ってよく言ってたよな。とにかく常識があまり好きじゃない。ある意味ね、感性が似ているよ、オレ。発想とかやっぱり猪木さんだもん」

それは、全日本プロレスへ移籍して「アントニオ猪木」と「ジャイアント馬場」の違いを肌で分かった時に感じたという。

「全日本プロレスと新日本プロレスのカラーってあってさ。それはやっぱり馬場さんと猪木さんの違いだったよ。馬場さんは王道ですよ。アメリカでもNWA、AWA、ハーリー・レイス、リック・フレアーとかアメリカでもちゃんとしたネームバリューのあるレスラーを呼んだよ。だけど、猪木さんはそれができないから異種格闘技戦をやったり、タイガー・ジェット・シン、スタン・ハンセン、ビッグバン・ベイダーとかを作ったじゃん。

王道じゃないからこそ、いろいろ挑戦したり考えたりしたよな」

では、ツイッターでも記した「俺の中にも流れている」という猪木イズムとは何か？

この問いに即答した。

「闘いだろ」

武藤はたった一言で「アントニオ猪木」を表現した。

「猪木さんって最後までずっと闘っていたじゃん。プロレスでもあんまりチャラチャラしたプロレスが好きじゃなくて、闘いのプロレスが好きだったよ。さらに、オレらの若いころから『プロレスに市民権』って言って、そこでも闘っていたし……常に闘ってましたね」

ここまで言い切ると、かみしめるようにつぶやいた。

「最後、車椅子になっても闘っていたもんな」

少し遠くを見つめた目は、亡くなるまで自らの病魔と闘う姿を「ＹｏｕＴｕｂｅ」でさらけ出した猪木の姿を思い出したかのように見えた。猪木は「あるがままでいいじゃん」とその意味を説いたが、武藤は同じ状況に置かれた時、そこまでの境地に辿り着けるのだろうか。

「分かんない。分かんない……。分かんないよ。ただ、猪木さんの生き方ってプロレスそのもので、政治家をやっている時も考え方はみんな一緒でやっていたと思うよ。プロレスのつもりで政治もやっていた。あの人は24時間アントニオ猪木だった。その生き様は最後まで変わらなかったよな」

そして「そこはオレも同じだよ。オレも地でやってきたからさ」と続けた。

燃える闘魂との「闘い」

ただ、猪木は武藤のプロレスを否定的に捉えていた。私は2020年10月に拙著『昭和プロレス禁断の闘い「アントニオ猪木対ストロング小林」が火をつけた日本人対決』（河出書房新社）の取材で猪木をインタビューした。

都内の自宅マンションでの取材で猪木に1974年3月19日、蔵前国技館で行われたストロング小林戦のビデオを見ながら当時を振り返ってもらった。31歳の自身の試合を見ながら猪木は「お客がどんな姿勢で見るかって大事でね」と切り出し、「前のめりになった観客が椅子の背もたれへもたれかかればレスラーとして終わりだ」と強調した。

その時に引き合いに出したのが武藤の試合だった。

95年10月9日、東京ドームでの髙田延彦戦。武藤が花道に登場した瞬間、両手を広げたパフォーマンスを猪木は断じた。「前にドームで武藤が髙田とやったでしょ？　あれだけファンが注目した日本人同士の対決だったのに」と言うと自らの両手を広げて「あれで試合の雰囲気は決まりだからね。前のめりになったお客が後ろに下がったからね。もうあれでお客は戻らない」と切り捨てた。

武藤は猪木と「感性は似ている」と言ったが猪木は否定していた。亡くなった今、武藤は師匠の言葉をどう受け止めるのだろうか。

「闘いという部分でもしかしたら……」と切り出すと猪木の思いを想像した。

「UWF対新日本って本当の闘いだったんだよ。その中でオレたちがプロレスプロレスしてたってところが気にいらなかったんじゃない？　多分。これは推測だけどね。逆に言ったらあの日の1試合目で石澤（常光《ときみつ》）とかあいつらがやったガチガチのタッグマッチの方を猪木さんは褒めてた」

猪木の目には「武藤対髙田」は「闘い」に映らなかったことが不満の原因だと思いを馳せた。

「いやぁ……猪木さんは（プロレスと格闘技を）一緒にしようとしてたからな……。猪木さんは、あの人の培ってきた道のりで異種格闘技というものがあって。そこから、もしかしたら後に、当時はなかったけど、今に続く総合格闘技みたいな流れが生まれた。だから、自分のやってきた経歴というものを違うことにしたくないわけだからね。例えるなら、今でも語られるアリ戦だって『あれはプロレスだ』って猪木さんは口が裂けても言わないと思うよ。ただ、アリ戦はプロレスじゃないけどね」

高田に勝った直後から猪木の不満は理解していた。ただ、武藤には武藤の譲れないプロレスがあった。

「弟子でもプロレスに対して個人のこだわりってあるわけで。譲れないっていうものがある。ああいう試合になった展開に関して後悔はしていないですよ。オレは、猪木さんに対して最終的にはそこが譲れなかったからね、出て行ったわけだからさ」

猪木の価値観に染まらず武藤は自身が信じるプロレスを貫いた。だからこそ、平成時代に新しい道を開拓した。プロレスラーは個人事業主。地位、存在感、価値、個性……多くの観客にこのすべてを認めさせるまでに膨大な時間と説得力が必要になる。これが崩れれば、レスラーとしての商品価値は一瞬で失われる。猪木の教えになびかなかったからこそ「武藤敬司」は唯一無二になった。猪木の格闘技路線を否定し新日本を飛び出し全日本へ走った行動は、武藤にとって燃える闘魂との「闘い」だった。亡くなっても武藤は、猪木の言葉にうなずかなかった。そこに時代を作ったトップ中のトップの矜持があった。

自らのプロレス哲学は揺るぎなかったが、亡くなったことへの感傷は隠さなかった。

「オレだけじゃないからな。みなさん、悲しんでいる人多くてさ。欲を言ったら、2月21

日、ドームへ見に来て欲しかったよなぁ。無理でもモニターで『バカヤロー！』ぐらい言って欲しかった。『お前、まだまだだ』って言って。褒められたことはねぇからさ。常に『まだまだだ』って言われてたからさ……」

猪木、マサ斎藤のラストリング

こう明かすと、武藤の中で時計の針が２０２０年2月28日に戻った。この日、武藤は後楽園ホールでプロデュースする「ＰＲＯ－ＷＲＥＳＴＬＩＮＧ　ＭＡＳＴＥＲＳ」（以下、マスターズ）で「アントニオ猪木デビュー60周年記念セレモニー」を開催した。

１９６０年9月30日、台東区体育館での大木金太郎戦でデビューした猪木は、２０２０年がデビュー60年の節目の年だった。大会には、藤波辰爾、藤原喜明、蝶野正洋、越中詩郎、ヒロ斎藤、ＡＫＩＲＡら猪木とゆかりのある選手が参戦。セレモニーには木戸修、長州力、木村健悟、前田日明が登場し猪木を囲んで、さながら昭和の新日本プロレス同窓会のようなムードになった。

ただ、興行開催には大きな障壁があった。新型コロナウイルスだった。中国の武漢でまん延したウイルスは、1月16日に日本で初めての感染者が確認された。大会1週間前の2月17日には初めての死亡者が出て日本国中で未知の感染症への恐怖が拡大していた。様々なイベントが開催を自粛する中、武藤は払い戻しを認める形で大会を決行した。

前売り券が完売していた「猪木の60周年記念」興行だったが、当日は空席が出た。それでもセレモニーは猪木が蝶野、武藤、長州、そして前田に闘魂ビンタを張り、ファンは感動し興奮した。最後は猪木が「1、2、3、ダァー！」で締め、コロナ禍の不安を抱えた興行は無事、成功に終わった。そして、この後楽園でのリングが猪木がプロレス興行で上がった最後のリングになった。

「マスターズでどうしても猪木さんリングに上げたくてさ。お願いに行ったんだよ。すぐにいい返事をいただいてマスターズもギリギリ、コロナの（感染が拡大する）前だったからできてね。本当に……良かったですよ。お客様も喜んでいただいて。プラスOB、先輩レスラーの方もみんな喜んでいたからさ。変な話、猪木さんが亡くなられて、媒体でいろんな形でマスターズの画が使われることが多くてね。何か本当にいいイベントができたなって思ってますよ」

マサ斎藤のラストリングも武藤が見送った。期せずして2人の偉大な先人の花道を飾ったことに武藤は言葉をかみしめた。

「W－1」の終止符

3年前の復帰を前に「もう意味のない試合はしたくない」と言った。事実、一つも消化試合的な顔見世だけのリングはなかった。2019年6月の復帰から2か月後の8月30日は主宰するマスターズで馳浩、20年1月4、5日に東京ドーム2連戦で引退を表明した獣神サンダー・ライガーとトリオを結成し永田裕志、中西学、西村修と対戦した。

さらに2日後の9月1日は、会長を務めるWRESTLE－1（以下、W－1）の横浜文化体育館大会でデビュー35周年記念試合を行った。カズ・ハヤシ、ペガソ・イルミナルと組んだ対戦相手は全日本時代に因縁のある「VOODOO－MURDERS」のTARUにゾディアック、近藤修司だった。

TARUは全日本の社長時代に暴行事件を起こし、社長辞任の引き金になった。そんな過去の忌まわしい出来事も「そんなことも時といろんなもので正直、忘れていっているのも確かだけど」とした上で、TARUを「ゴキブリのように生きているのはオレもそうだけど素晴らしいことだよな。生命力ありますよ」と過去を遮断した。人工関節手術から明けて3日間での2試合は、コンディション面で大きな挑戦だったが無事に乗り越え「生涯現役をやるための自信になった」と胸を張った。

9月16日にはプロレスリング・ノアのエディオンアリーナ大阪第1競技場大会に参戦。さらにノアへは11月2日の両国国技館大会でグレート・ムタとなって見参した。大阪と東京のビッグマッチで「武藤」、「ムタ」と姿を変えて登場したことをきっかけにノアとは密接なつながりを持つことになる。

復帰した19年は、大みそかにエディオンアリーナ大阪第1競技場で行われたW－1まで6か月で9試合を行った。人工関節手術からの再起を期した年は、様々な団体へ打って出て復活と健在を存分にアピールした。

しかし、年が明けた20年は、前述したように新型コロナ禍が世界中を襲い、国内では4月に政府が緊急事態宣言を発令し、あらゆるイベント開催が中止、自粛という未曽有の苦境に立たされる。

予定していた興行の先行きが不透明になる中、自らが設立した団体を閉じることが決まった。猪木の「デビュー60周年セレモニー」で盛り上がったマスターズの翌日となる2月29日、都内で記者会見を開き、W－1が4月1日の後楽園ホール大会を最後に無期限の活動休止とすることを発表した。全日本プロレスを離脱し13年9月8日に旗揚げした団体は、6年7か月で幕を閉じた。

発表は無期限の活動休止だったが実情は解散だった。自らが設立した団体が消える発表会見で武藤は「旗揚げしてから赤字の体質を脱却できず。じゃあどうして継続できたかと言えば、ＷＲＥＳＴＬＥ－１にはオーナーがいまして、そのオーナーさんに（赤字を）補塡してもらって来ましたが、これ以上、迷惑をかけてはいけない中で活動休止という決断になりました」と率直に理由を明かした。

経営者として全日本プロレスも運営に苦戦。そしてＷ－１も崩壊したことに「もしかしたら自分自身の実力不足なのか」と偽りない心境を明かした。

最後の後楽園は、ファンの前で興行を開催したかった。しかし、新型コロナが思惑をはばんだ。当時は、スポーツ、コンサート、舞台などあらゆるエンターテインメントが開催を自粛した真っ只中だった。しかし、Ｗ－１は最後の大会だけに中止は避けたかった。苦渋の決断として大会5日前の3月27日に無観客試合としての開催を決める。

迎えた4月1日、客席に報道陣、撮影スタッフしかいない空席の中、武藤はメインイベントの8人タッグマッチでカズ・ハヤシ、近藤修司、河野真幸と組んで稲葉大樹、土肥孝司（現・こうじ）、芦野祥太郎、羆嵐《くまあらし》と対戦した。これがデビュー36年目で初めての無観客試合だった。

さらにメインを終えた後に予定になかった全選手参加のバトルロイヤルを決行。武藤はリングを下り客席に座って自らが育てた選手たちの最後の戦いを見つめた。

こうしてW－1は終止符を打った。

初の無観客試合に武藤は「正直、36年やってきたけど、なかなか難しいものがあった。本当は客さえいたら、全お客が泣くような試合をやりたかった。それが観客がいないと難しいわな」と漏らした。

最後のバトルロイヤルを見つめる背中はどこか寂し気だったが、武藤に感傷はなかった。

「これからはフリーだよ。でもなんだかんだWRESTLE－1で（所属レスラーら）30人食わしていくためのことを考えたらフリーって気が楽だからな。オレも自信持っていきます」

自らが設立した団体が崩壊した日にこれからの自分は「気が楽」とは武藤を信じてついてきた若手レスラーを思うと不謹慎極まりない発言だが、紛れもない本音だった。

「やっぱりオレは経営者に向いてなかったよ。経営するには自分よりも『こいつを上げて』とか気を遣ったり考えないといけないじゃん。それは、ストレスになるよ。一国一城の主を目指して全日本へ行ったけど、WRESTLE－1もこうなってつくづくオレには向いてないって分かった。分かるのが遅すぎた？　そうかもしれないけど、オレはやっぱりプレイヤーなんだよ。これからは、一レスラーに徹するよ」

両膝の人工関節手術で「意味のない試合はやりたくない」と決意を新たにしたこともあ

ったのだろう。W－1の崩壊は、武藤を02年10月の全日本での社長就任から19年あまり続いてきた「向いてない」団体運営から解放させ、プロレスラーだけに専念させる転換点でもあった。

デビュー36年目で初めて所属団体のないフリーとなった。自由になった武藤へオファーした団体が「プロレスリング・ノア」だった。

「プロレスリング・ノア」参戦

2000年6月に全日本プロレスを退団した三沢光晴が設立したノアは、小橋建太、田上明、秋山準ら25人の選手と数多くの社員が三沢と行動を共にして、8月5日にディファ有明で旗揚げした。

1972年10月から全日本プロレスを中継してきた日本テレビがノアへの放送に切り替えるなどのバックアップもあり、旗揚げ4年目の7月10日に初の東京ドームを開催するなど、一時は新日本プロレスを上回り業界トップの人気を獲得した。しかし、2009年3月いっぱいで日本テレビが中継を打ち切ると一気に苦境に立たされた。

同年6月13日に広島県立総合体育館小アリーナで行われた試合中の事故で三沢が46歳の若さで急逝する。団体の社長でリング上では数々の激闘でカリスマ的な人気を誇ったトップレスラーがリング上で命を落とす衝撃は、団体を混迷へと導いた。

16年11月には三沢が設立した「株式会社プロレスリング・ノア」の運営、興行事業などを「エストビー株式会社」に譲渡し「ノア・グローバルエンタテインメント株式会社」に社名を変更した。さらに19年には広告代理店「リデットエンターテインメント株式会社」に買収された。

このリデット体制となった時、ノアの運営を託されたのが武田有弘《なりひろ》だった。武田は武藤の全日本移籍時に行動を共にしたフロントマンだった。全日本の経営的な苦境で一時は古巣の新日本へ復帰し執行役員を務めた。その後、W－1の運営にも携わりプロレス興行を手掛けたい「リデット社」に請われ同社に入社し、ノアのフロントトップに就任した。

しかし、同社も団体経営に苦戦。ノアの運営が行き詰まった時に武田が頼ったのが、IT大手「株式会社サイバーエージェント」だった。同社は、「DDTプロレスリング」を傘下に収め、インターネットテレビ「ABEMA」などのコンテンツとしてプロレスを確保していた。武田はDDT社長でレスラーの高木三四郎にノアの身売りを相談。サイバーエージェントの創業者で社長の藤田晋が承認し、20年1月29日にノアは株式100パーセントをサイバーエージェントへ譲渡し子会社となったことを発表した。

さらに7月27日にはDDT、ノア、飲食店を運営するDDTフーズの3社が統合し、新たに「株式会社Ｃｙｂｅｒ　Ｆｉｇｈｔ（サイバー・ファイト）」を設立した。この間、武田はノアのフロントトップであることは変わらず、試合運営、興行を統括していた。この武藤と縁の深い武田がＷ－１の崩壊でフリーとなった時、オファーを出したのだ。

武田は武藤へ参戦を打診した理由を明かした。

「ノアをさらに良くするためには、若い選手の壁となり見本となるような背中を見せる人がいた方がいいなと思いました。その意味で武藤さん以上の選手はいません。ですから、オファーしました」

武田の要請を快諾した武藤は6月からノアが主戦場になる。スタートは14日にＡＢＥＭＡで放送された無観客のテレビマッチ。神奈川・川崎市内の特設アリーナで行われた試合で丸藤正道、望月成晃と組んで清宮海斗、谷口周平、モハメド・ヨネと対戦した。注目は武藤とノアの未来を託された24歳の清宮との初対決だった。長男と同じ年の若きエースを武藤は貫禄で圧倒した。試合も丸藤がヨネを破り、ノアへの本格参戦を白星で飾った。

試合後のバックステージでは、武藤が本腰を入れてノアマットに定着する動きもあった。トリオを組んだ全員の名前の頭文字がアルファベット「Ｍ」で共通していたことから、丸藤が頭文字「Ｍ」の選手を集めたユニット結成を提案。武藤も「どうせやるなら、20年ぐらい前にやったｎＷｏを上回るような世界規模で」とうなずき、「Ｍｓ’　ａｌｌｉａｎｃ e（エムズアライアンス）」と命名したユニットが結成された。特定の団体内で作られたチームに入ることは、リング上のストーリー展開にキャストとして加わることを意味する。エムズアライアンスの結成は、そのまま武藤がノアにレギュラーとして登場することの表れだった。

7月18日に4か月ぶりの興行再開となった後楽園ホール大会にも参戦した。コロナ禍での緊急事態宣言の発令でノアは3月22日の静岡・ふじさんめっせ大会から観客を入れた興行は自粛してきた。その間、無観客で1試合、テレビマッチを20試合行った。団体にとって興行収入が事実上、途絶えた最大の危機も親会社がサイバーエージェントという大手企業だったことが支えになり、同社が運営するインターネットTV・ABEMAなどでテレビマッチを開催することができた。

武藤は久々の有観客興行で丸藤と組んでGHCヘビー級王者の潮崎豪、清宮とタッグで対決。試合は丸藤が潮崎を破った。バックステージで「お客様の拍手はありがたい」と観客に感謝した。

異常事態の無観客試合。当初は「やりづらい」と漏らしていた。ただ、後に武藤を取材すると別の答えが返って来た。

「実は無観客ってやりやすかったんだよ。オレが入門したころのプロレス界って前座の試合なんて客席は、見ててもウンともスンとも言わず静まり返っていたよ。あれは無観客と変わらない状況だったよ。なおかつ、当時は猪木さんの教えで今の現代っ子レスラーみたいに客席を見ていたら怒られていたからね。リングでは『敵しか見るな！』っていう土壌でオレは育ってきたから、無観客という言うなれば（会場の）お客様を意識しなくていい試合って、意外とガチガチに緊張感なく試合ができたりしていたんだよ」

多くのレスラーが戸惑いを覚えた無観客試合で「やりやすかった」と言い切った裏側には、「令和」の今を生きるレスラーとの格段の経験値の違いを訴えているように聞こえた。

「年齢」はハンデではない「武器」だ

年を重ねれば肉体は衰えハンデになる。しかし、武藤は年齢を逆に他のレスラーにはない「特権」と「個性」に変え、自らを際立たせる「武器」にしたのだ。

ＧＨＣヘビー級王座を奪取する道のりは、まさにそうだった。

有観客が再開の後楽園ホールの試合後、清宮から一騎打ちを要求され、8月10日の横浜文化体育館での初シングル対決が決定した。

試合後、清宮戦の意味を「ＧＨＣのチャンピオンベルトが視野に入っている」と説き、新日本のＩＷＧＰ、全日本の三冠ヘビーに続くメジャー団体のベルトをすべて獲得する

「グランドスラム」の達成への野望を明かした。

過去に成し遂げたのは高山善廣、佐々木健介の2人。武藤が達成すれば最年長での「グランドスラム」となる。武藤は史上3人目の偉業へ清宮戦を「ＧＨＣへの通過点かもしれない」と定め、試合は27分07秒、足4の字固めで30歳以上も年下の若武者を切って捨てた。さらに11月22日の横浜武道館で谷口周平とのシングルを勝利した後に「もうすぐ58歳で時間も許さないのも分かっている。来年早々あたり一発、溜めて驀進する武藤敬司を見せてやろうかな、なんて思っている」と明かし、「驀進」の意味を「ＧＨＣ奪取か？」と記者に問われると、「そうだろうな。早い方がいいと思うんだ、やるならば」とＧＨＣヘビー級王者の潮崎へ挑戦する意思を露わにした。

そして、迎えた12月6日、代々木第2体育館。メインイベントでＧＨＣヘビー級王者の潮崎が51分44秒の激闘で杉浦貴を破った直後のリング上で行動に移した。

「潮崎、防衛おめでとう。ちょっと年取って老いぼれているけど、そんな俺も夢は見ていいだろう。オレの夢に付き合ってくれ。日本武道館。ベルト挑戦させてくれ」

マイクを持って潮崎へ挑戦を表明した。潮崎も「いつ何時、誰の挑戦でも受ける」と武藤の師匠である猪木の名台詞で応じた。

闘いの舞台は、ノアにとって11年ぶりに開催する日本武道館。日程は２０２１年2月12

日。かつて三沢、小橋、高山らがファンを熱狂させ満員の観客を集め「聖地」と呼ばれた武道館で武藤の挑戦が決まった。

GHC挑戦が決定した代々木第2から17日後の12月23日、武藤は58歳の誕生日を迎えた。還暦間近の男が「グランドスラム」へ挑む。一般的なプロスポーツでは、言わば常識外れの現実がタイトルマッチへのエッセンスになった。それはプロレス界でも同様で過去にメジャータイトル奪取の最年長は、02年4月13日に武藤との王座決定戦を制して全日本の三冠ヘビーを獲得した天龍源一郎の52歳2か月。勝てばプロレス界の常識をも大きく超える。

挑戦が決まった直後、私は武藤を取材した。

「幼いころ、あれほどおじいちゃんだと思っていたサザエさんの（磯野）波平さんは、54歳だからな（笑）。それを今のオレは上回っているんだよな……。やっぱり年齢っていうのは、大変だよ。プラスかマイナスかって聞かれたらマイナスに決まっているよ。ベンチプレスやっても3年前より上がらない。なおかつ、両膝に人工関節の手術した直後は『歩けるようになるのかな？』と不安ばっかりだったしね。ここ最近は肩が痛くてさ。そういう肩が痛いっていうのも年齢かなって思うこともあるじゃん。どうしたって年齢を重ねれば、並行して若いころより動きが悪くなるから、そことの戦いは非常に厳しいよ。要は、自分との戦いだからね」

年を重ねた弱みを一気にさらけ出した。そして、続けた。

「ただ、リング上でも言ったけど、年取っても夢を持って行動していいような気がするんだよ。みんな他の一般の人たちもね。ただでさえ、今、コロナで余計、年寄りは『お前ら自粛せぇ』なんて言われて、姥捨山《うばすてやま》じゃねぇんだからさ。何歳になろうが、夢ぐらい見てもいいんじゃねぇのかって、これがオレの本音だよな」

いくつになっても人が夢を見ることは否定できない。58歳で自らの野望へ動く武藤の言葉には説得力があった。

「オレが挑戦するのって賛否があるんだよ。一方で、(挑戦しなかったら)これで出番がなかったオレもいるわけで、出番がなかったら出番がないで終わったわけじゃん。だから、同じ賛否でも出て批判された方がいいよ。評価されるのかどうなるのかってオレも分かんねぇよ。ただ、批判されても出て批判されたり評価された方がいいよ。何もやらないでゼロよりは、いいと思ってるんだよ。確かにオレにだって葛藤はあるんだよ。オレが気張ってこんなことやってたらプロレス界を後退させてんじゃねぇのかな? とかさ。『58歳がまだプロレスしてるよ』って言われかねないわけであって。それはプロレス界にとって、もしかしたらマイナスになる可能性があるしね。だけど、葛藤っていうのは、悩んでこその葛藤だからね。悩むっていうことも悪くないよ。だって生きてるって感じするじゃん。

そんな葛藤とか批判を覆すために努力するんだよ。それを引っくるめて今はエネルギーに変えているところだよ。さしあたって、それは反骨精神だよな」

年齢へのハンデを軸に質問を重ねれば重ねるほど武藤は饒舌になった。言葉には、周囲が設定する「常識」を超える野心に満ち溢れていた。58歳の年齢が「武藤の武器と糧になった」と私は思った。

中邑をフォールした技でGHC王座奪取

2021年2月12日、日本武道館。

武藤は潮崎を破りGHC王座を奪取した。

試合時間は29分32秒。3カウントを奪った決め技は「フランケンシュタイナー」だった。潮崎の猛攻を耐え抜き、敵の必殺技「豪腕ラリアット」へ来た瞬間に繰り出した「フランケン」。コロナの感染防止でマスクを着用し声を出しての応援が禁じられた観客は、まさかの大逆転にどよめきと歓声が沸き起こった。感染防止のルールを突破した客席の「声援」は、止めることのできないファンの興奮で同時に武藤が武道館を魅了した証明だった。58歳1か月の「常識」を破る3大メジャータイトル制圧。歴史的な名勝負は、この年の東京スポーツが制定する「プロレス大賞」で年間最高試合賞（ベストバウト）を受賞した。

2021年2月12日の日本武道館。武藤はフランケンシュタイナーで潮崎豪から3カウントを奪い、GHC ヘビー級王座を戴冠。58歳1か月での3大メジャータイトル奪取で常識を破った。（© PRO WRESTLING NOAH）

11年以来、3度目のベストバウトを獲得した年末に私は、潮崎戦への思いを聞くために武藤を直撃した。

「実はさ、やる本人からしたら満足なんかしてないじゃん。なぜかというと若いころと違って本来だったらこういうことができるのに、と。今、妥協、妥協、妥協でやってるわけじゃん。昔だったらこういうことできたのに、こんなことできたのにって。どっかで妥協して抑えて自分なりにキャリア積んで安全圏も分かってる上でやっているんだけど」

最初に口にしたことが、パフォーマンスそのものへの不満だった。

「だけど、ここがプロレスのいいところなんだけど、見る人が記憶も背負って見てくれたりするから、あのフランケンが生きたりするんだよ」

潮崎をフォールしたフランケンシュタイナーは、過去の記憶から引き出したフィニッシュだった。この技は、新日本プロレス時代からビッグマッチで繰り出して来たが、中でも「記憶」の試合は、08年10月13日、新日本の両国国技館での中邑真輔戦だった。

ＩＷＧＰヘビー級王者だった武藤は、中邑をこの技でフォールし4度目の防衛を達成した。試合は、半年前の4月27日に大阪府立体育会館で武藤が王者だった中邑を破り１９９9年1月4日以来、8年ぶりにＩＷＧＰベルトを奪取した一戦のリターンマッチだった。戦前の予想は中邑のリベンジが大勢を占めていたが、一瞬のフランケンで逆転勝利した予想を覆すインパクトは、ファンの「記憶」の中に刻み込まれていた。

「だから、プロレスはキャリアを積んだ人の方が意外と得な気がするよね。潮崎戦で初めてやる技だったら説得力にかけるかもしれない。だけどオレのフランケンには（ファンの中に）免疫があるから、オレがやっても許されるんだよ。フランケンはいつも頭にインプットされてるよ。一種の逆転技だよな。他にも何回かやってるよ。言ってみれば自分の駒だよな。その中の計算というか、その駒をファンがどう思ってくれるのか。見たことのないファンは『何なんだ』って思うかもしれないし、かつて見た人は『あの昔のフランケンだ』って思うかもしれない。あるいは、オレのフランケンを知らない人に知っている人が高飛車に言うかもしれないよな。『あれは中邑戦で……』とかさ。そうやって、見ている人があゝでもないこうでもないって会話するのがプロレスだよ。言うなれば、過去の引き出しをまた出したと思ってくれる人もいるわけだ」

引き出しとは武藤がデビューからいくつも残した「作品」だろう。そして、フランケンという「思い出」を武器にGHCを奪った。かつてアントニオ猪木を否定した自らのセリフだが、58歳を迎えて完全に肯定した。

「そこがプロレスのいいところであって、だって若いヤツに勝てるのはそこしかないじゃん。中邑戦だって、あの時、新日本が2回ぶつけてきた。その2試合とも違う試合じゃなかったらつまんないわけでさ。その中の1個でフランケンが出て逆転勝ちした。だけど潮崎戦の場合は、人工関節でムーンサルトはできない。シャイニングウィザードも連発したけど、フォールを奪えない。じゃあ、オレが勝つためには何か？　って（観客が）考えてもないんだよ。その中のフランケンだからな。あのフランケンにしたってオレはもっとカッコ良く決めるつもりだったけど、ジャンプもできなくて理想からしたら崩れたよ。だけど、プロレスだからそこに必死さが伝わってさ。そういうものが伝わるのがプロレスの逆に言ったらいいところだよな。プロレスは改めてアート、芸術って感じたよ。若い時には気づかなかった『わび・さび』がプロレスにはあるんだよ」

日本特有の美意識を意味する「わび・さび」。広辞苑で「わ（侘）び」を引くと『茶道・俳諧などにおける美的理念の一。簡素の中に見いだされる清澄・閑寂な趣』とある。「さび（寂）」は『古びて味わいのあること。枯れた渋い趣』と記されている。「わび・さび」を要約すると「古びたからこそ、にじみ出る簡素で質素な味わい」だろう。そして、この境地が58歳で辿り着いた武藤の「プロレス道」だった。

再び禁断の技を飛ぶ

武藤が潮崎戦で表現した「わび・さび」の美は、この日、会場で取材した私自身、切なさも感じた。それは、トップロープへ昇ったシーンだった。武藤は人工関節の設置でドクターストップを宣告され「さよなら」した「ムーンサルトプレス」を繰り出そうとしたのだ。しかし、数秒のためらいから飛ぶことを断念し潮崎の逆襲を食らった。出そうと思えば出せた。しかし、人工関節が行く手を阻んだ。月面水爆を舞えない現実に私は切なさを覚えた。

「あそこはムーンサルトへ行こうと思ったんだよ。だけど、やっぱり行けなかったよな。ただ、オレがムーンサルトできないことをお客様も知っているわけで。飛べないことでお客様が感情移入してくれたと思うよ。それもまた、『わび・さび』だよ」

さらに試合ではノアを創設した三沢光晴の必殺技「エメラルドフロウジョン」も繰り出した。1度トライし失敗し2度目で潮崎を脳天からマットに叩き落した。

「もしかしたら、三沢光晴が潮崎じゃなくてオレの応援していたんだよ。オレが弱かったら永遠の恋人と言われた三沢社長も弱かったってなるからな」

三沢に思いを馳せた武藤は、武道館の3日後となる2月15日にサイバーエージェント本社がある渋谷の「アベマタワーズ」で記者会見を開き、ノアへの入団を発表した。

新日本、全日本、W－1に続く4団体目の所属となった契約期間は2年間だった。会見で「コロナ禍の中でプロレス界も非常に大変な中、ノアと契約できたことを非常に嬉しく思っています。このリングで朽ちていくのか分からないですけど、契約したからにはオレの骨の髄までしゃぶってもらいたいと思っています」と2002年2月の全日本入団時と同じセリフで心境を明かした。

フリーから所属へ。オファーをしたのは武田だった。理由は本格参戦を打診した時と同じように「若い選手の見本となる存在が欲しかったからです」と明かした。そこには、「武藤敬司」の看板が呼び込む観客動員、さらには運営会社サイバーファイトの動画サイト「WRESTLE UNIVERSE（レッスルユニバース）」への視聴者数拡大への期待もある。武藤は武田の入団への打診に「迷いはなかったよ。フリーより所属の方が保障されるからいいよ」と明かした。試合数によって収入が変わる不安定なフリーより所属になれば生活が安定することから即断した。

人工関節を入れた両膝のケガを抱えているため試合数は基本的に「月1試合」の契約だった。しかし、団体の名実ともに看板となるGHC王者となった武藤に「月1」は許されなかった。王者になればタイトルマッチだけでなく挑戦者との前哨戦で興行を牽引する責任が伴う。所属となっての初の試合は2月24日の後楽園ホール大会だった。そこから5月いっぱいまでの3か月間で3月14日の福岡国際センターでの清宮海斗とのGHC初防衛、4月29日の名古屋国際会議場でのマサ北宮との2度目の防衛戦を含む7試合を行った。

「月1試合」契約の2倍以上の試合で武藤はリングへ上がった。

「これは仕方ないよな。すべては自分で望んだことだから。チャンピオンになれば当然だよ」

GHC王者としてフル回転で戦いを続けた。そして6月6日がやって来る。

この日は、「サイバーファイト」の傘下4団体が一堂に会す年に一度の祭典「サイバーファイトフェスティバル」がさいたまスーパーアリーナで開催された。

武藤はメインイベントで丸藤正道と3度目の防衛戦に挑んだ。衝撃は試合開始20分過ぎに起きた。丸藤をバックブリーカーで倒すとトップロープへ昇った。一連の流れは封印していた「ムーンサルトプレス」へのムーブだった。潮崎戦では、バック転をためらったが、この日の武藤に迷いはなかった。

さよならを告げた「ムーンサルトプレス」を舞ったのだ。

「最後のムーンサルト」を看板にした18年3月14日の後楽園大会以来、1180日ぶりの月面水爆だった。人工関節設置手術でもう二度と見られないと思い込んでいたファンは激しく動揺し驚きの声を上げた。ムーンサルトは丸藤を捕らえた。しかし、両膝をマットに打ち付けた痛みで武藤は表情をゆがめた。カバーに行く。カウント2で返された。人工関節の術後に主治医の杉本和隆から「ムーンサルトをやれば、大腿骨とか骨折する危険があ

2021年6月6日のサイバーファイトフェスティバルで、丸藤正道を相手に武藤は「さよなら」を告げたはずの「ムーンサルトプレス」を舞った。人工関節の膝を強かにマットに打ち付けた。(© PRO WRESTLING NOAH)

ります。だから絶対にやっちゃダメです」との宣告を破った決死の月面水爆は、勝利をもたらすことはなかった。最後は丸藤の強烈なヒザ蹴り「虎王・零」に沈み、約4か月間守ったGHC王座から陥落した。

ムーンサルトプレスに「さよなら」しなかった武藤は、無言でアリーナから去った。武藤の「さよなら」を信じて19年5月に題名を『さよならムーンサルトプレス』として上梓した私も会場で取材し、トップロープから飛んだ瞬間、目の前で起きたことが錯覚ではないのかという困惑を覚えた。ただ、この試合で武藤は敗れたが、4度目のGHC奪取を果たした丸藤の勝利よりも記憶に残ったのは「禁断のムーンサルト」だった。丸藤は「結局、武藤さんに全部持っていかれた」と苦笑した。「虎は死して皮を留め　人は死して名を残す」の格言にならえば「武藤敬司は敗れてムーンサルトプレスを残した」と私は思った。

「プロレスを長くやりたいんですか？　パッと散りたいんですか？」

試合から数か月後、武藤にムーンサルトを飛んだ理由を聞いた。

「潮崎戦で飛ばないムーンサルトがあった流れがあって丸藤戦で出した。そしてオレのチャンピオンとしてのストーリーが完結した。あの一連の流れは、オレにとっての芸術だよ。完結を作るには飛ぶしかなかったんだよ」

自らの美学を打ち明けたが、すぐに頭を振った。

「飛んだことによって、すげぇ後悔してるよ。みんなに心配かけてみんなに怒られた。杉本先生にもすっげぇ怒られた。『もう1回、ムーンサルトをさせるためにあなたの足を治したんじゃない。たまたま何もなかったからよかったけど何かあったらどうするんだ』ってね」

武藤が苦笑いして明かしたように、主治医の杉本和隆はドクターストップの指示を破った武藤を厳しく叱っていた。杉本は月面水爆をやったことを武藤の妻・久恵からの報告で知ったという。

「その日に奥様からすぐにメールで『やっちゃいました』って連絡がありました。僕は『出禁にしますよ』って返信しました（苦笑）。ただ、奥様は『いつかやると思っていました』っておっしゃっていましたが（笑）」

数日後、足立区の苑田会人工関節センター病院での定期診察で杉本は武藤と会った。

「面と向かって怒りましたよ。『あなたは、何を求めているんですか？』とまずお聞きしました。『プロレスを長くやりたいんですか？　それとも、ここでパッと散りたいんですか？』と。あとは僕は武藤さんを担当させていただいて、プロレス界で『武藤敬司』という存在がどれほどのものであるか勉強したんです。ですから彼に『プロレス界で武藤敬司という人は、リングの上に存在していることに意義があるんじゃないですか？』と質《ただ》しました。そして『あなたが車椅子の生活になってしまったら、それは武藤敬司なんですか？それは嫌でしょ？　そこのところのプロ意識をもうちょっと持ってください』と言いました」

親身な杉本の言葉に診察室で武藤は、ただただ恐縮していたという。

そもそも杉本は潮崎を破ったフランケンシュタイナーを放った時も武藤を叱っていた。この試合を武道館で観戦した杉本は、驚き、そして、怒った。

「武道館の試合の後、『何をやっているんですか！』って物凄く怒りました。飛んだらダメだと言っているのに、むちゃくちゃ飛んだじゃないですか。あんな技を僕は知りませんでした。あんな高いところから相手の首をかけて両膝がマットに落ちるわけですから、ムーンサルトプレスだけでなくフランケンシュタイナーも人工関節の膝にはダメです」

杉本の指導に武藤は「ムーンサルトじゃないからいいかと思ってさ」と返したという。これに杉本が「ムーンサルト以外は何をやってもいいって言ってないでしょ？」とたしなめると、武藤は「いやいや大したことないよ」と苦笑いした。この時を振り返り「ドクターストップ」を破ったムーンサルトも「もしかしたら、武藤さんの中では大したことないって思っていたのかもしれませんね」と杉本は少し呆れながら笑った。

月面水爆に「さよなら」しなかった武藤へ杉本は、試合数の増加で両膝への負担が危惧されるため「武藤さんには『団体ともう1回契約内容を確認してください』と言いました。雇う方は試合の数をたくさんやってもらった方がうれしいですけど、人間の体ですからスマホの定額使い放題っていうわけにはいかないので、団体と相談してくださいと言いました」と明かした。

主治医の厳しい指導に武藤は「これは杉本先生のおっしゃる通りだよ」と打ち明けながら危険技について語り始めた。

「これは、身をもって『やってはいけない』技をやってしまったオレからの一つの提唱じゃないけど、東京ドームとか大きな舞台になるとみんな、レスラーって普段できないことをやったりしてさ。例えば、花道の通路からブレーンバスターをやったりとかさ。そういうもので表現した時は、本当だから（観客へ）伝わりやすいかもしれないけど、それでもし何か（事故が）あった時にはアウトじゃん。アウトのところとセーフの狭間で伝えようとするのは、プロレス技じゃないような気がするよ。昔はオレもやってきたけど、今はそう思っている。そう言うオレも丸藤戦で医者から止められたムーンサルトやっちまって、120パーセントを出しちまった。プロレスラーは、自分の持っているものの120パーセントを出してたらダメなんだよ」

さらに観客の想像を超える危険技で会場を過熱させることに疑問を投げる。

「そこでお客様の気持ちを取ろうとするんじゃなくて、違ったところで取った方がいいような気がするよ」

後悔と反省を繰り返した。では、なぜ、ドクターストップのムーンサルトをやってしまったのか？　再び質問をした。

「プロレスラーとしての性《さが》だよ。ここで（ムーンサルトを）やったら絶対に試合が締まると思った。絶対にこの試合はオレが持っていけると思った。それが分かったからやったんだよ」

レスラーだけが味わえる「エクスタシー」を武藤は求め、「120パーセント」を出してしまった。

「でも、それってある意味逃げなんだよ。だってムーンサルトを出せば、（客席が）沸くのが分かって使っているわけだから。それじゃあダメなんだよ。プロじゃないよ。だから今は反省ですよ」

痛みと違和感

ノアに入団しGHC王者として駆け抜けた4か月。リング上では輝きを放ち続けたがしかし、肉体は蝕まれていた。股関節の痛みが武藤へ忍び寄っていた。

武藤が股関節の痛みを自覚したのは、2021年夏だった。

「どれぐらいから痛くなったかって？　どうだろうな……GHCを獲った潮崎戦のもっと後だよ。最初は、痛みも頻繁じゃなかったよ。『ちょっと、この痛みは何だろう？』っていう感じだったよな。N－1の前ぐらいから、その違和感を覚える間隔がだんだん短くなって頻繁になっていったよ」

武藤が言った「N－1」とは、9月12日に後楽園で開幕したノアのヘビー級最強を決めるシリーズ「N－1 VICTORY」だった。

この大会は、ノアが10年からスタートした恒例の大会で名称は17年まで「グローバル・リーグ戦」、18年の「GLOBAL LEAGUE」を経て、19年から現在の名称となった。

武藤が参戦した21年大会は、過去最多の16選手が出場し4名ずつ4ブロックに分かれ総当たりのリーグ戦を行い、各ブロック1位の4人がトーナメントで優勝を争う形式だった。

Aブロックに入った武藤は、杉浦貴、清宮海斗、征矢学とのシングルマッチを戦うことになった。9月12日、後楽園での開幕戦で杉浦と試合時間の30分をフルタイム時間切れで引き分けた。続く19日には無観客試合でのテレビマッチで征矢に足4の字固めで勝利。リーグ戦の最後となった26日の後楽園での清宮戦は30分時間切れ引き分けで、リーグ戦を1勝2分けの成績で決勝トーナメント進出を逃した。

「N－1の前は、痛くてトイレに座っていられなくなったこともあったよ。だから、N－1の時は痛みは走っていたよ」

日常生活で便座に座ることすらできない痛みを抱えながらも2週間で3試合のシングルマッチ、そのうち2試合が30分フルタイムという過酷なリングを自らに課した。

「試合になれば必死だからね。それと、まだこのころは、痛いけど痛み止めの注射と薬を飲めば、そこまで害を及ぼさなくて試合はこなしていけた。何しろ2回も30分フルタイムできたんだからね」

痛みは試合中に重くなったり軽くなったりする波があった。激しい痛みを感じた時は、これまで蓄積した技術で戦うことができた。

「気に障《さわ》る痛みの時もあれば、気にならない時もあった。ただ、オレの場合、長年、膝を壊してきたからさ。ある意味、ずっと痛みとの闘いだったわけでさ。その中で下半身を使わないで試合を構成する技術は身についていたじゃん。そこは、これまでの蓄積で乗り切ったよな」

トレーニングと股関節への負担

膝の負傷は24歳の時だった。それから人工関節を入れた55歳まで31年間、激痛との闘いだった。それでも武藤は誰よりも輝く「作品」を残してきた。痛みを堪《こら》えながら試合を作ってきた技術の蓄積が、新たに股関節の激痛を抱えた時に生きた。

主治医の杉本和隆は、股関節の異常は2018年3月の人工関節設置手術を行う前の検査ですでに確認していた。

「これは人工関節の手術を行う患者さん、皆さんそうなんですが、手術前に膝だけじゃなくて股関節、頸椎、腰椎、背骨もレントゲンでチェックするんです。その時に股関節が固くなっていることが分かっていました」

人間で最も大きな関節で上半身と下半身をつなぐ股関節は、下半身と体幹を支える重要な関節である。形は球体で骨盤の皿の中に収められている。ただ、この箇所を一般人が負傷することは、ほとんどないという。杉本は「股関節を痛める人でダントツで多いのは、プロスケーターとバレリーナです。あとは、プロゴルファーです。ジャック・ニクラウス、トム・ワトソンも股関節を痛めました」と解説した。関節が動く範囲を「可動域」と呼ぶが、フィギュアスケーターなど全身を遠心力で回すアスリートは、股関節の可動域が一般人は使わない広さになる。常人の限界を超える動きがケガを招くのだ。

股関節の異常が分かった杉本は、人工関節の術前の診察で武藤へ「股関節を痛めるような技があるんですか？」と聞いた。

「僕はプロレスを知らないので、武藤さんの技もそれほど知らなかったんです。僕の質問に『首とか膝を痛める技はあるけど、股関節の技はそんなにないんですよね』とおっしゃっていました。お話だけでなく試合の動画も送っていただきました。それを見ると僕も『そんなに股関節へ負担はきていない』と思いました」

リング上の技が痛めた原因ではなかった。さらに杉本は、試合以外で痛める理由を探るために質問を重ねた。

「武藤さんの行動をよくよく聞いていくと、彼はデッドリフトとかウエイトトレーニングを激しくやることが分かったんです。ですから、股関節を痛めたのはその激しい練習が原因だと分かりました。普通の人が上げられないウエイトも彼は上げてしまうので、そういう普段のトレーニングの蓄積が股関節への負担になっていたんです」

武藤はかつてベンチプレスで最大190キロを上げていた。50歳を過ぎてからは、さすがにこの重さは上げられなくなったが、一般人では考えられない重さを上げる負荷、そしてプロレスラーとしてリングへ上がる基本中の基本である肉体を鍛える日々の練習が股関節に負担を与えていた。

一方で私は、この話を聞いた時、一つの疑問が浮かんだ。それは人工関節を設置しなければならないほど痛めた両膝の負傷が股関節を悪化させたのではないのか？　という思いだった。そのままを杉本へ質問した。

「それはまた別なんです」とした上で杉本はこう続けた。

「ただ、敢えて言うとこの何十年間、膝が満足に使えない分、股関節を使った負担が来ていた可能性はあります。例えば、ジャンプする時にも普通なら膝をバネに使って飛ぶわけですが、武藤さんの場合は、もしかしたら股関節をバネにして飛んでいたのかもしれません」

練習だけでなく膝の負傷も股関節を痛めた遠因の可能性はあった。股関節の異常は数値にも表れていた。関節を伸ばすことを「伸展」と呼ぶが、杉本は「この伸展の角度で人間には正常値があるんです。股関節の場合は、普通の人が後ろにのけぞった時に本来、15度ぐらいは伸びなきゃいけないんです。だけど、武藤さんの場合は5度ぐらいしかなかったんです」と証言した。

「武藤さんは、例えるならお年寄りのように前かがみになって歩いていましたが、それは膝のケガが原因ではなくて股関節が固まっていたからです。ご本人も、前かがみに歩かざるを得なくなってから股関節の可動域に制限が出ていることは感じていたんです。だけど、あまり痛みはなかったし、そこが悪いからパフォーマンスが落ちているという意識はなかったんです。ただ、その時から普通の人と同じように股関節を伸ばすことができなくなっていたんです」

一般的な正常値の半分以下となるわずか「5度」しか伸びない武藤の股関節。人工関節の手術を終えた後のリハビリテーションは、膝と同時に股関節の回復にも時間を割いた。

「手術の直後にリハビリテーションをやるんですけど、膝の手術だから膝のリハビリをやるかと思いきや実は彼のリハビリは最初、股関節から始まったんです。実際、左右両方の股関節の前の方が骨盤に癒着していました。股関節は人間がパフォーマンスする際の要《かなめ》で、運動力学的にはリハビリ自体が体の中心から直していかないといけないので、最初のころ、リハビリの半分は股関節でした。なので、リハビリに入る前にマッサージをやるんですけど、まずは股関節からやりました」

マッサージは、モビライゼーションと呼ぶ関節の可動域を広げる手技を多用し癒着している箇所をはがすことを目指した。これを毎日15分ほど行ったという。当時の武藤を杉本は「かなり痛がっていましたが、一生懸命耐えていましたよ」と振り返った。

リハビリ、そして再びのリングへ

マッサージの効果で徐々に可動域は広がっていった。そしてリハビリは次の段階へ入った。

「次に股関節を動かしているインナーマッスルも固くなっていたので、ＰＮＦ（固有受容性神経筋促通法）というトレーニングとレッドコードという赤い紐の上に宙づりになるようなトレーニングの器械があるんですけど、そのトレーニングをやりました」

固くなっていたインナーマッスルは「腸腰筋《ちょうようきん》」と呼ぶ上半身と下半身をつなぐ筋肉と尻の横に位置する「中殿筋《ちゅうでんきん》」だった。いずれも股関節の周囲にある筋肉だが、ここをリハビリの一種である「ＰＮＦ」などで、固まっている状態をほぐし収縮するように目指した。地道なリハビリに武藤は懸命に取り組んだ。そしてリング復帰へ向けたトレーニングに入った。この時、杉本は武藤の肉体に驚きを覚えた。

「リハビリを終えていざリングに戻るというトレーニングをやっているうちに、だんだん股関節が伸びるようになったんです。武藤さん、さすがだなと思ったのが、普通の人なら半年ぐらいかかるのが、その半分の3か月ぐらいで何とかなったんです。正常値の15度までには届きませんでしたが、ほぼそれに近い数字の角度に戻ったんです。5度しか伸びなかった股関節がリハビリを始めてから、わずか3か月でここまで伸びるようになったことは凄いことでした」

武藤は4年前のリハビリの日々を「いろんなことをやったよ」とだけ振り返った。そして自身の股関節についてこう明かした。

「オレは、昔は股関節が柔らかったよ。股割もできたからね」

股割とは、両足を180度に広げ上半身を床にペタっと密着させる柔軟運動だった。

「これはね、オレ、努力したんだよ。高校時代に同級生の友達に極真空手をやっているヤツがいてね。回し蹴りをやるのにそいつが股割を練習していたんだよ。それを見て俺は『すげぇな』って思って、オレも一緒に股割をやり始めたんだよ。最初はまったくできなかったよ。だけど、努力して毎日毎日、徐々にやって柔らかくしたんだよ」

武藤は、特に前田日明、髙田延彦らUWF勢と戦っていたスペース・ローンウルフ時代に「U」に負けじとハイキックを繰り出していた。蹴りのフォームも美しかったが、それは「股関節が柔らかかったからできたんだよ。じゃないと打点が高いハイキックなんて高く蹴ることができないからね」と明かした。

しかし、股割はできなくなる。原因は膝の負傷だった。

「股割は膝が悪くなってからできなくなった。膝を痛めて両足がX脚になって真っすぐに伸ばせなくなったからね。その状態で無理やり伸ばそうとすれば、膝の軟骨にもよくないから、あまり股割をしないようになった。そりゃ、やらなきゃ股関節は固くなるから、徐々に悪くなるよな。膝を痛めたことで股関節の筋肉が固くなったっていう悪循環だよ」

杉本は、激しい練習が股関節への負担となったと証言した。武藤は膝の負傷で股割ができなくなったことで股関節の筋肉が固まったと自己診断していた。いずれにしても、この2つがマイナスの作用となり人工関節の手術前に股関節に異常が起きていた。

ただ、杉本の適切な指導と武藤自身が懸命にリハビリとトレーニングに取り組んだ結果、痛めていた股関節は、ほぼ正常値に近い状態に伸ばせるまでに回復し、人工関節設置手術から1年3か月後の2019年6月26日にリングへ復帰した。

誰よりも練習し誰よりもプロレスを愛す

そして、58歳となったリング復帰から約1年8か月後の2021年2月12日にGHCヘビー級王座を極め、ノアへ入団した。

ノアを統括する武田有弘はこう証言した。

「私が武藤さんに入団のオファーをしたんですが、ただ、オファーした時は、どちらかと言うと（リング上では）一歩引いた『武藤敬司』というイメージで声を掛けました。ところが、武藤さんはトップでやりたいという希望でした。だからタイトルにも挑戦したんです。これも武藤さんが望んだことでした。その言葉通りいざ入団すると、GHC王者としてタイトルマッチもやりましたし、我々の想像よりもバリバリトップの『武藤敬司』で来ました」

武藤は自らがメインイベンターとして君臨することを望んだ。武田は続けた。

「膝のケガもあるんで、契約では試合数は1か月に1試合だったんです。その上で我々としては『武藤さんが試合に出られるんであれば、その都度、エクストラ（追加のファイトマネー）を出します』というものでした。だけど武藤さんはトップでやりたいと希望してタイトルマッチに絡んできました。そうなると、我々としてもタイトルマッチだけに出場させるわけにはいきませんから試合数は増えます。さらにトップなので（N－1）リーグ戦にも出ることになったんです」

ここまで明かすと武田はこうつぶやいた。

「試合数が増えたことが股関節を痛めた原因になったのかもしれません」

試合数が増えることも武藤が望んだ状況だった。しかし、武田は団体を預かるトップとして複雑な心境を包み隠さず明かした。

主治医の杉本は、単純に試合の「数」が股関節を悪化させた原因ではないと証言する。

「僕が診させてもらっているK－1選手とかの格闘家の試合数は、年間3、4試合です。だから、僕の中では人工関節の手術から復帰した時も、武藤さんもそれぐらいの試合数なんだろうなって思っていました。ところが、武藤さんは気が付いたら、年間10試合以上をやっていた。そして、新しい団体と契約しましたよね。そこは僕も認識が甘かったのかもしれないけど、これは、本人に言うとかわいそうだから言わないんですけど、よもやタイトルマッチをするような選手になるとは思わなかったんです。僕は復帰した後は『武藤敬司』という人間がリングの上に立っている、そのこと自体が宝であると思っていたんです。それは奥様（久恵夫人）も同じ思いでした。そうしたら武藤さんがある時の診察で『今度、タイトルマッチをやることになっちゃってさ』って言うから、僕は思わず『嘘でしょ！』って言いましたよ。その時、57歳ですよ。そんな還暦間近の人がタイトルマッチをやるなんて今までの歴史で多分、ないはずです」

そして、股関節を痛めた理由を告白した。

「あの人は責任感が強いから、タイトルマッチをただ試合だけやればいいという発想はないんです。やっぱり普段から勝つための準備をしちゃうんです。しかも膝が人工関節になって両足に痛みはありませんから、膝をケガしてからやれなかった下半身の筋力トレーニングができるようになったんです。その嬉しさもあって、手術前よりもウエイトトレーニングの数も量も負荷を与える重さも全部、増えたんです」

さらに、続けた。

「ベテランなんだから、もうちょっと（練習で）サボリ癖がある人だったら良かったんです。だけど、そういうことは彼の辞書には、ないんです。いつまでも自分がチャンピオン、横綱だという意識で誰よりも練習をするんです。そして、誰よりもプロレスを愛しているし、ファンや団体から何を求められているかが分かっているから、すべての試合にトップコンディションを持っていくために、20歳の子と同じぐらい練習をやるんです。それは彼自身がやらないといけないと思って、実際にそれをやっちゃったんです。でも、還暦間近の人が20歳の子と同じ練習量ができるとは僕も思っていなかった。普通は誰もが『無理、無理』と言います。だけど、あの人は『無理』と言わないんです。その無理をやったんです。やれたんです。これは、奥様やマネージャー（の鈴木隆弘）さんが言っても誰にもコントロールができませんでした。あまりにも激しい練習で自分を追い込むので奥様からちょこちょこメールを頂きまして『本当に誰も止められないんです。先生の口から言ってください』と頼まれました。それで、僕は医学的な見地からアドバイスをして、武藤さんはそこを判断してメニューを組み立てるようになりました。手術からこの3年間はずっとその練習方法の組み立てを考えることばっかりでした」

武藤はトップに立つことを自らが選んだ。リング上で「エクスタシー」を感じたい自らの飽くなき欲望が第一だろう。ただ、トップに君臨することは興行の看板であり、ノアという団体の経営、社員の生活に至るまですべてを背負うことだった。メインイベンターはファンを会場に呼び、動画サイトの視聴者数を増やす責任がある。

そんなことはデビューして間もなく日米でメインイベントのスポットライトを浴びてきた武藤は、分かり過ぎるほど分かっている。その責任を全うすべく膝を痛める24歳前と同じ過酷な練習を自らに課した。

試合の「数」ではなく練習の「量」

復帰を前に股関節はリハビリとトレーニングで可動域は広がった。ただ、正常でないことに変わりはなかった。杉本は言った。

「僕は大相撲の横綱白鵬関（現・宮城野親方）とか一流のアスリートを診てきました。一流の人に共通していることはポジティブシンキングが半端ないんです。常にプラス思考です。なので、過去に自分がケガをしたとか悪かったことを忘れるのが早いんです。武藤さんも同じでした。可動域は広がりましたけど、完治はしていないままだったんです。だけど、半端ないポジティブシンキングなので、誰もが『無理』と思うあんなに激しい練習をやってしまったんです。そして、それが股関節を痛めることになってしまったんです……」

股関節を蝕んだのは、試合の「数」ではなく練習の「量」だった。そして、武藤自身もこの現実を自覚していた。

私は、引退を発表した2022年6月12日のさいたまスーパーアリーナから約2か月後の8月3日に、横浜市内で武藤を取材した。

「人工関節の手術の時に股関節（の伸ばせる範囲）が狭くなってたことは知っていたよ。だけど、痛みを感じる自覚症状はなかったんだよ。ぶっちゃけた話、今、左の股関節が痛いんだけど、レントゲンで写真を撮ると右の方がひどいらしいんだよ。だけど、右は症状が出ないんだよ。これは不思議なんだよ。だからオレからすれば、無症状だから人工関節を入れてから今までやれてなかった足の運動とかやって（下半身に）プレッシャーを与えていたよ」

こうして股関節の軟骨がすり減ることになる。ただ、痛みは感じなかった。だから、武藤は復帰後、膝の負傷で長年できなかった下半身へのウエイトトレーニングを自らに課した。通ったジムは川崎市内にある2か所だった。

「人工関節にしてから足の筋力が機能するようになったんだよ。もしかしたら、オレの中で膝が悪くて衰えた筋肉を取り戻そうという意識も強かったかもしれないし、足の筋肉を復活させようと思ったかもしれない。そんな中で手術する前は、膝とか股関節が固いからしゃがみきれなくてバーベルでスクワットができなかったんだよ。それが人工関節にしてからはできるようになってさ。これが嬉しくてね。特にジムにハックスクワットって斜めに重りを付けてしゃがんでスクワットをやる器械があるんだよ。それをスゲェ気に入ってやっていたんだよ。そのうち、かなり重い負荷を与えてやるようになっちまったよ……」

ハックスクワットは、背もたれに持たれた状態で両肩に乗せる形のグリップを握りながらスクワットするマシンで主に太腿の筋肉を鍛える目的がある。

両膝の負傷でスクワットができなかった武藤は、細くなった太腿の筋力を戻そうと汗を流した。苦笑いしながら「かなり重い」と明かした重量は、どの程度だったのか。

「器械の左右にプレートを付けるんだけど、マックスは20キロを5枚ずつ付けたよ。回数はその時のメニューによって変わったけど、最高で10回ぐらいはできるようになったよ。それを5、6セットやったよ」

最大200キロもの負荷を武藤は、下半身に与え、50～60回のスクワットを課した。

「やっぱり、か細くなっちまった足の筋力を戻したいっていう意識だよな。それで、一時、その練習にはまっていたことがあるんだよ。オレ、だからね、コロナになっていつも行くジムが営業休止になって使えなくなったことがあってね。その時もハックスクワットだけをやりに御殿場（静岡県）のジムまで練習に行ったりしていたんだよ」

過酷な練習を課した時に自らに言い聞かせていたことは、復帰を前にした時の決意と同じだった。

「昨日の『武藤敬司』に負けてたまるかって、それだけを考えて練習やってたよ。昨日より今日、今日より、明日……これってエンドレスだよ。自分との闘いは」

果てしない自己との闘いの末に練習は、量も時間も負荷も自然に増え過酷になっていった。

現実を受け入れる「リアリスト」

そして、GHCを奪取しノアへ入団して、しばらく経った2021年夏、股関節が悲鳴を上げた。

「オレ自身、股関節がそこまで痛くなる日が来るって分からなかったよ。だけど、ある日、練習が終わった後にトイレでしゃがむとすげぇヒリヒリヒリヒリ来てさ。これが嫌な痛みでね。『何だろう?』と思ってね。そこから、練習をやるたびにそういうふうになっちゃったんだよ。股関節の軟骨がすり減っていたのは分かっていたからね。『何だろう』と最初は思っていたのが『もしかしたら……』って思ってさ。杉本先生のところへ行って診てもらったら、案の定、股関節の軟骨をつぶしていたんだよ。摩耗させていたんだよ」

武藤は笑みを浮かべて言った。

「だからさ、股関節を痛めたのは、試合っていうより練習でなっちゃったんだよ。オレがケガに対して無知だったんだよ。ちょっと詰め過ぎたよ。練習を追い込み過ぎたよ」

引退に追い込んだケガにもかかわらず武藤は、激しい練習を課してしまったことへの後悔などまったく表に出さなかった。むしろ、明るくあっけらかんと現実を受け入れていた。私は本心は隠しているように思えた。しかし、それが強がりでも何でもないことを理解したのは、武藤の日々の生活を聞いた時だった。

「オレはジムを中心に生活しているからさ。朝は5時に起きるよ。どうして早起きするかっていうと、ジムが9時から開くんだよ。オープンと同時に練習するんだけど、駐車場の台数が限られているんだよ。8時半ぐらいに駐車場へ入り込まないと一杯になっちゃうからさ。確実に駐車できるように早起きするんだよ」

練習のために早朝5時に起き、駐車場で一人、ジムのオープンを待つ。リング上の輝きとは明らかに違う姿を私は想像した。

朝食は出かける前の6時と決めている。これもトレーニングのためだった。

「トレーニングの3時間前に食事を摂ると筋肉には効果的だって言われているから、練習を始める9時から逆算するとその時間になるんだよ。これはマストだからね。エネルギー補給していくのがルーティンだからさ」

練習メニューは、ほぼ毎日同じだった。

「ウエイトに1時間20分。あとはバイクをこいだりする有酸素運動をやって、合わせて2時間ぐらい。その後、ストレッチを1時間ぐらいやるよ」

合計3時間。徹底的に汗を流す。その後、風呂、サウナ、時には日焼けマシンに入り午後1時にジムをあとにする。武藤は、トレーナーを付けていない。指導者がいれば、時には厳しく命令されることもあれば、時には励まされるなど心の支えになる。しかし、武藤はたった一人で自分を追い込んでいた。

「ウエイトトレーニングというものは、言うなれば自分との闘いだよ。プロレスみたいに相手がいないもんな。そりゃ、心が折れそうになることもあるよ。例えば、ベンチプレスやってても昔はマックス190キロ上がったんだ。だけど、これがだんだん上がらなくなるんだよ。こっちは一生懸命にトライしても上がらなくなるから、悔しいし心が折れそうになる時もある。だけど『昨日の武藤敬司に勝つ』と言い聞かせて、続けてきたんだよ。ぶっちゃけ、オレはプロレスラーになって、およそ40年間、ずっとそれをやってきたんだよ」

3日間トレーニングして1日休む「3勤1休」の暮らしを続けてきた。テレビやイベント出演などが入った場合を除いて武藤は、こうやって観客が見えない場所でプロレスラーとして自らを追い込んでいた。

「オレがプロレスラーになるきっかけは、『マッチョマンになりたい』って筋肉に憧れた部分があったんだよ。そこから21歳でプロレス人生が始まったんだけど、実際、筋肉を付けていくっていうのは大変な作業なんだよ。ホントにさ、薄っぺらな薄っぺらな薄っぺらな紙を1枚ずつ重ねて張っていくぐらいの大変で細かい作業なんだよ。たまに、その紙が剝がれたり、もげたりするからね。ある意味、オレは人間がケチなんだよ。貯金と一緒で、一度貯えた筋肉がなくなるのが惜しいんだよ。出したくないんだよ」

そう話すと豪快に笑った。

武藤は試合を「作品」と表現するが、リングに上がる自らの肉体は、ミケランジェロの「ダビデ像」のようなまさに「芸術」だった。

「オレの理想は、リングに出てくるだけで観客が納得する存在になることなんだ」

途方もない野望を明かした武藤は、観客を「納得」させるために和紙のような薄紙を重ねるように日々、肉体へのトレーニングを己に課していた。

ノアに入団後は、22年12月23日に60歳の還暦を迎えることを念頭に「赤いベルトが欲しいんだよ」と真っ赤なベルトのGHCナショナル王座を還暦で奪うことへの意欲を露わにしていた。赤いちゃんちゃんこでなく赤いベルトをリングで巻くことを武藤は描いていた。そのためにも両膝の負傷で細くなった太腿に、観客を「納得させる」ためにロングタイツの上からでも隆起したことが分かるような筋肉を付けたかったのだろう。

その結果、下半身に過酷な負荷をかけ股関節を痛め引退に追い込まれた。それは自らの理想を追求した果てだった。練習で「追い込んだ」ことへの後悔はない。なぜなら、プロレスラーとしてリングに上がるために追い込むことは当たり前の現実だからだ。

だからこそ引退を決めた武藤に暗い影はなかった。すべての現実を受け入れていた。武藤は徹底した「リアリスト」だった。

「かといってそういうマジメなオレもいるけど毎晩、晩酌もしたり夜も飲みに行ったりする時もあるから、汗をかいた後のビールとか、酒とかを楽しみにやって二日酔いになって汗抜いてっていうこともあるんだよ。筋肉のことばかりですべてを考えていないというかさ。うまい酒飲むためには練習しないとマズイしさ」

嘘をつかない言葉も「リアリスト」だと私は思った。

ここまでが股関節を負傷した真実だった。

過去を生き今を生きて未来を生きる

時間を2021年秋に戻す。

股関節への痛みはN－1で自覚した。しかし、この時、武藤の中で「引退」などまったく考えていなかった。11月13日には横浜武道館で丸藤正道と組んで清宮海斗、マサ北宮を破り、GHCタッグ王座を奪ったのだ。新日本のIWGPタッグ、全日本の世界タッグに続くメジャー3団体のタッグベルトの制圧だった。シングルとタッグの両方でメジャー3団体の王座を獲得したのは高山善廣に続く史上2人目の偉業だった。そして、引退を決めていればタイトルへの挑戦などあり得なかった。

試合後、武藤は「過去を生きて今を生きて未来を生きなきゃならない。過去はいいとして今と未来はしんどいもんだぜ」と明かした。取材した私はこの時、股関節を痛めていることは知っていたが、負傷が深刻な状況になりつつあることは知らなかった。バックステージでこの言葉を聞いた時、来月に59歳の誕生日を迎えるため、年齢との闘いへの決意かと思ったが、今、思えばケガを抱える葛藤も示唆していたように感じる。

GHCタッグ王者となってから11月28日の代々木競技場第2体育館、12月5日に名古屋国際会議場、12月7日の後楽園ホールと決められたノアの大会に参戦した。

はくれなかった。

この間、股関節の痛みは増していた。しかし、「プロレス」は「武藤敬司」を休ませて

11月20日、ノアは新日本プロレスと共に六本木の東京ミッドタウンで記者会見を開いた。発表された内容は、2022年1月8日に新日本が開催する横浜アリーナ大会を合同興行とすることだった。すべての試合は「新日本対ノア」の対抗戦で会見には新日本社長の大張高己、ノアの武田有弘、さらに両団体の選手を代表して新日本から棚橋弘至、ノアは清宮海斗が登壇した。

大会はコロナ禍で各プロレス団体の興行が苦境に陥るなか、業界1位の新日本は1972年の旗揚げから50周年を迎える記念の2022年に1月4、5日に東京ドームで2連戦、そして、8日に横浜アリーナでビッグマッチを予定していた。年間最大興行のドーム2連戦を終えた直後に最大1万7000人収容の横浜アリーナへの集客は厳しかった。この危機を打開するために新日本はノアへ協力を求め「対抗戦」というファンにとって、いつもは見られない両団体の選手同士によるマッチメイクを提供することで興行の成功を目指し、ノアもこの要請を受け入れたのだ。

この「対抗戦」で武藤敬司は主役になる。合同興行の開催発表から約1か月後の12月17日に会見が行われ、武藤は清宮と組んでオカダ・カズチカ、棚橋と対戦することが発表さ

れた。会見で試合順は明かされなかったが、後にメインイベントでの対戦が決定した。新日本のエースであるオカダと武藤は初対決で「対抗戦」の興味と話題は、この2人の遭遇に集中した。

歩くことができない

武藤とオカダの初対決が発表された12月17日、私は横浜市内でスポーツ報知のWEB企画のため武藤を取材していた。インタビューのテーマは、12月23日の59歳の誕生日を前にこの1年の総括と新年の誓いだった。1時間ほどの取材は、GHC奪取とノア新入団など駆け抜けた58歳を総括し、59歳の野望として「来年のいまごろは還暦だ。ノアに赤いベルトがあるんだよ。還暦になったら赤いちゃんちゃんこを着なきゃいけないから、還暦になったらあの赤いベルトを巻こうかなと思ったりもしているよ」とGHCナショナル王座奪取へ目を輝かせていた。

インタビューを終えて雑談していた時だった。顔をしかめて告白した。

「この1年、頑張って来た代償でいろんな部分が壊れてきているんだ……股関節が大変には大変なんだ。膝と同じで奇形してきている。治せない。歩くのがつらい。ヤバイよ」

武藤を取材してきて、もしかすると初めて見たような影のある表情に私は股関節のケガ

った。

「武藤敬司」ならこの試練もはねのけるだろうという楽観的な希望があったことは事実だなかった。あるいは、私の中ではケガは深刻かもしれないが両膝の重傷を乗り越えてきたの深刻さを初めて知った。ただ、それが「引退」へつながるほどの重傷だとは思いも寄ら

しかし、そんな私の根拠のない願いは、まったく意味はなかった。年末、武藤の股関節が限界に達する。

それは、12月27日、28日に長州力と出演する日本テレビ系バラエティ番組「1億3000万人のSHOWチャンネル」（毎週土曜・夜9時）のロケで訪れた島根だった。この番組では「日本全国　長州武藤の珍道中」と題し、二人が様々な地方を旅するコーナーが人気だった。

この日、武藤は長州と島根の出雲大社を訪れた。スタッフから打合せで本殿まで長い参道を歩くと聞いた時、車椅子の用意を番組側へ要望した。股関節の痛みで、もはや歩くことができない体になっていたのだ。

2日間のロケを終えた後、武藤は主治医の杉本和隆が院長を務める東京・足立区の苑田会人工関節センター病院へ駆け込んだ。

杉本は武藤が告げた言葉を覚えていた。

「先生、ヤバイよ」

武藤は、うめくように漏らした。

「武藤さんは、プロレスで痛いのは当たり前だけど、まさか旅番組で痛くて歩けなくなるとは思わなかったので、ショックを受けていました」

杉本は武藤を襲った傷心を明かした。

すぐに股関節のMRI検査を実施した。夏に痛みを自覚してからレントゲン検査で患部の状態を確認してきた。しかし、この時はレントゲンに加えてMRIも行った。

「レントゲンで見たところ、今までと変わりませんでした。それでMRIを撮ると股関節唇の下に軟骨があるんですけど、その軟骨が痛んでいたんです。関節唇はレントゲンに映らないんです。MRIしか映らない箇所なんです。それでMRIを撮ると、左右両方の関節唇が悪かったんです」

杉本によると股関節唇とは「骨盤の中で関節を安定させるために重要な軟骨で、自動車で言えば左右の車輪を安定させるスタビライザーのような役割です」と説明した。

夏に痛みを自覚した時は「ひっかかるな」と武藤は杉本に伝えていた。以来、定期診察で関節の滑りをよくするため、患部へヒアルロン酸というコラーゲンの注射を打ち処置してきた。しかし、それも12月に入ると「とにかく痛い。トレーニングができない」と言うまでに悪化していた。そして、島根のロケで歩くことが困難になった。

新日本VSノア対抗戦

不安を抱えたまま2022年が明けた。元日に日本武道館で丸藤と組んで田中将斗、望月成晃とGHCタッグの初防衛戦でリングへ上がった。試合は20分50秒、武藤が足4の字固めで望月を破った。さらに1月5日、後楽園大会にも参戦。メインイベントの10人タッグに登場した。

興行を終えた後、会場に隣接する東京ドームで興行を行っている新日本プロレスのリングにノアの所属選手と乗り込み、横浜アリーナでの「対抗戦」へのムードを盛り上げた。もっともこの時、武藤はリング上でスマートホンを取り出し自撮りに熱中。そんな我関せずの姿勢が存在感を際立たせていたのだが……。

東京ドームで「対抗戦」を煽ってから2日後の1月7日。横浜アリーナ大会の前日に武藤は再び杉本のもとを訪れた。元日、5日の連戦で股関節は、眠ることすら難しくなる激痛を発していたのだ。

MRIで撮影すると軟骨が削られていた。杉本は武藤に横浜アリーナでのリングが興行的にどんな試合なのかを聞いた。

「僕は武藤さんに『この試合は、ちょっとだけ顔を出せばいい試合なのか？　本当に戦うのか？　どっちなんですか？』と聞きました。すると彼は『本当に戦う』と言いました。僕は『それなら、この状態では無理ですよ』と言いました」

股関節の関節唇が削られた状態での出場に杉本はドクターストップを宣告した。主治医の指導に武藤は首を振った。その理由を本人は率直に明かした。

「あれは休むわけにはいかない。ノアだけじゃない2団体の特別なイベントだからね。しかもオレはメインイベントじゃん。休むことは許されねぇよ」

武藤の主張に杉本は、一つの選択肢を示した。痛み止めに「ステロイド」を使うことだった。ステロイドは、副腎皮質ホルモンの一種で皮膚炎などの外用薬として配合されるなど、すぐれた抗炎症作用を持つ。杉本が明かす。

「ステロイドっていう薬は、究極の痛み止めなんです。副作用が出る可能性があるので、できれば使いたくない薬なんです。両刃の剣です。副作用は、関節でいうと何回も使えば軟骨が溶けてしまう可能性があります。全身でいえば糖尿病になる恐れもあります。だから、処方しても年に1、2回ぐらいしか使いません。ただ、この時は、選択肢がステロイドしかありませんでした。僕は武藤さんに『ステロイドを打ってみましょうか』と伝えて、彼は受け入れてくれました」

続けて杉本はこう告げた。

「これでダメだったらもう試合に出ちゃダメですよ」

ステロイドは言わばプロレスを続けるための最終手段。これで効果が出なかった場合、それは杉本からの事実上の引退宣告だった。

ステロイドという最終手段

長い夜を越え1月8日が来た。

「新日本対ノア」の対抗戦。感染防止からソーシャルディスタンスに配慮した客席の半数のチケット販売は、コロナ禍の興行不振を払拭するように前売りで完売した。詰めかけた7077人に膨らんだファンの期待が高まった全9試合が行われた横浜アリーナのメインイベントで武藤は清宮海斗と組み、棚橋弘至、オカダ・カズチカと対戦した。

棚橋とアキレス腱固めなどグランドレスリングを展開した後にオカダとの初対決が実現した。フラッシングエルボーからのSTFで攻め込めば、棚橋のドラゴンスクリューから足4の字固めを極《き》めた。逆にオカダのドロップキック、棚橋にはドラゴンスクリューで倒された。

試合は24分34秒、レインメーカーでオカダが清宮を倒した。直後、棚橋と場外乱闘をした武藤は花道の上で棚橋と並んで座り込んだ。試合直後、このゆがんだ表情は、敗北への悔しさかと思っていたが後に武藤は「やっぱり、痛みが走ってさ。立てなかったんだよ」と股関節への激痛に耐えた苦悶の表情だったことを明かした。

バックステージで試合への不甲斐なさと負けた現実に泣きじゃくった清宮へ言い聞かせるように「まだ始まったばっかりだよ」と励ました。そしてこう言った。

「次がないのはオレだよ。今年60だよ。オレがメインイベントにいていいのかどうなのか、自問自答しちゃうよ。ただね、新日本プロレス50周年ということで、オレも新日本プロレス育ちで。オレの新日本プロレスっていうのはアントニオ猪木だけど、猪木さんの教えは『常識なんてクソ食らえ！』ってことで教わってるからね。オレもまだまだ清宮に負けてられないよ。オレは涙なんか枯れて出てこねぇよ」

この時は感じなかったが、ステロイドを打ってまでメインイベンターとしての責任を果たした事実を知ると、試合後のコメントは危機に襲われた自らへの鼓舞のように聞こえる。

私は、このタッグマッチから半年後の7月に杉本への取材で横浜アリーナを前に痛み止めでステロイドを打った事実を聞いた。この事実を武藤本人に確かめると最初は「前日ぐらいに痛み止めを入れてもらっているよ」と言葉を濁し、「ステロイドを打ちましたよね？」と確認すると「あっそうなの？　知らなかった。だけど痛み止めだよ。分かんない。覚えてない」と明言しなかった。

「ステロイド」はスポーツ界では禁止薬物で一般的にはマイナスイメージがある。そのため武藤は当初は明言を避けたのかもしれない。ただ、一般的には皮膚炎の外用薬、痛み止めなどで処方されている薬だ。横浜アリーナでの試合について質問を重ねると、リングに上がったこと自体が「ギリギリだったよ」と漏らした。そして、最初は明言しなかったが「あの程度だったらステロイドなんかしなきゃ良かったんだよ」と認めた。

武藤が「あの程度」と振り返ったように、確かにあの試合の大半は清宮がオカダと棚橋を相手にし武藤がリング上で戦うシーンは少なかった。ただ、この言葉に私は「それは薬の効果があったから、あの試合もギリギリでやれたかもしれませんし、今だからそう言えるんじゃないですか？」と聞くと「そうだよね」とつぶやいた。

「先生、オレ、ギフトもらったよ」

ステロイドの効果で「ギリギリだった」横浜アリーナを越えた武藤だったが、現実は容赦なかった。

8日後の1月16日、仙台サンプラザホールで運命が待ち受けていた。

この日、武藤は丸藤と組んで、拳王、征矢学とGHCタッグ選手権の2度目の防衛戦を行った。

試合は20分55秒、武藤はフランケンシュタイナーを征矢へ極めてフォールを奪った。このリング上で武藤の中に「引退」が現実として迫っていたのだ。

「あの仙台の時、痛かったんだよ。あの時、試合中に『ダメだな』って思ったよ。いや、もしかしたら試合前から痛みが止まらなかったかもしれないな。それで試合になってリングの上でその痛みが自分のすべての機能をめちゃくちゃ阻害するぐらいになったんだよ。『ダメだ』って思ったよ。試合は勝ったけど、その時、誰に言ったかは覚えてないけど『ダメだ』って言ったのを覚えているよ」

体の機能を奪うほどの苛烈な痛みを抱えながらも武藤はシャイニングウイザードを放ち、ドラゴンスクリューで回転し低空ドロップキックで飛んだ。さらに拳王と征矢の激しい攻撃に耐えていた。そして、最後は主治医の杉本が「やっちゃいけない」と勧告したフランケンシュタイナーを飛んだ。今、試合の映像を見ても「機能をめちゃくちゃ阻害する痛み」を全身に貫いていたことが信じられないほどのパフォーマンスを武藤は見せている。

超人的な幻想をリング上で表現する者を「プロレスラー」と定義するならば、武藤敬司は、そんな定義や常識を超えた「究極のプロレスラー」だった。

痛みは両膝の時と同じだった。

「骨と骨がぶつかっているから、痛みの感覚は同じだよ」

試合を終え仙台から帰京する新幹線は「歩くのが大変だった記憶があるよ」と振り返った。1月7日に痛み止めのステロイドを打っている。「だけど、それが切れたんだよ。あの時がピークに痛かったもん。ダメだと思ったよ」と繰り返した。

痛み止めは横浜アリーナは保《も》ったが仙台では効果を失っていた。武藤が何度も言った「ダメだ」の意味を私は「それはプロレスを続けられないという意味ですか?」と問うた。

武藤はうなずいた。

「そうだよ。あの仙台で初めて『あぁ、これは引退だな』って頭によぎったんだよ」

仙台は、高校を卒業して柔道整復師の専門学校に2年間通い、暮らした思い出の場所だった。そんな懐かしい杜《もり》の都で「引退」が現実へと膨らんでいった。

数日後、武藤は杉本を訪ねた。

杉本は診察室で武藤が最初に言った言葉を覚えていた。

「先生、薬が切れたよ」

杉本は、その意味をこう説いた。

「ステロイドって痛み止めとしてすごく効くんですけど、効果が切れた時に痛みを感じるので自分で分かるんです。だから、『切れた』って言ったんです」

効果が切れれば、リングへ上がるために再び打たなければいけない。頻度が増せば副作用の恐れは高くなることは自明だった。武藤もそれは分かっていた。杉本へこう相談した。

「先生、やっぱりステロイドを打ち続けるのがダメなのは分かっているんで、若い時だったら打ったかもしれないけど、今は自分も怖さが分かっているからどうしよう」

杉本はうなずいた。この時点でノアとの契約満了まで残り1年あった。このことを念頭にこう提案した。

「おっしゃるとおりです。ですから、引退を視野に入れてあと1年間の契約期間のプランニングをしてください」

診察室には妻の久恵も同席していた。3人でこれから1年間の方向性を話し合った。その中で武藤がポツリと漏らした。

「無理かなぁ」

そして、杉本へ以下の3つの方向性を質問した。

「今すぐ引退をすべきなのか」

「今の状態でもう少しならできるのか」

「他に治す治療方法はないのか」

この問いに杉本は「最悪、痛みだけを取るのなら、股関節にも人工関節があるので痛みは取れます」と答えた。そしてこう続けた。

「股関節に人工関節を入れてプロレスをやると、本当に大腿骨が折れてしまいます。膝の人工関節でムーンサルトや危険な技をやっても運良く折れることはありませんでした。でも、それは股関節では無理です。股関節の人工関節で今の武藤敬司のプロレスを続けることは無理です。ゴルフ程度ならできるかもしれませんけど、プロレスは100パーセント無理です」

ただ、杉本はこう付け加えた。

「股関節に人工関節の手術をして、会場で顔だけ出すような試合だったら許容できます」

この提案を武藤へ「どうしますか？」と判断を委ねた。

武藤の答えは「NO」だった。妻の久恵も同じ思いだった。顔だけ出すような試合で現役を続けることは「武藤敬司じゃない」と二人は言った。武藤が引退を決断した瞬間だった。杉本は武藤が決意をした時の言葉を明かした。

「武藤さんはこうおっしゃいました。『オレは今のパフォーマンスならもう1回ベルトを獲れるぐらいの気持ちなんですよ。だけど、それができないんだったら、もう分かった、会社に引退すると言いますよ。受け入れてくれるかどうか分からないけども』と話しました。僕から彼に『引退しなさい』とは言いませんでした」

武藤は自らリングから去ることを選んでいた。その後、引退表明で理由を「ドクターストップ」と公言してきたが、杉本は人工関節を入れた状態で条件付きでの現役続行も提案していた。しかし、武藤は拒否していた。

武藤敬司は『プロレスラー武藤敬司』を自ら介錯《かいしゃく》していた。それが「武藤敬司」引退の真相だった。

杉本は武藤の即断に「もうちょっと決めるまで迷うかなと思ったんですけど、決断は早かったですね」と振り返り、自らが担当してきたトップアスリートの引き際を思い起こし「トップを究めた人の思考、ジャッジは同じですね。昔のスポーツ選手なら、体も心もボロボロになるまでやって辞めることが美学っていう時代があったじゃないですか。あれを今の時代の一流の人は一流と思わないんです。言うなれば、勝って辞める――これなんです。我々の世代で言えば、人気が絶頂の時に辞めた歌手の山口百恵さんのような生き方ですね。武藤さんもそっちを選びました」と明かした。

引退を決めた診察室で杉本は武藤へ「ごめんね」と謝った。その理由を打ち明けた。

「僕の気持ちとしては、引退することで体が壊れなくて済むので安心なんです。もちろん寂しさはあります。だけど、寂しさよりも悔しさが勝っちゃうんです。だって僕は世界で最先端の医療を提供している自負はありますけど、もっと例えるなら宇宙規模で最先端のことができたなら、もしかしたら武藤さんをもっと1、2年リングに上げられたかもしれませんから。それが、彼にとっていいことかどうなのかは分かりません。ただ、僕は彼をリングで輝かせることを請け負って主治医をやっているので、その責務を果たし切れなかったような思いがあったので『ごめんね』と素直な気持ちを伝えたんです」

杉本の「ごめんね」に武藤は首を振り、自らの思いを打ち明けた。

「いやぁ、先生、オレ、ギフトもらったよ。オレは正直、4年前で終わっていたんだよ。だけど、先生と出会って人工関節の手術をやって、その後、いい団体と契約できたし、ベルトまで巻くことができた。本当にこの3年間、楽しかったよ。いいギフトをもらったから、オレは後悔はないんですよ」

コロナ禍のため杉本への取材は「Ｚｏｏｍ」で行った。パソコンの画面に映る杉本の目には涙が浮かんでいた。

「この言葉を僕は鮮明に覚えているんです。思い出すと、涙が出ちゃいます……。僕の悔しい気持ちを察して『ギフト』って言っていただいたと思うんです。武藤さんは引退を決めて誰よりも一番悔しいはずなんです。未練がないはずないんです。でも『ギフトをありがとう』と言ってくれたんです。その時、僕も奥様も半泣きでしたけど、そういうことが言える武藤さんは、強さの裏に優しさがある人なんだなと改めて思いました」

杉本と出会い、人工関節がなければとっくにレスラー人生は終わっていた。手術をしたからこそ2019年6月26日からレスラー人生は続き、GHC奪取、ノアへの入団、GHCタッグ制覇、新日本プロレスとの対抗戦……そして東京ドームでの引退試合に辿り着いた。すべては人工関節からの「ギフト」だった。復帰からの3年あまり。贈り物を武藤は存分に楽しみ謳歌した。後悔などあるはずがなかった。

引退を決めた武藤だったが、公には「長期欠場」と発表した。2月8日、千代田区飯田橋のホテルメトロポリタンエドモントで記者会見を開き、「左股関節唇損傷」で長期欠場することを発表した。同時に丸藤と保持するGHCタッグ王座を返上した。

「引退」の意思表明

ノアのフロントトップの武田有弘が武藤から「引退」の意思を聞いたのは会見を開く4日前の2月4日だった。武藤の自宅近くのカフェに「話がある」と呼び出されて打ち明けられた。

「武藤さんからわざわざ『話がある』と呼び出されるのは滅多にないことでしたから、僕の中では何となくケガのことでの相談かな？　と思っていました。というのは、前から（股関節の）調子が悪いことは言っていたので、ケガで少し休みたいということなのかなと感じました。ただ、心のどこかに、もしかしたら、ケガから発展して引退のことを考えているのかな？　とはよぎっていました」

約束の場所に武田が先に着くと、ほどなくして武藤がやって来た。顔を合わせてすぐ、武藤は「オレ、引退するよ」と告げた。

「それを座った途端、いきなり言いました。先ほども言いましたけど、横浜へ向かうまでに僕の中で100パーセントじゃないけど、その可能性はあるかな？　と思っていましたので、驚きというよりも『やっぱり、そうなのか』と感じたのが本音です。しかも、ダイレクトに直球で『引退する』って言ったので、よっぽどケガが悪いんだろうなと思って『分かりました』とだけしか僕は答えられなかったのを覚えています」

慰留はしなかった。というよりもできなかった。

「仙台の後にケガが相当悪いことは聞いていました。普通の状態だったら『また休んでゆっくり治してまた試合しましょう』って言えました。ただ、ケガの状況は分かっていたので無理をすればするほど、引退した後の日常生活にも支障が出るかもしれないとか、色んなことを考えると、慰留することはできませんでした」

あまりにも急な決断だったことから、興行上など様々な理由から「引退」の重大事を公に明かすわけにはいかなかった。武藤、そしてノアにとって当然の措置だった。また、武田は「あり得ないことですけど、欠場している間にケガが奇跡的に回復して武藤さんの気持ちが変わる可能性もありますから、長期欠場という発表になりました」と明かした。こうして武田へ「引退」を告げた4日後の2月8日、「長期欠場」の会見を開いた。

復帰時期を未定とした会見で、武藤は股関節の負傷について「前から予兆を感じていたんですけど、1月7日に股関節の関節の中に痛み止めの注射を打ってもらって、横浜アリーナの8日は何とかこなすことができたんだけど、痛み止めが切れた途端、本当に動かなくなっちゃった」と明かし、記者から現役続行の意思を聞かれ「痛みが少し治まってきたら、夢の続きをまた見たいなと思っております」とコメントした。

決断の時

仙台のリング、診察室での引退決断、武田への告白……そして「長期欠場」の発表。この1月16日から2月8日までの3週間あまりが武藤のレスラー人生を決めた。運命の23日間を武藤はこう回想した。

「まず仙台で痛み止めも何も通用しないことが分かって（引退が）よぎったわけだ。実は（1月の）月末にも試合が入っていたんだよ。この痛みだと試合は『ダメだな』って思って、会社にとりあえず休みをもらったんだよ。会社からは『少しだけ休んでください』って言われたけど、別にそれで良くなるもんじゃないじゃん。股関節というのは、膝とは違うんだよ。膝は体の若干、外にあるからごまかせるよ。だけど、(ケガが)体幹に近ければ近いほどごまかしがきかないよ。休めば少しは良くなるかもしれないけど、根底の部分は治るわけじゃないからね」

そして、診察室で決断した時の心境を明かした。

「オレの股関節は、大腿骨と骨盤が当たってすり減っちまって治らないじゃん。いい方向には行かなくなった。それで、杉本先生から『股関節を人工関節にしたら、今の(自分がやっている)プロレスは100パーセントできない』って言われてさ。股関節は人工関節にしても外れやすいんだってね。治療なんてねぇんだから。ここまでは(痛み止めの)油を差して一生懸命やってるけど、それは応急措置であって根底を治す治療じゃない。人工関節にしたとしてもオレのプロレスはできない。じゃあ、いずれにせよ今の現状なら方向が引退にしか行かないんだから。決断せざるを得ないよ。方法論がないんだもん」

完治しないケガ。さらに決断の背景にはもう一つあった。

「いやぁ……変な話さ、今までも人工関節になったりプロレス以外の生活でオレ、普通じゃなかったよ。今回も杉本先生に言われたよ。『多分、この調子でプロレスを続けていくと恐らく車椅子生活になる』って。だから女房も泡食ったよ。オレがそうなって一番困るのは家族だからさ。正直、今もそういう感じになりつつあるじゃん。そこまで家族にも負担かけられないしね。そういう言葉を聞いたらもう退くしかねぇじゃん」

プロレスを続ければ下半身が不随になるかもしれない。そんな未来を考え、家族、妻のことを思った時、決断は「引退」しかなかった。

「だから女房も杉本先生と話し合って辞めるって決意した時は、家族が一番喜んだもんな。寂しさはあるけど、ホッとしたんだと思うよ。だって、オレがいつも家の中でも『痛い。痛い』って言っているし、オレは試合で危険なことやるから、気が気じゃなかったと思うんだよ。そんな不安もなくなるからさ」

股関節を痛めた理由は、試合ではなく練習だと改めて明かした。

「試合があると必然的に一生懸命に熱入れて練習しようとするから、きっと痛くしたのは練習だと思うよな。かと言って、試合がなくても同じ練習やってるからさ、いずれこうなる運命だったんだよ」

「アート」としてのプロレス

股関節の負傷を抱え、年齢を重ねればコンディションはどう考えても落ちていく。そうなれば、リング上で事故が起きる危険性もある。これは、引退を決断した後だったが、新日本プロレス時代の後輩で「プロレスリングZERO1」のエース、大谷晋二郎が2022年4月10日、両国国技館での試合中の事故で頸髄を損傷した。このケガで大谷は首から下が麻痺し入院した。

「現実に多くのレスラーが辞めた後に車椅子生活になっていることも、オレにショックを与えたよ。その中で大谷のケガはショックが大きかった。もしかしたら、自分の中でこれからプロレスを続ければ、そういうリスクがどんどん大きくなると考えさせられた。そういうことも最終的な決断へ至った理由でもあるよ」

武藤の重大決意を聞いていた私は一方で完全に辞めなくても、例えばビッグマッチ限定で1年に1、2回、メインイベンターではなくともリングに上がることはできるのでは？と思った。率直にこの考えを武藤にぶつけた。

「それは考えないよ。もう、もう、もう……オレ、60歳だよ（笑）。普通は引退が常にある年だよっていうか、とっくに引退している年だよ」

年齢を考えると確かにその通りだろう。ただ、潮崎豪から奪取したGHCヘビー級戦など年齢の常識を超えたパフォーマンスを残したことから「武藤敬司」なら固定観念や先入観を突破してしまうだろうという私自身の思い入れがあった。武藤はさらに引退を決めた心情を明かした。

「やりきった感もあるしね。後付けだけど去年、年間最高試合とって1回、（オレの存在を）証明したからさ。下降気味で引退するよりは、ここで途切れることの方がきっと美しいよ」

プロレス大賞の「年間最高試合」の獲得は武藤が還暦を前にしてもなお、全盛期であることを証明した。輝き続けている今だからこそリングを去るのだ。このプライドを武藤は7月16日に日本武道館で戦った清宮海斗との一騎打ちを引き合いに出して披露した。

「この前の清宮戦でも、何となくアートとして自分の中で満足した試合をやっているんだよ。いいストーリーのいい形の試合を作り上げているんだよ。他のレスラーにはできないプロレスはまだできるというそこが自分の誇りでもあるんだよ」

清宮戦では、股関節の負傷でトップロープから雪崩《なだれ》式フランケンシュタイナーへ行くときに左足が上がらず「上がらねぇよ」とうめきながら力を振り絞り足を上げて技を完成させた。武道館ではその懸命なリアルに大きな拍手が沸き起こった。

「あの雪崩式フランケンシュタイナーは、本当に足が上がらなかったよ。あきらめようと思ったもんな。だけど、見ている人がきれいな時のフランケンを知っているから、そこに枯れるというかわび・さびが出ていいんだよ。不格好だけど、見ているお客様はオレの体が壊れたのはプロレスに情熱を燃やして頑張ってくれたから壊れたってみんなが思ってくれる。だからプロレスラーは強いんだよ。肉体はボロボロだけど、そういうケガとか、引退するとかすべてをひっくるめてデザインしている自負があるんだよ。ある意味、年を取ったことがいい作用をしてくれるからね。それがわび・さびの世界に入っていくことでね。プロレスラーは年取ると得するよ」

わび・さびの境地を含め武藤にとって「アート」とは、メインで常に全盛期の輝きを放つことだった。私が安易に考えたような「1年に1、2試合」だけのゲスト参戦、しかもメインではない位置で現役を続けることは「アート」でもなく美しくもなかった。何よりそんな試合は武藤にとって「作品」ではないのだ。

「言い方は悪いけど……何て言ったらいいか分かんねぇけどさ……俗に言う『客寄せパンダ』みたいなのは、アートかアートじゃないかって言ったら、そこは（アートとは）ちょっと違ってくるんじゃないのかなと思ってるよ。まぁ、そこは色んな考え方があるから、オレには分かんないけどさ。オレはプロレスにやっぱり、どこまで行ってもいくつになっても美を求めるからさ。それが美しいかと言えば……どうなんだろう？　ということだよ」

最後までメインイベンターであり続ける。これが武藤敬司が描く引き際の美学だった。

リングに上がる美学

この考えを理解していたのが武田だった。

「武藤さんの中では、リングに上がる時は常にグッドコンディションじゃないとダメなんだって美学があるんじゃないかな。僕はそんなことを考えたことはないんですけど、仮に福留さんが言ったように『1年に1試合か2試合だけ』で現役を続けるとしても、武藤さんの中ではリングに上がるなら最前線でやるっていうのがポリシーだと思います。僕は新日本から全日本、WRESTLE－1、そして今のノアとずっと武藤さんを見てきましたから、その感覚は分かります。そして、最前線に立つために武藤さんは試合がなくても毎日のように練習をすると思うんです。1年に1試合だけでも武藤さんの美学では、練習をして体をキープし続けないとリングには上がれないんです。たった1試合か2試合のために練習を続けることは、肉体的にはもちろんですが精神的にはもっと負担だと思います。だから、僕は武藤さんの考えを尊重しました」

離れた時期はあったが、全日本に移籍してからの約20年間、武藤を間近で見続けてきた武田の言葉には説得力があった。ただ、こんなセンチメンタルだけが引退の理由ではなかった。武藤は正直に告白した。

「今が辞める売り時だと思ったよ。チンタラ現役を続けるより、引退興行を一個バーンッてやってさ。そこで退職金ももらってさ。その方が生きる術の中で得じゃん」

還暦前の今も美しい「作品」を残し、誰しも引退するとは予想していなかった。その予想外の衝撃があったからこそ引退を惜しむ声は高まった。杉本が言ったように「山口百恵」のようにトップに君臨したままの引退だからこそ「東京ドーム」という最高の会場でラストマッチを飾ることができる。やはり、武藤は徹底した「リアリスト」だった。

だからこそ化身のグレート・ムタだけを残す考えも「ない」と即答した。「ただ、一瞬だけ新しいキャラクターでまた出ようかなと思ったけど」と爆笑すると「それはないよ」と真剣な表情で再び否定した。

引退を決めた理由を聞いた一連の質問の最後に、杉本へ「ギフト」と伝えた真意を聞いた。

「それは、その言葉そのままだよ。だって、オレって本当なら人工関節の手術をやってなかったら、あそこで終わったんだよ。だけど、手術したからこそ、こうやってノアに所属して潮崎戦とかファンにきっと夢を与えることができたし、ベストバウトになった。手術する前と後でオレのプロレスは一緒だよ。プロレスはプロレスだよ。ただ、手術する前より痛みに苦しまないで試合ができた。プラス、三十数年やってきたプロレスで今、プロレスもちょこまか昔のプロレスと変わってきているけど、古いオレのプロレスのスタイルでもまだ通用するなって感じたよ。そういうレスラーだからこそ得ることができる実感があったんだよ。だから、復帰してからここまでは『ギフト』だったんだよ」

この最大の「ギフト」は、恐らく東京ドームでの引退興行だろう。ドームでの引退は武藤自身が希望し実現した。ただ、こう書くと武藤には失礼になるが、あの人工関節手術をする前にW－1所属で仮に引退していれば、ドームでの引退試合はできなかったと思う。手術を決断し復帰し、さらにはノアに入団したからこそドームでのラストマッチが実現した。しかもノアがサイバーエージェントという大手IT企業を親会社にしていなければ難しかっただろう。過去に現役選手で自らの名前だけを興行の看板にして東京ドームで引退大会を行ったのは、1998年4月4日のアントニオ猪木ただ一人。プロレスラーとしての最高の栄誉も人工関節がもたらした「ギフト」だった。

プロレスの未来を背負う引退興行

武藤が望んだ東京ドームでの引退試合を実現すべく、東奔西走したのが武田だった。コロナ禍という興行成功への大きな足かせがある中、武田はドームとの交渉、さらには親会社、そして社内の調整などドームでの大会実現に汗を流した。武田を突き動かしたのは、プロレス業界を背負う責任感だった。

「武藤敬司はノアだけじゃなくてプロレス界のスーパースターです。武藤さんをどう送り出すかということは、プロレス界にとって物凄く重要なことだと思うんです」

武藤の功績をこう表現した。

「昭和の時代のプロレス界は猪木さんと馬場さんのライバル関係、平成に入ってからは、新日本と格闘技と言った対立概念がありましたけど、武藤さんはそういう対立概念すら超越する人でプロレスへのコンプレックスがないんです。それと、一緒にビジネスをやってきて頼まれたら『NO』と言えない人です。しかも、我々も武藤さんとやるならうまくいくだろうと信じているし、人を乗せるのもうまい。常に『あらゆるジャンルよりもオレのプロレスが一番だ』と思っていて、『プロレスLOVE』を掲げてプロレスファンにとってプロレスを誇りに思わせてくれる人です。それは、我々にとってもプロレスビジネスに携わっていることを誇りに思わせてくれますし、レスラーにとっても誇りに思う象徴です」

だからこそ引退興行の成功、つまり客席を満員の観衆で埋めることは最低限のノルマと自らに課している。

「武藤さんの引退は、蝶野さんは現役ですけど、事実上、90年代に黄金期を作った闘魂三銃士がなくなる日といっても過言ではないんです。ですから、ここで変な送り出し方をしたら将来、プロレスラーになろうと思う人がますます減るという危機感があります。逆にこれだけ成功してこれだけ盛大にこれだけの観衆の前にこれだけの功労金を送って引退すれば、プロレス界の未来につながると思っています」

プロレスが魅力あるエンターテインメントであり、コンテンツであることを満天下に示すためにも、国内最大級の会場である東京ドームで開催することを武田に決断させた。ただ、武藤の希望を受けてドーム開催を決断するまでには時間を要した。最終的に背中を押したのは、2022年6月19日に東京ドームで実現したキックボクサーの那須川天心と立ち技系格闘技イベントK－1最大のスターである武尊《たける》との対決だった。所属する団体が違う2人が興行するプロモーターの思惑や人間関係など様々な障害を乗り越えて実現した一戦は、チケットが即完売する超満員5万6399人を集めた。さらにPPVで放送したABEMAは契約数が50万を超えて開局以来、最高の数字を残した。この沸騰した人気に武田は刺激を受けた。

「武尊・天心が僕の想像をはるかに超えて、あれほどの人気と興行的にもPPVも成功した現実を見た時にショックを受けました。そして、あの興行が刺激になりました。僕の中で『武藤さんにもこれぐらいやってあげたい』と思ったんです。それで最終的にドームでの開催を決めました。そこからは、速攻でドームの日程をあたりました。ドームは急に日程は空きませんし、いきなり『貸してください』って頼んでも信頼がなければ貸してくれないんです。しかもコロナがある程度、収まってきていましたから、コロナで開催をあきらめていたイベントがドームでの実施を復活させて、日程の空きがなかったんです。それでも東京ドームさんも『武藤さんの最後なら』と快諾していただき、すき間に入れさせていただくような形で2023年2月21日に決まったんです」

プロレス界の未来を背負って、武田はドーム開催を決めた。しかし、興行を手掛けるからこそ冷静に現実を直視している。

「ただ、武藤敬司は我々の世代にとってスーパースターだけど正直、今の若者のムーブメントじゃない。SNS、YouTubeで情報を得ている若者世代のムーブメントではない。このビジネスは正解が分からなくて、みんな『武藤敬司の引退試合ならドームは埋まるよ』って言うんです。だけど、プロレス会場に来てない世代もターゲットにして巨大興行を打つのは大変です。これをどう乗り越えて、どういうイベントにして、どう集客するか。そして、最後の相手は誰か。とにかくドームを埋めなければいけない。そればっかり考えて、ここまで来ました。さっき僕は、『今の若者のムーブメントじゃない』と言いましたけど、僕は武藤敬司は、どの世代もうならせる力があるレスラーだと思っているんです。だからこそ、若い世代にドームへ来て欲しい。最後の最後にこれまでのプロレス人生で一番凄いことをやると思います」

武藤の引退は、終わりではなく未来への出発にする。武田は、ドームでの引退試合で新たなファン層、特に10代の若者をプロレスへ振り向かせる挑戦を試みたのだ。実は、この挑戦は武藤の希望だった。武田は武藤からドームへつながる「引退ロード」のテーマとして伝えられた言葉を明かした。

「ドームまでの引退ロードも武藤さんが希望して実現しました。その時、武藤さんは『プロレスの未来を見せなきゃダメだ。俺は未来を作りたい』と言っていました。だから、引退ロードの試合は、今の最前線に立つ選手と対戦するイメージで組んでいきました」

プロレスにオレのこの体を提供した

ファイナルカウントダウンシリーズと銘打たれた「引退ロード」は、第1弾となった2022年7月16日の日本武道館ではノアの若きエース清宮海斗と一騎打ちで戦った。第2弾の9月25日の愛知・ドルフィンズアリーナでは藤田和之と組んで船木誠勝、そしてノアのトップを担う中嶋勝彦と対戦した。

第3弾の10月30日、有明アリーナは丸藤正道、ノアのデビュー4年目で成長著しい稲村愛輝をパートナーに抜擢し、新日本の棚橋弘至、真壁刀義、本間朋晃と対戦した。引退ロードで今のトップ、これからを担う若手レスラーとの対戦あるいはタッグは、武藤の希望だった。武田は「武藤さんは、未来を見せて引退したいと言っていました」と繰り返した。

2023年1月22日、横浜アリーナでグレート・ムタが終焉を迎える。そして2月21日、東京ドーム。引退とプロレスの未来をかけたゴングが鳴る。

武藤に「プロレスラー」の肩書を失う2月22日からの人生を聞いた。

「出家だよ。考えてないよ。引退ってことは終わるっていうことだから這い上がるのもなし。家で毎日ネットフリックスを見るよ。今はNHKオンデマンドを楽しんでいるよ。昔は巡業があったから、大河ドラマって見られなかったからね。今、昔のをまとめて見ているんだよ。だから、今の時代は引退しても余生を楽しめるよ。これが江戸時代ぐらいに引退したら、テレビもなくて電気もなくてさ、楽しみがなくて地獄だよ（笑）。今は娯楽いっぱいあるから何でもやることあるよ。ただ、事業はやらないよ。失敗して来たからね」

笑いながらスキンヘッドを右手で撫でた。還暦からの夢は何だろうか？

「ないよ」と素っ気なく否定した後にこう続けた。

「だけど、やっぱり、プロレスにオレのこの体を提供しちゃったよ。壊れたのは膝、股関節だけじゃねぇんだよ。肩、肘って関節はボロボロなんだよ。この壊れた体を一生かけて償《つぐな》いじゃないけどケアしてってやろうかなって思っているよ」

主治医の杉本によると肩は「関節唇損傷」、肘は「変形性関節症」のケガを抱えているという。

「本当に体一個の資本でここまで来れたからね。だから、まずは少しずつケアして体へ恩返しだよ。いままで扱《こ》き使ってきたから、それに追われると思うよ。それも本当に大変なことだからね。壊れた体を一生懸命ケアしていく。体への償いだよ」

両膝への人工関節、歩く時は杖、車椅子が必要なほどの現実を招いた。そこまでプロレスへ肉体を「提供」できた理由は何だったのか？

「オレってあんまり頭良くないんだよ。トレーニングのルーティンも脳みそを使わずやっているだけだからさ。頭のいいヤツは、こういうことやらないよ。頭のいいヤツは、もしかしたらプロレス自体やらないよ」

4年前の取材では、リングという生の空間で感じる「エクスタシー」を得るためにプロレスをやっているとも言った。やはり、エクスタシーに達するために肉体をプロレスへ捧げたのだろうか？

「分かんねぇ……分かんねぇ……どうなんだろう……言葉ではうまく表現できねぇけど、それがオレの生き様なんだよ。それしか生きられないんだよ。だけど、それで良かったよ。

本当にプロレスでしか自分の良さを伝えることできねぇもん。あとは誰もがそうなんだけど、ケガとの戦いだよね。レスラーはみんなそのうちケガしていくんだよ。その中でどっかで折り合いをつけてケガと向き合わなきゃならない。だけど、そこで嫌いになっていくヤツもいるんじゃないの。オレだって大変な思いをしてきた。そこでようここまで続けて来れたよ。それも、頭良くないから続けられたと思うよ」

私は、この言葉を聞いた時、武藤へ「頭良くなくてありがとうございました」と伝えた。武藤が表現した「頭良くない」を私は「真っすぐ」「純粋」と解釈した。そこにどんな理由があれ、プロレスラー武藤敬司は21歳から60歳の38年あまり、リング上で愚直にまっすぐにそして純に観衆のハートをつかむことに驀進した。それが「頭が良くない」ことが理由なら、私は心からの感謝を武藤に捧げたかった。

今回の取材で最後にこう尋ねた。

「プロレスとは？　何か」

武藤はしばらく考えて口を開いた。

「どうだったんだろうな……まぁしんどい時もあったよ。だけど面白かったよ。裸一貫でようここまで生きて来れたよ。若いころは、周りからは一番最初に辞めていくって言われたけど、ここまで残ったもんな」

　そして、言った。

「プロレスって勝ち負けは大事だよ。だけど、オレはいつからか一個の勝ち負けなんてそういう問題じゃない世界でやってたよ。プロレスは道でやってきたから。言うなれば生き方だな」

　ひと呼吸おいて微笑んだ。

「それが武藤敬司のプロレスだよ」

〈了　敬称略〉

書籍版あとがき

私が武藤敬司さんのムーンサルトプレスを初めて会場で見たのは、高校2年生だった1985年10月26日、愛知県稲沢市体育館だった。

ザ・コブラとのシングルマッチでトップロープから武藤さんが舞った光景は、今だに忘れられない。わずかデビュー1年あまりの若手選手がアントニオ猪木が標榜するストロングスタイルとは完全に異質な技で観客を魅了した風景に新たな息吹を感じた。

報知新聞社に入社し、プロレスを取材する立場になった時、天龍源一郎さん、藤波辰爾さんら一部の選手を除いて、ほとんどのレスラーがプロレスを語る時に「影」のような暗さを感じた。プロレスラーでありながら、プロレスに自信がないというか、もっと言えば嫌悪しているような空気を感じたこともあった。

ところが、武藤さんはまったく違っていた。

あの髙田延彦戦から数日後、初めてインタビューした時、武藤さんの第一声は、「オレ、カッコ良かったですか」だった。

屈託のない問いかけは、影も暗さもまったくなくプロレスへの自信に満ちあふれていた。武藤さんは、いつもプロレスを楽しんでいた。常にプロレスについて考え、「カッコ良さ」を追求していた。そして、どんな時も本気だった。今回の取材で、そんな武藤さんとの出会いの連続が私にとって最大の喜びだった。

いつか訪れるであろう「引退」について聞いた時、こう答えた。

「相手は、蝶野しかいねぇよ。デビュー戦で戦った相手と最後を締めるって、ロマンじゃん。こんな夢のある話はないと思うんだよ」

嘘だろ！　と観客を驚かせることがプロレスの魅力であるなら、そこに武藤さんは、ロマンという魔法をかけていた。蝶野さんとの引退試合は、いつもプロレスについて考えている武藤さんの究極の形だろう。

本書では以下の方々に取材をさせていただいた。

青木謙治、伊地智啓、伊藤俊二、内田雅之、上井文彦、エリック・ビショフ、小野尾和男、北沢幹之、ケンドー・カシン、小林和朋、齋藤倫子、坂口征二、桜田一男、佐山サトル、獣神サンダー・ライガー、杉本和隆、鈴木隆弘、武田有弘、ターザン山本！、蝶野正洋、長谷地貢、流智美、西良典、馳浩、藤原喜明、渕正信、船木誠勝、前田日明、武藤久

恵、山田恵一、若松市政、和田京平（敬称略。五十音順）。

みなさん、プロレスを本気で考え、プロレスを語る時、誰もが生き生きとして目を輝かせていた。貴重なお話をお聞かせいただいたことへの感謝と、ここまで大人を虜《とりこ》にするプロレスの奥深い魅力を再発見させていただいた。

今回、武藤さんを取材させていただき発見したことがあった。それは、妻である武藤久恵さんの献身だった。恐らく武藤さんは、久恵さんを喜ばせたい一心でリングに立っているのではないかと感じることが多々あった。久恵さんの縁の下の支えがなければ、武藤さんのリング上での輝きはなかったと思っています。

マネージャーの鈴木隆弘さんには、多忙な武藤さんのスケジュール調整から様々な貴重なアドバイスに至るまで、本当にお世話になった。人工関節手術を行った杉本和隆先生が「鈴木さんの支えがなければ今の武藤さんはいません」とおっしゃっていたが私もまさしく同感した。

そして、武藤敬司さん。高校2年生の秋に初めて月面水爆を見てから、あなたがリングから放つ輝きに圧倒されてきました。光の裏側に、両膝の破壊、どれほどの苦悩と葛藤を抱えていたかを今回、思い知らされました。それでも常に前向きにプロレスと向き合った武藤さんと同じ時代を生きることができた幸運を今はかみしめています。本当にありがとうございました。

　本書は、イースト・プレス社の黒田千穂さんと編集者の藁谷浩一さんの支えがなければ完成には到底、辿り着けませんでした。常に温かく懐の深い助言に多謝の思いでいっぱいです。

　また、武藤さんのあらゆる瞬間を捉えた山内猛さんの貴重な写真に活字だけでは表現できない彩りを与えていただきました。山内さんのカメラマンとしての仕事に改めて敬意を表します。

　最後に拙著を読んでくださった読者の方々に心からのお礼を申し上げます。私にとって高校2年生の時がそうだったように、みなさんの記憶の中であの日、あの時、忘れられないムーンサルトプレスがあると思います。私にとって処女作となった一冊が思い出を目覚めさせ、新たな勇気を与える一助になれば、これほど幸せなことはありません。

２０１９年４月９日

福留　崇広

文庫版あとがき

この原稿は、2022年10月30日に書いている。

数時間前にノアの有明アリーナ大会で行われた武藤さんの引退ロード第3弾の取材を終えた。有明では2023年元日の日本武道館でグレート・ムタがWWEの中邑真輔と対戦することが発表された。この文庫版が発売になった時は、「ムタ対中邑」は終わり、引退試合の相手も発表になっていることだろう。

3か月後の自分に「どうなった？」と問いかけたいが、そんなことはできるはずもない。

この本を3年半前に書いた時、私は「引退」について「あとがき」で触れた。しかも「いつか訪れるであろう」と表現した。それは、人工関節の手術を終え、主治医の杉本和隆さんが「人工関節は70歳まで大丈夫です」と言ったことと、復帰へ燃える武藤さんを目の当たりにした時、「引退」は、ほど遠いと捉えたからだった。私の中で武藤さんがリングを去ることは現実として考えられなかった。そのため「引退」について明かした武藤さんの思いは本編で触れず、あくまでも付け足しのような感覚で「あとがき」に武藤さんの言葉を残すだけにした。

それが今、有明アリーナを終え、「引退」が刻一刻と迫っている。未来の自分へ問いかけることが不可能であるように、この現実を過去の私に教えることもできない。

つくづく時は感情に流されることなく、淡々と前へ進んでいることを思い知らされる。

最終章で触れたアントニオ猪木さんを私が最後にインタビューしたのは、２０２０年10月29日だった。

取材が終わりに近づいた時、私は猪木さんへ「プロレスとは？」と尋ねた。すると猪木さんは、微笑みながらこう言った。

「オレの基本は、お金を払って会場へ来たお客さんに喜んで帰ってもらえばいいっていうことでね。ただ、ひたすら馬鹿みたいに人に喜んでもらいたいと思ってやってきましたよ」

猪木さんのプロレスは時には喝采、時には暴動も起こった。すべては「馬鹿みたいに」大衆を喜ばせるために没入した結果だった。

今回の文庫本を書くために武藤さんを取材した時、何度も「オレ、頭良くないからさ」とつぶやいた。両膝は人工関節を設置し、股関節は歩くことが困難になるまで痛めた。

「頭のいいヤツはこんなことやらねぇよ」と武藤さんは言った。確かにそう思う。ケガをすれば悪化させないために誰もが危険を冒《おか》す行動はやめるだろう。だけど、武藤さんはムーンサルトプレスを舞い続け、ドクターストップがかかった後も飛んだ。それは常識を超える行為だった。

非常識を貫いたからこそ、「武藤敬司」はカリスマになった。そこに猪木さんが言った「馬鹿みたいに人を喜ばせたい」の思いが重なった。

猪木さんは「武藤敬司」を否定していた。私が受けた印象は、ハッキリ言って嫌いなレスラーだったと思う。認めれば自身が築いた「ストロングスタイル」が崩れる恐れを感じたかもしれない。ただ、猪木さんもジャイアント馬場さんの「NWAスタイル」を否定したからこそ、時代を作った。猪木さんに嫌われたことは、武藤さんが新しい価値観をリングに刻んだ証明だったと私は思う。

それは武藤さんにとって「闘い」だった。

巨大な価値観と勝負し自らの存在を証明した点において「アントニオ猪木」と「武藤敬司」は共通している。レスラーとしての肉体を作るため毎朝5時に起き、ジムがオープンする前に駐車場に止めた車の中でじっと待つ武藤さんの姿を想像すると、改めて「本当の武藤敬司を何も知らなかった」と思う。

猪木さんも武藤さんも「馬鹿になって」プロレスに没入した。今回、最終章を加筆し私はそう確信した。

この偉大な2人のカリスマが時を同じくして、片や人生を閉じ、片やリングを去ることに膨大な喪失感と寂しさがある。

その空白を埋めるために武藤さんが残したプロレスを書き残し、一人でも多くの人々に「武藤敬司」を知ってもらうしかないと私は、覚悟を決めて本書を執筆した。

だから、この本は引退試合前に読んで欲しい。ここに書かれた事実を知って見る最後のリングとそうでないリングはまったく別の風景になると私は確信している。

そして2月21日が過ぎた後にもう1度、ページをめくってもらいたい。きっと別の感慨を抱くはずだ。

「武藤敬司」と同じ時代を生きたというギフト

文庫化のために改めて取材をすると武藤さんを支えた方々の尽力に胸を打たれた。

ノアの武田有弘さんは、プロレスの未来をかけ武藤さんを華やかに盛大に送り出すことに身を粉にした。その結果が東京ドームでの引退試合であり、不可能だと思われたＷＷＥとの交渉を実らせ中邑真輔を参戦させた。

主治医の杉本和隆さんは、東京ドームまでリングへ立たせるために幹細胞を用いる再生医療を施してきた。この治療を杉本さんは「若い人の幹細胞を培養して成長因子だけを取り出して注射するんですが、そうすると、もともと弱っている細胞がまた甦って来るんです」と教えてくれた。引退を決めてから、この注射を2か月に1回打ち、コンディションを維持してきた。

マネージャーの鈴木隆弘さんは、「武藤敬司」のブランド価値を誰よりも大切に守るために汗を流してきた。そして、妻の久恵さんの献身があればこそ、武藤さんはここまでリングへ立ち続けてきた。今は、長男と長女と共に家族そろって、無事に2月21日を終えることだけを祈っていることだろう。

本書の題名『さよならムーンサルトプレス』は、両膝への人工関節手術で月面水爆ができなくなった武藤さんが残した言葉をそのまま冠した。

しかし、武藤さんはムーンサルトを再び舞い「さよなら」はしなかった。

今回は、本当の「さよなら」になりそうだ。しかも、「ムーンサルトプレス」ではなく「プロレス」そのものに。

「プロレスはライブ。生ものだよ。この一瞬で味わう快感がたまらねぇよ」

両膝、股関節……日常生活に支障を来す大きなケガを武藤さんは負った。それは、一瞬を完全燃焼した結果だった。

武藤さんは、主治医の杉本さんへ人工関節を設置してからの現役生活を「ギフト」と感謝した。その言葉を今、武藤さんへお返ししたい。

「私にとって武藤敬司と同じ時代を生きたことがギフトでした」

恐らく多くのファンが同じ思いではないだろうか。

人生は何が起きるか分からない。重要なことは過去でも未来でもない。現在なのだ。

そんな思いを込め私は「さよならムーンサルトプレス」を書いた。

引退ロード第3弾を終えた２０２２年10月30日

福留　崇広

解説　僕の人生は、常に武藤さんと共にある

ファンキー加藤

八王子で育った小学生時代、僕はいじめられっ子だった。

毎日、学校で悪ガキたちに暴力をふるわれる暗闇の日々。僕を救ってくれたのはプロレスだった。

当時、土曜夕方4時からテレビ朝日で新日本プロレス中継「ワールドプロレスリング」が放送されていた。それまで何となくプロレスは見ていた。だけど、小学6年生になったばかりのある日、画面から放つまばゆい光に釘付けになった。

光の正体は「武藤敬司」だった。

試合は、1990年4月27日、東京ベイNKホールでの武藤さんの凱旋帰国試合だった。武藤さんはこの試合で蝶野正洋さんとタッグを組んでマサ斎藤さん、橋本真也さんのIWGPタッグへ挑戦した。真っ赤なタイツで信じられないほどのスピードでリング上を躍動する武藤さんに一瞬で心をわしづかみされた。本書で獣神サンダーライガーさんが評した

ように、武藤さんには他のレスラーにはない「華」があった。僕は何の先入観もない子供だったから、余計にその「華」を感じ取ったと思う。それは言葉では説明できない。例えるなら昔も今も子供たちが「仮面ライダー」を見てカッコいいと思う感覚と同じだと思う。僕の人生で初めて言葉や理屈を超えて好きになった存在が「武藤敬司」だった。あれから30年以上が経った。だけど、いまだにあの日の衝撃は覚えている。以来、僕の中では「プロレス＝武藤敬司」となった。

その日からいじめっ子に負けないように「もっと強くなりたい」と思った。「プロレスラーみたいに強くなればいじめられなくなるかな」と思ってプロレスラーになることを決意した。プロレス専門誌を読んでレスラーのトレーニング方法を調べて筋力トレーニングを始めた。メニューは腕立て伏せを１００回、ヒンズースクワットを２００回。「武藤敬司」のように強くなりたくて体を鍛えた。

中学に進むと野球部に入った。だけど、練習をさぼって「プロレスラー＝武藤敬司」になるために、腕立てとスクワットを校舎の片隅で一人続けた。壁へ向かってローリングソバットも打ち続けた。地道な努力が実を結ぶ時が来る。中3ぐらいになると自分でも分かるぐらい明らかに筋肉がついてきた。だけど、いじめは続いていた。小学校のころから執拗に僕のことをなめてくるヤツがいた。

我慢の限界が来た。ある日、そいつと校庭のド真ん中でケンカした。その時、バックドロップとスパインバスター、最後はスリーパーホールドで絞め上げてやっつけた。この日から僕はいじめられなくなった。周りの悪ガキ連中からも一目置かれる存在になった。だから僕はプロレスで人生を救われたんだ。

小学6年の時、武藤さんをテレビで見ていなければ、いじめは続いたかもしれない。ミュージシャンになってからも、落ち込んだ日々を常に彩ってくれたのはプロレスだった。武藤さんの「プロレスＬＯＶＥ」は僕の青春であり、人生を幸せな方向へ導いてくれた光だった。どちらかと言えば、暗くなりがちな自分の思考、日々に武藤さんのプロレスが光を照らしてくれた。

兄は全日本、僕は新日本、弟はUインター

武藤さんの魅力は語り切れないほどある。最初にその凄さに気が付いたのは、中学に入ったころだった。僕は3人兄弟の次男でひとつ年上に兄、ひとつ下に弟がいる。3人ともプロレスファンで、兄は当時、全日本プロレスの三沢光晴さんたちが激闘を展開していた「四天王プロレス」が大好きで、弟はＵＷＦインターナショナルの髙田延彦さんのファンだった。

自宅では3人でプロレスごっこをやった。兄は三沢さんのエルボー、タイガードライバーなんかをかけていた。弟は髙田さんの蹴り、関節技を真似ていた。僕は大好きな武藤さんの技をやろうとするんだけど、これができなかった。ムーンサルトプレス、フラッシングエルボー、スペースローリングエルボー……全部、真似ができない。フラッシングエルボーなんか腕がどうやって動いているのかビデオでスロー再生しても全然、解析できなかった。

これは三沢さんや髙田さんが武藤さんより劣るとかそういう意味ではないので誤解して欲しくはないんだけど、三沢さんや髙田さんの技はファンも真似ができる。武藤さんの技は到底、ファンレベルでは同じ動きはできなかった。だけど、武藤さんはリング上でいとも簡単に技を繰り出し、僕たちファンを魅了している。その技を自分でトライした時、武藤さんの「華」だけではない並外れた運動神経と技術、技のオリジナリティの凄さを思い知らされた。

そして高校2年の時、僕の人生で最高に興奮した試合を武藤さんは残してくれた。その忘れらない試合は1995年10月9日、東京ドームでの髙田延彦戦だ。

新日本とUインターの全面対抗戦が決まった時は衝撃だった。発売当日に高校のプロレス仲間4人でそれぞれの自宅からチケットぴあに電話をかけた。1時間ぐらいかけまくって、4人のうち1人がやっとつながって1万円のスタンド席を買った。

試合当日。朝から我が家は「新日対U」の戦闘態勢だった。Uインターファンの弟とは敵対視し一切、口を利かなかったのだ。八王子の自宅からドームへ向かう経路も弟とは別行動だった。僕は新日本のTシャツを着て友達と中央線、UインターのTシャツを着た弟は京王線と別々に分かれて水道橋の東京ドームを目指した。

僕は職業柄、あらゆるライブ、ミュージカル、演劇を見ているけれど、今まで見た全エンターテインメントの会場であの「10・9」が一番の盛り上がりだった。どんな音楽のコンサートより興奮し、アドレナリンが出まくったのがあの日の東京ドームだった。

対抗戦のゴングが鳴ると第1試合から僕らはハイテンションだった。6万7000人。ギッシリ埋まった東京ドームのオープニングで石澤常光、永田裕志対金原弘光、桜庭和志のタッグマッチで石澤が三角絞めで桜庭をギブアップさせた時は、隣の席に座った知らないオッサンとハイタッチして大喜び。そんなテンションでプロレスを観戦したことはそれまでなかった。

対抗戦はセミファイナルで橋本真也さんが中野龍雄さんを破り、新日本が第1試合のタッグマッチを含めてそれまでの7試合で4勝3敗と勝ち越した。武藤ファンの僕は、この時、不安がよぎった。それは穿《うが》った見方をして「最後に髙田が勝って4勝4敗になるのか」と思ってしまったんだ。

僕は髙田さんも嫌いではなかった。ボクシングの元世界へビー級王者のトレバー・バービックをローキックの連打で逃亡させ、元横綱の北尾光司をハイキック一撃でＫＯした試合は「プロレス最強説」を証明してくれたと思っていた。

そんな「最強」の髙田さんの一方で武藤さんは、僕が一瞬で虜になったように「華」はずば抜けていたけど、例えば、同じ新日でもアントニオ猪木さんが掲げた「ストロングスタイル」を継承したような長州力さんや橋本さんのような「本当の強さ」には懐疑的だった。

しかも、入場で武藤さんは、いつものように両手を広げてファンへ向かって見栄を切った。そんな緊張感のない姿を見てスタンド席で僕は、一層、不安になった。さらにテーマソングが聞き馴染みのある「ＨＯＬＤ　ＯＵＴ」ではなく初めて聞く「ＴＲＩＵＭＰＨ」に変わっていた。初めて聞くテーマに「武藤コール」が合わなくて……（笑）。「なんでこの大一番でテーマを変えるんだよ」ってそんなことも不安を加速させた。

ところが、「武藤敬司」はそんな僕の不安を遥かに飛び越えた。

ゴングが鳴ると、髙田さんと互角以上にグラウンドで渡り合った。蹴りにも着実に対応した。そして、最後は足４の字固めだ。まさか「Ｕ」との対抗戦、最強の髙田延彦を相手にここでプロレス技の「古典」とも言える足4の字を極《き》めるとは思ってもみなかった。

しかも髙田さんの蹴りを受け止めてのドラゴンスクリューからの足4の字は、物凄い説得力があった。本書で船木誠勝さんが証言しているように、武藤さんが柔道時代からの実力者で、新日本に入門した直後から先輩レスラーを極めさせなかった真実を知ったけど、当時は、そんな「強さ」とは対極の位置に武藤さんはいると思っていた。だから、髙田さんを説得力のある足4の字で破った時、「武藤敬司、強い！」って武藤さんが格闘プロレスにも対応できる実力があることが分かった。

僕は昭和末期からのプロレスファンだから、プロレスラーには「強さ」を求める。だから髙田戦での武藤さんを見て、「強さ」のベースがあった上であの「華」と「ムーンサルトプレス」があることが分かってさらに武藤さんに憧れ、好きになった。

俺たちはプロレスが好きで応援していていいんだ

それから僕は2004年に「FUNKY　MONKEY　BABYS」を結成し06年1月にメジャーデビューをさせていただいた。

武藤さんと初めてお会いしたのは、2010年ぐらいに大阪のテレビ番組に出演させていただいた時だった。スタジオに武藤さんがサプライズで登場して、感動と喜びが込み上げてご本人にうまくお話できなかったことを覚えている。

初めて間近で会った印象は、「デカ過ぎる」だった。背の高さもそうだけど、上半身の分厚さにビックリした。武藤さんは緊張する僕をナチュラルな言葉と雰囲気でリラックスさせるように話をしてくれた。そこから何度かお食事をさせてもらった。

いつも武藤さんは気さくで明るくて、ほどよく緊張をほどいてくれる空間を作ってくださる。そんなオーラに包まれると、僕も自然体でしゃべることができる。それは自分の懐《ふところ》にすべての人を入れてしまう武藤さんの天性で、それが人を惹きつける魅力でありスター性なのだろう。

そんな出会いを経てからは、食事でも仕事でもお会いすると二言目には「加藤君、試合出てよ。ちょっとセコンドに来て、ライブしてくれたらお客さんいっぱいくるでしょ」って口説かれた。それには困ってしまったんだけど、武藤さんの言葉で忘れられないのは「プロレスだったら負けないよ」というセリフだった。「俺のプロレスは世界一」という意味で「プロレスで残した作品は誰にも負けないよ」とおっしゃっていた。その強烈なプライドと自己肯定。そこまで自分のことを明るく堂々と言えることはカッコいいと思う。

僕は音楽でそこまで言い切れるかと言えば、恐縮してしまう。そんな武藤さんの言葉を聞くと、僕も「もっともっと自分を好きになっていいのかな」と思う。「俺はダメだな」

って下を向くより「誰にも負けない」って堂々と上を向いて言い切った方が人生はうまくいくんじゃないかなと思う。直接お会いするようになって、武藤さんのプロレスだけでなく、その言葉からも大きな刺激を受けている。

プロレスファンとして武藤さんの言葉で忘れられないのは、やっぱり「プロレスLOVE」だ。

K－1やPRIDEが台頭してきた2000年前後。格闘技のリングでプロレスラーが負ける現実にプロレスファンは岐路に立たされた。「このままプロレスを信じていいのか」と。実際、僕の知り合いの多くもプロレスを卒業し格闘技が好きになった。その時に「プロレスって何なの？」って言われることも多くなった。プロレスファンにとって落ち着かない胸騒ぎがする日々だった。

そんなザワザワする不安のすべてを救ってくれたのが、武藤さんのたった一言だった。

「プロレスLOVE」

マジでこの言葉で多くのプロレスファンが救われたと思う。武藤さんがそう言ってくれるなら「俺たちはプロレスが好きで応援していていいんだ」って。「プロレスLOVE」と言ってくれた武藤さんの存在と言葉に救われた。

一方で三沢光晴さんの存在も大きかった。武藤さんのように言葉には出さず脳天で受け身を取って、体で「これが総合格闘家にできるか。だからプロレス凄いだろ」ってメッセージを送ってくれていたような気がする。言葉にしない三沢さんと言葉にして実践した武藤さん。あの二人にプロレスファンは救われたんだ。

リング上では見せない武藤さんの「現実」

もう一度、初めてお会いした時の話に戻したい。あの時、ビックリしたのは、膝から下の細い足だった。それが「ムーンサルトプレス」を飛び続けた代償である膝のケガによるものだとは知っていたけど、分厚い上半身とは対照的な細い足を見た時、何か複雑な思いになった。

実は、武藤さんが膝のケガに苦しむ姿を目の当たりにしたことがある。それはWRESTLE－1を旗揚げした後だった。都内の道場で武藤さんと撮影の仕事があった。本番の合間に控室へ戻ろうとした時、偶然、武藤さんが階段を一人で昇っている姿を見た。13段ぐらいの階段だったけど、手すりを持って一段、一段、汗をかいて痛みに顔をゆがませながら3、4分も時間をかけて昇ってきた。僕は「膝はここまで悪いのか……」と本当にビックリした。誰もいない階段を一人で必死に昇るスーパースターの姿に言葉を失い、声をかけることもできなかった。

その時、リング上では見せない武藤さんの「現実」を思い知らされた。本書でも人工関節の設置手術をする時、主治医の杉本和隆さんが両膝が最悪の重傷度だったと証言されている。そんな「真実」を知ると、今まで会場で無邪気に「武藤！　ムーンサルト行け！」って言っていた自分に罪悪感のようなものが芽生えた。

恐らく武藤さんは、そんなことを思ってないはず。だけど、僕たちファンにも武藤さんの膝を砕き、そして引退の理由になった股関節を負傷させた原因があったりするのかな……と思ってしまう。いまだにあの姿が僕の頭から離れない。

両膝のケガだけではない。武藤さんは、全日本プロレス、そしてW－1で社長として経営的に苦しんだ。だけど、本書ではそんな苦境も「リング上ですべてが報われる」って言っていた。

それは僕もまったく一緒だった。恐らくエンターテインメントに関わっている人たちは、スポットライトが当たっていない部分で曲作りとかすごいしんどい思いがあったりする。だけど、ステージで一発あのスポットライトに照らされて、お客さんの声援を浴びると、プラス・マイナスがゼロどころかすべてがプラスになっていく。

1年の大半がしんどくてもたった1日、ステージに立つと、それまでの苦しみがすべて反転する。武藤さんも恐らく両膝、股関節と激しい痛みを抱え、さらに社長として過酷な現実に直面しても、リングに立てばすべてを忘れられたんじゃないかなと思う。それを武藤さんは「エクスタシー」と表現した。人工関節手術で「ムーンサルトプレス」と「さよなら」（再びやってしまったが……）しても、武藤さんは前向きにリングへ上がった。階段を昇る姿を見た時は、罪悪感にさいなまれたけど、きっと武藤さんは、そこまでしてもファンの声援が欲しかったんだと思う。

それは、僕自身もすごくわかる。

ファンモンは応援ソングを軸で歌っているけど、「きれいごと」とか揶揄《やゆ》されたりすることもある。ＳＮＳでアンチコメントを見ると落ち込んだりもする。「夢は叶う」というワード一つでも人によっては、そんなはずはないと感じることもある。僕自身も「そうかな？」という思いが頭をよぎることはある。

だけど、ステージ上で自分の音楽を真正面から受け止めてくれているファンの姿を見た時、「夢叶うぞ！」って本気で思える。僕も心の底から思って歌っているし、それを真っ向から受け止めてくれるファンがいることですてきな魔法がかかった瞬間になる。中には「ファンモンの音楽を聞いて夢を叶えることができました」って言ってくださる人もいる。そういう小さな奇跡が十何年、歌っているといくつもある。その積み重ねが応援ソング、エールを送ることへの自信となっているんだ。

引退しても武藤イズムは僕の体を流れ続ける

武藤さんは、本書でも20代のころとは明らかにパフォーマンスは落ちていることを認めていた。だけど「プロレスは飛べなくなってからが面白ぇんだ」と年齢を重ねたからこそたどり着いた境地を明かしていた。

僕もライブのパフォーマンスは、20代のころの方が動けた。だけど、今年で44歳になって分かったことがある。それは、気持ちだ。歌う心境としても、ステージから「頑張れ」っていうメッセージに込めた重みは、20代の時より今の自分の方があると確信している。年齢を重ねる素晴らしさも武藤さんは教えてくれた。

僕の人生は、常に武藤さんと共にある。誕生日を迎えると、自分がこの年の時に武藤さんが何をしていたのかと見比べている。武藤さんは、46歳でプロレス大賞のMVPをとっている。だから僕も46歳になった時、またNHKの紅白歌合戦へ出るとか、東京ドームでライブをやるとか、デッカイ何かを成し遂げたい気持ちはある。どんなミュージシャンよりも武藤さんが歩んだ道と自分自身を常に重ねて頑張ってきた。

だから、引退を表明した時はシンプルにへこんだ。実は、昨年末にお会いした時は、「俺はずっとやっていく」って引退なんか一切、おっしゃっていなかった。それが、まさかの急転直下……全身の元気がなくなった。

ただ、今回、この文庫版『完全版さよならムーンサルトプレス』を読んで救われた。武藤さんも記者会見とか公の場で「ドクターストップ」と明かしていたから、自分の意志じゃなくやむを得ず辞めるのかと思っていた。だけど、この本を読んで武藤さん自身が引退を決断したことが分かった。武藤さん自身の意志なら仕方がない、と納得できた。ファンとして救われたし、この本を読んで踏ん切りがついた。そもそも武藤ファンは、骨の髄どころか人工関節までしゃぶりつくしてきたので、ここはぐっと踏ん張って見送るしかないとやっと腹が固まった。

武藤さんのプロレス人生を余すところなく描いた本書は、僕にとってのバイブルになった。プロレスファン、いやファンじゃない人にも生きる指針を与えてくれると思う。

武藤さんは引退するけど、僕の体内の武藤イズムは、これまでも強く流れ続ける。音楽を続けている限り不滅だ。ステージで「プロレスＬＯＶＥ」ポーズはずっと続けていくし、ライブでグレート・ムタのように霧を吹くんだけど、これもやり続ける。そんなパフォーマンスだけでなく「自分に誇りと自信を持っていい」という僕の中に刻まれた武藤イズムを多くの人に伝えていきたいと思う。

引退後は、まず傷ついた肉体をいたわって、ご家族と大切な時間を過ごして欲しい。復帰したら？　それは……全然許す（笑）。

それもプロレスが持つとてつもないデカイ包容力。俺ら武藤ファンは、何回でも復帰戦に行って何回でも引退試合へ行って、それで文句を言い続ける（笑）。

小6で武藤さんの虜になって、あれから30年以上。今もプロレス以上に面白いものがこの世の中に見いだせない。プロレスラーのやられても立ち上がっていく様はずっと僕の心をつかんでいる。

2023年2月21日、東京ドーム。翌日から武藤さんを超える出会いを探そうかな。でも、きっとそれは無理だろう。

武藤さんは「プロレスとはゴールのないマラソン」と表現した。今は、そのゴールテープは僕ら武藤ファンがしっかり握りたい。そのことしか考えられない。

文中写真：山内猛

協力：杉本和隆（苑田会人工関節センター病院長）

PRO WRESTLING NOAH

id ENTERTAINMENT

2019年5月イースト・プレスより刊行された『さよならムーンサルトプレス 武藤敬司 35年の全記録』を改題、加筆・修正しました。「最終章」は書き下ろしです。

徳間文庫

完全版《かんぜんばん》 さよならムーンサルトプレス

武藤敬司「引退」までの全記録

2023年1月15日 初刷

著者 福《ふく》留《とめ》崇《たか》広《ひろ》

発行者 小宮英行

発行所 株式会社 徳間書店

東京都品川区上大崎三—一—一 〒141—8202
目黒セントラルスクエア

電話 編集〇三(五四〇三)四三四九
販売〇四九(二九三)五五二一

振替 〇〇一四〇—〇—四四三九二

印刷
製本 大日本印刷株式会社

ISBN978-4-19-894822-1 (乱丁、落丁本はお取りかえいたします)